# PEER
## 当事者主動サービスで学ぶ
# ピアサポート
# SUPPORT

訳・編 飯野雄治 *Yuji Ino*
　　　　　　　　*Peer Staff Network*
ピアスタッフネットワーク

クリエイツかもがわ
CREATES KAMOGAWA

## はじめに

　本書は、アメリカ合衆国における厚生労働省の精神障害部局にあたるSAMHSA（U.S. Department of Health and Human Services Substance Abuse and Mental Health Services Administration）が作成し、ホームページ（SAMHSA Store）で公開して自由に活用することを推奨している資料やテキストに基づき、私たちが日本の文化や制度に対応するよう記述を一部改変して編集したものです。

### ●●● 本書の構成 ●●●

　本書の冒頭Part.1には、当事者主動サービスを勉強するかどうかを考えるために最初に行うワークショップで使用しているテキスト「当事者主動サービス入門」を掲載しました。もし、みなさんが連続学習会を開催するのであれば、それを開催する前、あるいは最初の回に、「当事者主動サービス入門」を活用し、参加者に学習会の趣旨や内容を説明するとよいでしょう。
　続いて本書の本編ともいうべきPart.2は、いわば当事者主動サービスの人材育成用のテキストです。6つの領域から成ります。
　さらにPart.3には、当事者主動サービスのエビデンス編として、当事者主動サービス開発の歴史や研究成果について記載された資料を翻訳して掲載しました。これらの資料は情報が整理されており、理解を助けるものであるため、私たちの連続学習会ではまずこれを勉強しましたが、やや難解に感じるかもしれません。
　また、コラムとして、私たちの連続学習会に参加した方が、自分の地域でこれを再現、発展させた際の方法や工夫について報告した資料を掲載しています。なお、付録には、研究成果で整理されたフィデリティを翻訳し、掲載しました。

### ●●● ピアサポートを学ぶテキスト作りの経緯 ●●●

　ピアスタッフ（雇用形態に関係なく、ピアサポートを提供する人のこと）が孤立することなく活躍し、ピアサポートを提供することを応援するための活動をしていると、そもそもピアサポートの効果や意義を学ぶ場がないこと、そして、ピアサポートに必要な考え方や知識、スキルを学ぶ場がないことに気付きました。限られた情報の中、日本語以外の英語の文献も探し、その一部は学習会の開催などを通じて紹介してきました。
　そのプロセスの中で、ピアサポートを体系的に学ぶプログラムのうち、「当たりはずれ」

がなく時間を割くに値するものとして、SAMHSA が作成したプログラムである Consumer Operated Services Program：COSP を選び、これを当事者主動サービスと名付けて研究し、紹介してきました。

## ・●● 当事者主動サービスの概要と魅力 ●●・

　当事者主動サービスとは、精神疾患・精神障害などの精神的な困難を抱える人たちのピアサポートプログラムのことで、アメリカにおいて実践と研究が進んでいます。当事者主動サービスのごく簡単な定義は、当事者活動、つまり当事者（Consumer）が運営を担うサービスといってよいでしょう。

　当事者主動サービスの形態自体は、日本でいうと地域活動支援センターや就労継続支援事業所、その他、さまざまな組織やプログラムで可能であり、その種別は問いません。とりあえずは、セルフヘルプ活動や当事者会、茶話会、当事者中心の授産活動やプログラムなどをイメージするとよいでしょう。近年、日本で紹介されることも多いWRAP（元気回復行動プラン）やIPS（意図的なピアサポート）の実践や議論も踏まえた上で、当事者主動サービスは整理されています。

　しかし、当事者主動サービスが、これまでの精神保健サービスと一線を画す点は、経営や運営の決定権を当事者自らがもっていることと、構造・価値観・プロセスにおいて当事者主動サービス特有の要素を有していることです。特に、独自の価値観を構成要素のひとつに挙げていること、プロセスの柱にピアサポートを据えていることは、当事者主動サービスの特徴的な面といえます。さらに、当事者主動サービスは利用者（ときに同時に運営者でもあるわけですが）の健康と幸せに効果があることが、科学的な手法で実証されています。その意味で「科学的根拠に基づく実践プログラム（EBP）」のひとつに挙げられています。

## ・●● 当事者主動サービス連続学習会の実施 ●●・

　私たちピアスタッフネットワークは、2015年度、「当事者主動サービス連続学習会」を開催しました。学習会は国立精神・神経医療研究センター病院の一室をお借りして、2015年4月～毎月1回実施し、2016年3月6日で計12回を無事終えることができました。

　私たちは、当事者主動サービスに出会うことで、体系化されたピアサポートの意義を見出しました。つまり、当事者主動サービスに則した形でサービスを展開すれば、一定の効果が得られることが保証されるわけです。今、考えると「今まで私たちはピアサポートが、良い結果をもたらすことが多いという主観的な経験に基づき、あまりにも漠然とピアサポートを展開してきたのではないか」。こうした疑問から、当事者主動サービスをもっと深く勉強してみようと私たちは思い立ったといえます。

当事者主動サービス連続学習会は、こうした私たちの内輪の学習会を拡大したものです。ですから、参加者が数人だったり、仮に私たちだけだったりしても、とにかく1年間は続けようという目標をもって当初は始まりました。ところがどうでしょう。毎回20名〜30名超の方にご参加いただく学習会となったのはうれしい限りでした。参加いただく方も当事者の方や専門職の方、分野も精神障害にとどまらず発達障害やひきこもり、アルコール依存、高次脳機能障害の関係者の方など多岐にわたったのも、学習会が充実する一助となりました。

・●● **当事者主動サービス連続学習会の実施の様子** ●●・

　学習会の内容を簡単にご紹介しましょう。午前中は本編の内容を参加者の方と音読して共有し、午後からグループに分かれて話し合う（グループワーク）という構成でした。最初の3か月（2015年4月〜6月）はPart.3を使用し、ピアサポートの歴史から当事者主動サービスの成り立ち、当事者主動サービスはどのように構成されるか、またどのような効果があるのか、そして、研究がどこまで到達しているかなどについて学びました。7月〜2016年3月までは、実践編としてPart.2を活用し、当事者主動サービスにおいて、ピアサポートをどう展開していくのかについて、具体的な事例を通して学びました。

■ 当事者主動サービス連続学習会のスケジュール概要

| 第1回（4月） | 理論編①（歴史、機能、要素） | |
|---|---|---|
| 第2回（5月） | 理論編②（原則、参加者、モデル） | ➡ Part.3 |
| 第3回（6月） | 理論編③（科学的根拠と将来） | |
| 第4回（7月） | 実践編①（信念体系〈前半〉） | |
| 第5回（8月） | 実践編②（信念体系〈後半〉） | |
| 第6回（9月） | 実践編③（環境） | |
| 第7回（10月） | 実践編④（ピアサポート〈前半〉） | |
| 第8回（11月） | 実践編⑤（ピアサポート〈後半〉） | ➡ Part.2 |
| 第9回（12月） | 実践編⑥　学び | |
| 第10回（1月） | 実践編⑦（リーダーシップ） | |
| 第11回（2月） | 実践編⑧（アドボカシー〈前半〉） | |
| 第12回（3月） | 実践編⑨（アドボカシー〈後半〉） | |

　学習会で私たちが気に留めたことは、当事者主動サービスで掲げられているピアサポートの原理に従って会を進めようということでした。例えば、ピアサポートの原理に、力のシェアというものがあります。誰かに力が一極集中するのを避け、力がみんなの中を移り渡って

いくのが好ましいというものです。このため学習会では、誰かが講義するというような形式は避け、あくまで参加者全体で学習し合うという形をとりました。ですから、誰かから質問が出た場合でも進行役の私たちが答えるのではなく、参加者のみなさんで考えてもらいます。もっともこれは、私たち自身が勉強途上で、当事者主動サービスに関してそれほど詳しくないという事情もありました。しかし、前述のとおり参加者層が多様であったこともあり、難しい質問でもみんなの知識を結集して乗り切ってきました。

### ●●● 私たちの成長とこれからのこと ●●●

翻訳し、本書を作りながら読み進める中で、相互サポートの可能性を認識しました。そして、参加者と一緒に学び合うことで、幅広い考え方に触れ、理解が深まりました。それがエンパワメントやリカバリー志向を伝え合う原動力になり、他の誰かが希望を見出すことに共感を覚えました。私たちにも学習会は居心地が良く、他のさまざまな課題を乗り越える上でも励みになりました。

私たちにとって、当事者主動サービスはピアサポートの教科書でした。いったい何があれば、ピアサポートになるのか。そういったもののエッセンスが散りばめられているのが当事者主動サービスです。とはいえ、当事者主動サービス連続学習会を通じて、参加者のみなさんと一年間、当事者主動サービスを勉強する中で、いくつかの疑問点も私たちには湧いてきています。

アメリカ生まれの当事者主動サービスが、日本の文化に馴染むものなのか、日本に導入するにはどうしたらよいか。ピアサポートには負の側面もあるのではないか、そもそもピアサポートを「効果」で測定することが妥当なものなのか、等々。私たちはテキストを広く紹介し、国内の既存プログラムが、当事者主動サービスに近いのか、遠いのか等を計測できる評価尺度の紹介と測定等を目指したいと考えています。

ただし私たちは、当事者主動サービスを頭から信奉するものではありません。それでも自らの活動に自信をもてないでいる、日本のピアサポートに携わるすべてのひとたちに、当事者主動サービスは、ひとつの指標を与えてくれるのではないかと期待しています。この宝物を現場で実践すべく、私たちは活動しています。当事者主動サービスに出会えたことが、私たち、そして、みなさんの財産となりますように……。

2019年1月

ピアスタッフネットワーク一同
飯野雄治、佐藤由美子
西村聡彦、川辺あゆみ

# CONTENTS

はじめに　3
本書の使い方　10

## Part.1　当事者主動サービス入門— Evidence に基づいたピアサポート　13

### 1 ● ピアサポートやセルフヘルプ活動について　15
① 精神科医療や障害福祉サービスの特徴と課題　15
② ピアの役割　16
③ 当事者運動の歴史　16

### 2 ● 当事者主動サービスの開発　17
① どんなピアサポートがよいのか？　17
② 研究の仕方　17
③ 研究からわかったこと　18
④ 当事者主動サービスの特徴　18

### 3 ● 各領域の概要と演習の例　19
① 考え方（信念体系）　20
② 環境　20
③ ピアサポート　20
④ 学び（教育）　21
⑤ リーダーシップ　22
⑥ アドボカシー　23

## Part.2　当事者主動サービスの人材育成用テキスト　25

### 領域1 ● 信念体系　26
① 信念体系を理解する　26
② リカバリーへの希望をもたらす　32
③ ピアがつながる　37
④ 自分たちをエンパワメントする　42
〔みんなで話し合おう！〕力のダイナミクス　48

### 領域2 ● 環境　49
① 環境の定義　49
② 物理的環境　51
③ 感情的環境　56

### 領域3 ● ピアサポート　　68
- ①ピアサポートを理解する　　69
- ②インフォーマルなピアサポート　　73
- ③グループで行うフォーマルなピアサポート　　77
- ④経験を表現する　　89
- ⑤意識を高める　　92
- ⑥クライシスを予防する　　97

### 領域4 ● 学び　　107
- ①はじめに　　107
- ②学びの選択肢を提示する　　111
- ③主要テーマ　　113

### 領域5 ● リーダーシップ　　132
- ①リーダーシップを定義する　　132
- ②効果的なリーダーの質　　139
- ③リーダーの責任と機能　　143

### 領域6 ● アドボカシー　　158
- ①アドボカシーとは　　158
- ②セルフ・アドボカシー　　162
- ③ピア・アドボカシー　　169
- ④システム・アドボカシー　　172

## Part.3　当事者主動サービスのエビデンス　　177

### 1 ● 当事者主動サービス開発の歴史　　179
- ①ピアサポートの遺産　　179
- ②セルフヘルプの力の発見　　181
- ③専門職による精神科リハビリテーションプログラムが提供する交流の場　　182
- ④患者の権利を主張する団体の増加　　182
- ⑤精神疾患患者の脱施設化の必要性への対応　　182
- ⑥変化の勢い　　183
- ⑦代替プログラムから治療システムの一部へ　　183
- ⑧ピアサービスの拡大と差別化　　184
- ⑨自己決定と障害種別を超えたピアサポート　　185

### 2 ● 当事者主動サービスにできること　　186
- ①相互サポート　　186
- ②コミュニティづくり　　186

③サービス提供 ... 187
　　④アドボカシー活動 ... 187

## 3 ● 共通要素 ... 188
　①構造 ... 188
　②プロセス ... 190
　③フィデリティ ... 190

## 4 ● 当事者主動サービスの原則と考え方 ... 191
　①解放志向（エンパワメント）機能 ... 191
　②ケア機能 ... 193

## 5 ● 当事者主動サービスの参加者 ... 196
　①当事者主動サービスへの参加者の内訳 ... 196
　②当事者主動サービスを選択する理由 ... 197

## 6 ● 当事者主動サービス実施の典型例 ... 197
　①相互サポートグループ ... 198
　②多機能サービス提供事業所 ... 198
　③自立生活センター ... 199
　④ピアによるドロップインプログラム ... 199
　⑤特定の援助サービス ... 200

## 7 ● 当事者主動サービスのエビデンスの確立 ... 201
　①エビデンスの順位 ... 202
　②専門家による報告：エビデンスレベル4 ... 203
　③記述研究：エビデンスレベル3 ... 204
　④準実証研究：エビデンスレベル2 ... 207
　⑤ランダム化比較対照試験（RCTs）：エビデンスレベル1 ... 209

## 8 ● エビデンスに基づいたサービスへ ... 214
　①表舞台へ：EBPとしての当事者主動サービスの確立 ... 215
　②さらなる研究と実践の必要性 ... 217

〔コラム〕当事者主動サービス研修テキストを用いた取り組みについて ... 219
　　ひきこもり当事者グループ「ひき桜」in 横浜　代表　割田大悟

〔付　録〕①当事者主動サービスのフィデリティ ... 224
　　　　　②サポート付き一般住居プログラム ... 230

**あとがき** ... 232

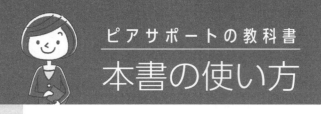

# 本書の使い方

　本書のPart.2のルーツは、プログラムの主催者が効果的な組織をつくるために、当事者主動サービスで働くスタッフを研修する際に使用するテキストです。6つの領域からなります。

## 6つの領域

| 第1領域 | 第2領域 | 第3領域 | 第4領域 | 第5領域 | 第6領域 |
|---|---|---|---|---|---|
| 信念体系 | 環　境 | ピアサポート | 学　び | リーダーシップ | アドボカシー |

　6つの領域は、当事者サービスを評価測定する道具：当事者主導サービスフィデリティ評価尺度（フィデリティ／FACIT）（付録）にほぼ準拠しています。現在、行われているであろう組織のリーダーシップ研修に替えて、本テキストを活用することから始めるとよいかもしれません。

　6つの領域は各項目に分かれますが、順序どおりに進めてください。

　「ピアサポートの研修なんて面倒」「ピアサポートっていうものは自然なつながり、人間関係、インフォーマルなスタイルの上に成り立つんだ」と多くの人が感じているかもしれません。研修の目的は、スタッフ、ファシリテーター、メンバー等に、継続性と質と担保する基本的な考え方を紹介することです。

　研修が成功するための鍵は、インフォーマルとフォーマルのバランス、リーダーシップと説明責任の構築です。この教材はさまざまな団体や集団、分野に利用できると考えています。給与を得ているかどうかに関係なく、メンバー全体、リーダー、ファシリテーターを含めて、リーダーシップやマネジメントを担当する人に役立つでしょう。これからリーダー、メンバー、ボランティアになろうと考えている人にも役立つと考えています。

　本書には、次のようなさまざまな演習が取り入れられています。

- ■ 小項目ごとにグループ演習が入っています。プログラムを進行するヒントや提案型の質問といった、ファシリテーター版もあります。
- ■ スキルを実践、獲得するためのロールプレイも入っています。ロールプレイは2人1組、小グループ、あるいはもう少し大きなグループ用です。ある場面のシナリオ想定では例を挙げて、現実にありそうで役立ちそうなものとしました。実際に起きた事例の個人と重ならないように配慮してください。
- ■ グループ演習はファシリテーターが進行してください。

　演習の際に教材全体を見渡してみると、示唆に富む演習になるでしょう。

**研修主催者のためのヒント**

- 参加人数を調整し、参加できる回数は1週間に4回以下にしてください。1回のセッションで1項目を扱いましょう。
- 研修前に各単元の方向性を確認し、内容や演習をよく読んでおきましょう。
- 参加者が読めるよう、各単元をコピーして配布しましょう。ファシリテーター用の別ページはコピーしてファシリテーターが持ち、参加者には配布しないようにしましょう。
- 参加者全員がファシリテーターを経験できるように、ファシリテーターを順番に交替しましょう。ファシリテーターには準備する時間を確保しましょう。
- セッションごとに議論しましょう。各参加者が実際に直面している問題に適用できるよう配慮しましょう。
- セッションごとの演習は、すべて行いましょう。

　本書の最終的な目的は、当事者主動サービスの参加者やスタッフが自分たちをチームとして考え、行動できるようになることです。生産性の高いチームに欠かせない要素は、オープンなコミュニケーションと、振り返りやフィードバックの機会がたくさんあることです。

　各領域の研修を通して、グループがチームという環境でコミュニケーションする方法を学ぶ機会となります。

　☑ あわてずに。　　　☑ 話し合いましょう。　　　☑ 楽しみましょう。

 **ロールプレイのガイドライン**

- メンバーにお互いに優しくするよう働きかけましょう。ロールプレイでは、あえて一番困難な場合を想定する必要はありません。
- プレッシャーがかからないようにしましょう。完璧を目指すことが目的ではありません。そう意識することで「舞台負けするのではないか」というプレッシャーを取り除き、参加者みんながテーマについて話す機会をつくりましょう。
- ロールプレイする人が「やらされている感」を覚えたら一旦中止し、何が起きているのかを振り返りましょう。代役を見つけるとか、提案するのもよいでしょう。

　ロールプレイの後には議論するのがよいでしょう。まず、ロールプレイした人に「どうだったか？　うまくできたか？　今までとどう違ったか」について話してもらいます。次にグループ全体で、同じことについて話をしてシェアします。

# Part.1
## 当事者主動サービス入門
Evidence に基づいたピアサポート

〈概要と目的〉

　ここでは、効果的なピアサポートやセルフヘルプ活動に共通した特徴を学術的に抽出して定義された、当事者主動サービスの概要について理解します。当事者主動サービスを学習するかどうか判断する際や、当事者主動サービスを友人や家族、職場の上司などに説明する際、あるいは、学習した後に全体を振り返る際などに利用できます。

# スケジュール（合計約2時間の場合）

### 安心のためのルールの例

参加者が安心して考えを述べ、参加できるように、このようなルールをみんなで定めておくとよいでしょう。

**お互いにこうすることにしましょうよ**
**〜安心のためのルール〜**

・時間を大切にする。
・飲食、トイレ、休憩はご自由に。
・人の話は、静かに聴く。
・非難や批判をしない。
・守秘義務—個人名は公開しない。
・ここだけの話にしたい場合は
　「ここだけの話ですが〜」と断わる。
・話したくないときはパスができる。
・勧誘活動は、「情報コーナー」で。

### ステップ1：班ごとにお互いを自己紹介する（15分）
1．名前など
2．「好きな食べ物」について（参加者の興味・関心・強みを紹介できる話題）
3．今日、参加した理由

### ステップ2：「ピアサポートやセルフヘルプ活動について」（40分）
1．読み合わせ（10分）
2．演習：（30分）
　　（1）班ごとに、テキストを読んだ感想を紹介する（10分）
　　（2）話し合ってみよう①、②（各10分）

### ステップ3：「当事者主動サービスの開発」（30分）
1．読み合わせ（10分）
2．演習：（20分）
　　（1）班ごとに、テキストを読んだ感想を紹介する（10分）
　　（2）話し合ってみよう④（10分）

### ステップ4：「各領域の概要とキーワード」（省略）
1．読み合わせ
2．演習：班ごとに、テキストを読んだ感想を紹介する

### ステップ5：全体で、お互いの感想を紹介する（30分）

# 1 ピアサポートやセルフヘルプ活動について

## ❶ 精神科医療や障害福祉サービスの特徴と課題

　悩み事が深刻になり不安が続き、何日も眠れないようになったり、思い込みが激しくなり、他人とのコミュニケーションが取れなくなったりするなど、仕事や日常生活に支障をきたすようになると、精神科へ相談に行くことが一般的です。そして、多くの場合、診断名をもらい、向精神薬を渡され、療養生活がスタートします。さらに、障害福祉サービスを利用して生活上の支援を受けるなど、専門職が支援に関わります。

　専門職は多くの場合、精神科医や看護師、精神保健福祉士などの国家資格をもっており、経験等に程度の差はあれ、精神疾患や障害、あるいはその支援について勉強してきた方たちです。そのため、相談すればとても役立つ詳しい知識やアイデアを提供してくれることがあります。

　その一方で、精神疾患の有無に関係なく、人として当然に生じる悩みや出来事についても専門職は、精神疾患や障害に関係する悩みや出来事なのではないかと考えてしまいがちです。例えば、就職や恋愛、引っ越しなどさまざまな出来事があれば、人は迷い、苦しむものです。だからこそ、得られる喜びや成長があります。しかし、精神疾患がある方に対して専門職は、これらの迷いや苦しみをぼやかすために服薬するよう勧めたり、そのような苦しみがないように就職や恋愛に挑戦することを止めたりしがちです。

　こうして、一度、精神疾患だと診断されると、専門職の支援者に精神疾患患者として扱われ、人として喜びを得たり、成長したりする機会が奪われやすくなります。

### 話し合ってみよう❶

- 専門職に助けられたと感じたことがあれば、それはどんな場合だったでしょうか？
- 専門職に、自分のことを精神疾患の患者扱いされたと感じたことがあれば、それはどんな場合だったでしょうか？

## ❷ ピアの役割

　専門職のこのような傾向に対して、同じような診断名をもらった経験がある人（これをピアといいます）は、同じような経験があるからこそ、精神疾患がある人を自分と同じ「**ひと**」として見なします。そのため、ひととして当然に生じる悩みや出来事について、精神疾患や障害に関係する悩みや出来事なのではないかとは考えません。

　こうしてピアは、一度、精神疾患だと診断された人に対して、ひととして喜びを得たり、成長したりする機会をつくることに貢献していきます。ですから、専門職による支援だけでなく、ピアが必要とされています。

### 話し合ってみよう❷

● 同じような経験がある人と話して、安心した、あるいは希望がもてたと感じたことがあれば、それはどんな場合だったでしょう？

## ❸ 当事者運動の歴史

　1960年〜1970年代にかけて、世界中で自由や差別解消を勝ち取ろうとするための活動が盛んになりました。黒人の解放運動、女性たちからの男女平等の訴えを始め、障害がある人たちによる自立生活運動もこの時期に盛んになります。日本においては、大学生などが大学構内にこもり、学生による自治などを訴え、学生紛争と呼ばれていました。

　エンパワメントという言葉は、黒人の解放運動を率いるソーシャルワーカーが初めて用いたものであるように、この時期の各種活動はバラバラに起きたものではなく、相互に作用して一体的に起きたものと理解できます。

　精神疾患の診断を受けた人たちも、この時期に自らが受けた過酷な経験を語り合うために、友人の家のリビングや公民館、教会などに集いました。そして、精神科医による診断や専門職による支援ではなく、自らで支え合うことの可能性を議論し、支え合う仕組みをつくり上げ、実践していきました。

　このような支え合いを**セルフヘルプ活動**といいます。このセルフヘルプ活動の中から、**仲間を意味するピア**という言葉や概念が生まれ、ピアによる支え合いをピアサポート、ピアサポートを提供する人はピアサポーターやピアスタッフと呼ばれるようになりました。

**話し合ってみよう❸**

- 障害がある人たちによる自立生活運動やコンシューマー運動などについて、知っていることがあれば、班の仲間と共有しましょう。
- 専門職による支援と、ピアによる支え合いとの違い、あるいは同じ点は、どんなことでしょうか？

# 2 当事者主動サービスの開発

## ❶ どんなピアサポートがよいのか？

　ある当事者会ではみんなで食事を作り食べるプログラムを、別の当事者会では心理学的な学習会を、また別の当事者会ではヨガを取り入れたプログラムを行うなど、セルフヘルプ活動やピアサポートが広がっていきました。すると、多くの人が次第に「どんなピアサポートが良いのだろう？」と考えるようになりました。とはいえ、調査し、研究するということは難しい作業です。研究者にとってもピアサポートの研究は、難しいものでした。

**話し合ってみよう❹**

- どんなセルフヘルプ活動やピアサポートのプログラムを知っていますか？
- それらのうち、一番良いと思うものは、どれですか？
- なぜ、それが良いと思ったのでしょうか？

## ❷ 研究の仕方

　そこで、アメリカで研究が始まります。評判がとても良い、いろいろなセルフヘルプ活動やピアサポートの提供機関に参加してもらい、次のルールで調べてみました。

①一般的な精神科医療だけを利用している人と、それに加えてピアサポート等を利用している人とを比較する。
②利用している人たちの幸福感の度合いで良し悪しを決める。

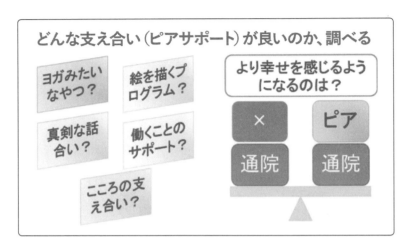

図：研究の考え方
研究では比較する対象が必要になる。当事者主動サービス多機関調査では、通院（一般的な精神保健サービス）のみを利用している集団と、それに加えて当事者主動サービスを利用する集団とを比較した。

幸福感の度合いは、複数の事柄に関する感じ方、考え方を聞き取り、「とてもそう思う」「ややそう思う」「そう思わない」「まったくそう思わない」等の選択肢で答えてもらうアンケート調査のようなもので数値化しました。

### ③ 研究からわかったこと

この研究から、次のようなことがわかりました。
①一般的な精神科医療だけを利用している人よりも、それに加えてピアサポート等を利用している人のほうが、幸福感が高い。
②（ヨガや食事会といった）プログラム内容の違いにより、幸福感の高さに違いは生まれない。
③幸福感が高いプログラムは、お互いが類似しており、そうでないプログラムには欠けがちな、**共通する要素**がある。

### ④ 当事者主動サービスの特徴

そこで、③の共通する要素を研究により抜き出してみました。これを当事者主動サービス（Consumer Operated Services Program：COSP）と呼ぶことにしました。この要素（特徴）があれば、ヨガだろうと食事会だろうと、参加者の幸福感が高まるプログラムになるというわけです。

この要素は、幸福感の度合いを測るものさしのように、各プログラムについてアンケート調査することで点数化できるようになりました。点数が高ければ、そのセルフヘルプ活動やピアサポート活動は、より「当事者主動サービス」としての性格が強い、というわけです。このようなものさしを**評価尺度（フィデリティ）**と呼びます。運営基準のようなものと理解してもよいでしょう。付録として掲載しました。

　当事者主動サービスは、アメリカ政府の行政機関SAMHSAが推奨する研究成果の裏付けがあるプログラムのひとつとして、これらの情報がホームページに掲載されており、誰でも見て活用できるようになっています。

| 3.考え方 | ピアの原則から、自分と他人とは同時に助けられるという結論が導かれます。他人のリカバリーのために動くことは、自分のリカバリーを身近にします。援助やアドバイスは専門家的ではなく、フレンドリーであり、従うことを求めません。当事者主動サービス内のすべてのサポートは、ピア対ピアの関係によります。 |
|---|---|
| 2.ヘルパー原則 | |
| 0 | 他人を助けた経験を報告する参加者は、いません。 |
| 1 | ごく一部の参加者は、他人を助けた経験を報告します。 |
| 2 | 一部の参加者が、他人を助けた経験を報告します。 |
| 3 | ほとんどの参加者が、他人を助けた経験を報告します。 |

図：フィデリティの例
フィデリティでは、それぞれ原則が示された後に、その程度に応じ、配点された基準が示されている。

# 3
# 各領域の概要と演習の例

　幸福感が高まることに貢献しているピアサポートに共通していた要素は、次の6つの領域に分けられました。そして、この6つの領域に対して、セルフヘルプ活動やピアサポートを長らく提供してきた方たちが解説を付け、人材育成用のテキストを作りました。それは本書のPart.2です。

　ここでは、そのテキストをもとに6つの領域を簡単に紹介します。

## ❶ 考え方（信念体系）

　ここでは、当事者主動サービスの根底に流れる哲学を学びます。まず、一人ひとりは異なる視点をもっていることの理解から始まり、歴史的に築かれてきたピアサポートとアドボカシーという考え方の大切さなどを学びます。

　次に、お互いの「患者らしさ」ではなく「人間らしさ」に着目して、つながりを育むことでリカバリーが可能となり、やがてはプログラムを卒業することも起こりうるため、さみしくてもお互いの成長を歓迎し合うことの大切さを学びます。

　続いて、ピアの原則、ヘルパー原則、多様性を大切にすることで、ピア同士がつながることの可能性が生まれることを学びます。最後にエンパワメントについて学び、誰かを正すのではなく、自分を正したいと思っていることを手伝うということについて、学びます。

> 「この領域の演習の例」
> ■「助てもらえて良かったなぁ」と思ったときのことを思い出してください。どんなときですか？　なぜ、それが良かったのですか？
> 　　　　　　　（「信念体系を理解する」の「相互的であること」より）(p.31)

## ❷ 環境

　ここでは、当事者主動サービスにふさわしい物理的環境や雰囲気、心理的環境について学びます。プログラムの目的ごとに適した環境が異なることを学んだ後に、まず、スタッフ専用の個室はないほうがよい等の例から、物理的環境がもつ意味を学びます。さらに、参加者を歓迎する雰囲気や、安心・安全の雰囲気等について学びます。

　次に、インフォーマル性から始まり、ストレングスや当事者主動や相互性等といった、当事者主動サービスを成り立たせるために不可欠な感情的環境について、学びます。

> 「この領域の演習の例」
> ■今日のポーラはエネルギーがあり余っているようで、フレデリックは困っています。そこでポーラに「薬、ちゃんと飲んでるの？」と聞きました。
> 　▶ この質問は、2人の関係にどんな影響を与えるでしょうか？
> 　　　　　　　　　　　　（グループ演習「臨床的な考え方」より）(p.66)

## ❸ ピアサポート

　そして、いよいよピアサポートについて学びます。まず、ピアサポートの要素を概観し

た後に、お節介や、その結果としての燃え尽きについて学びます。次に、インフォーマルなピアサポートの方法として、つながりをつくる方法、コミュニケーションの方法について学びます。

続いて、グループで行うフォーマルなピアサポートの方法について学びます。力のシェアから始まり、プログラムを開始し、グループ内につながりをつくり、多様な意見が出ながらも自然に転がっていくことの大切さを学びます。また、参加者の1人ばかりが話しているときや対立が起きたとき、あるいは誰も発言してくれないときなどの考え方や対応方法も例示されています。

さらに、芸術的表現を取り入れることも含めて、自分たちで自分たちの物語を表現することの大切さを学びます。また、「意識を高める」と題して、力のダイナミクスや「私たちは、お互いから多くを学べる」「私たちは、他人をケアするためにいるわけでない」等という相互的責任の原則、不快感との同居方法などを学びます。

最後にクライシス予防として、対立やつらいときについて考えます。感情との同居、リスクへの対処、自分の気持ちを知ること、安心・安全のためのルールについて取り上げます。

「この領域の演習の例」
■他人とつながることができたときのサインには、どんなものがありますか？（グループ演習「個人的つながり」より）（p.85）
■たくさんお節介をされていたら、何と言ったらよいでしょうか。（「お節介と燃え尽きを防ぐ」より）（p.72）
■あなたのグループでは、対立にどのように対処してきましたか？　そして、どうなりましたか？（「グループで行うフォーマルなピアサポート」より）（p.84）
■あなたの「病気」に対する考え方は、自分に対する見方に、どのように影響していますか？（「自分たちで語る自分たちの物語」より）（p.90）

## ❹ 学び（教育）

ここでは、今まで知らなかったことに出会い、挑戦するという意味での学び（教育）の大切さについてまさに学びます。援助するのではなく、学ぶことを手伝うということ、学ぶ場のつくり方、得意・不得意から人の学び方はさまざまであることを学びます。

続いて、代表的な「学びのプログラム」が紹介されます。まずは、リカバリーについて学ぶプログラムの例示があります。ここには、WRAPやIMR（疾病管

理とリカバリー)といった、すでに日本に紹介されているものもあります。次に、就労支援について学びます。最後に、自立支援協議会の委員になる等により、地方公共団体や政府の政策立案等に参画するための学ぶ場をつくることの必要性が紹介されています。

「この領域の演習の例」
■あるピアサポートグループが資金を獲得し、ついに当事者主動サービスを開始することになりました。職員も雇用し、パンフレットを作って配りました。そして、プログラムの参加者に来た理由を尋ねると、「精神疾患のピアサポートを受けられると書いてあったから」とのことです。これら参加者に、精神疾患とは直接関係のない、さまざまな学習プログラムが書かれたカレンダーを渡し、紹介しましたが、ほとんど参加する人はいませんでした。
▶ なぜ、ほとんど参加する人はいなかったのでしょうか?
▶ 最初の「ご案内」の段階からやるべきことは、何だったでしょうか?
　　(グループ演習「参加者の声を聴く」より) (p.130)

## 5 リーダーシップ

　ここでは、「リーダー」という言葉の意味を考えることから始まり、「大きな絵」について考えるといった、当事者主動サービスにふさわしいリーダーと、そのふるまい方等について学びます。次に、誠実さや人の一番良いところを引き出す、バランス感覚といった、当事者主動サービスにふさわしいリーダーの特徴や考え方を学びます。
　最後に、プログラムの時間管理やコミュニケーション、さらにはリーダーを引き継ぐことの重要性や方法も紹介されます。

「この領域の演習の例」
■あるピアセンターの管理者であるハロルドは、新しく雇用したマーサに「パンフレットを作って」と頼みました。間違ったことをしたくなかったマーサは「わかりました」と答えましたが、残念ながらパソコンをうまく使えず、作業が遅れてしまいました。ハロルドがピアセンターの説明会の直前に、パンフレット作りが開始されていないことを知り、慌てました。
▶ ハロルドは、こうならないように何ができたでしょうか?
▶ 今、ハロルドがすべきことは何でしょうか?
　　(グループ演習「案内する」より) (p.156)

## 6 アドボカシー

本編を学んだひきこもり経験がある人が、次のように語っています。

> ひきこもっていたとき、社会（親や大人、支援センターの人）から「おまえを治してあげるから、出てきなよ」と言われているような気がしました。このことが私を、さらにひきこもらせていました。今は、ひきこもり状態を脱しているので、こうだったことを言えますが、当時は言えませんでした。ですから私は、これから「どうか、みなさん。ひきこもりの人たちに、このようなメッセージを投げかけないでください」と社会に伝えたいと考えています。

当事者主動サービスの研修テキストの最後は、このような活動であるアドボカシーの意義や方法について学びます。自分で自分を守るセルフ・アドボカシーと、仲間を守るピア・アドボカシーに分けて考えていきます。さらに、政策や制度等に反映させるシステム・アドボカシーにも触れます。問題を分析して自分の考えをまとめ、行動計画を立てる、そして、実行に移すという手順を、事例（演習）を通して具体的に学びます。

「この領域の演習の例」（抜粋）
■ジョージは、精神科病院を退院し、グループホームに引っ越したものの、向精神薬を多剤併用で処方されているため身体がだるく、さらに、そのグループホームは極めて交通の便が悪い上に、共用のシャワーや自室のエアコンが壊れていて、安心して生活ができません。
▶ ジョージが自分を守るために、どんな手順で、何をやるべきでしょうか？ 交渉の相手先は、誰でしょうか？
（さらには、同じグループホームの住人のことも考え、行動して、状況を少しずつ改善していくプロセスを経験します）
（グループ演習「問題を分析する」）（p.165）

# Part.2
## 当事者主動サービスの人材育成用テキスト

PEER SUPPORT

# 領域 1
# 信念体系

　この領域では、当事者主動サービスの共通要素である信念体系を紹介します。当事者主動サービスの足場となる哲学的な土台、中心となる信念を学習することが目的です。
　項目ごとに「**話し合ってみよう**」、最後に【**みんなで話し合おう！**】も設けました。

> **本領域の学習項目**
> 1　信念体系を理解する
> 2　リカバリーへの希望をもたらす
> 3　ピアがつながる
> 4　自分たちをエンパワメントする
> 【みんなで話し合おう！】力のダイナミクス

## 1 ● 信念体系を理解する

　一人ひとりの信念は異なり、だからこそ、一人ひとりに意味が生じます。同じことが集団や組織でもいえます。それはミッションだとか、理念等として書かれることもあります。集団の目的や歴史的出来事から発生することもあります。信念体系は時とともに変化し、成長することもあります。
　当事者主動サービスは、精神科治療の利用や精神症状がありながらも、人はリカバリーし、充実した生活を送れるという考え方に基づいています。リカバリーに対する壁、課題、否定的なメッセージを乗り越えるべく、私たちはお互いを助け合います。

例えば、当事者主動サービスの予算を立てるとか、職員を雇うとか、将来の計画を立てる重要な意思決定をする場では、ピアたちはプログラムを運営し、発展させる技術があり、できるのだという考え方を実行に移します。

当事者主動サービス利用者の能力、参加、可能性に関する考え方は、コミュニティ、家族、従来の精神保健サービスの一般的な考え方とは反対のようです。当事者主動サービスは、自らの考え方を実行に移す方法をもっている点が重要です。

これは、次のような方法で実行に移されます。

- ■ 一定の形を整えた対話
- ■ 絵画や文学作品
- ■ プログラムの資料作り
- ■ 職員研修の教材作り
- ■ プログラムのモニタリングや評価方法の考案

## （1）異なる視点

当事者主動サービスでは、考え方を話し合い、それを理念や運営方針へ移行させます。違いを認め、たくさん話し合うことは、考え方を共有し、振り返る上で重要です。例えば、ある人が「目標は、みんなが精神症状を乗り越えて、最終的には精神保健制度から卒業できるよう援助することです」と提案したとします。これに対し、別の人が「私は、お互いが自分の問題をうまくやりくりし、専門職の助言に従えるようお互いを助けることだと思います」と応えるかもしれません。

知らない事柄は、まさに知ってはいない。籠から出て、たくさん夢を見ようじゃないか。
〈ある当事者主動サービスのメンバー〉

この種の考え方の違いは、建設的かつ敬意を込めて議論されているのであれば、健康的です。こうすることで、提供されるプログラムの種類、ピアサービスの提供方法、一般的なサービス機関のネットワークと団体との関係性に影響するでしょう。強いプログラムほど考え方の違いを認め、メンバーが反論することも反論されることもできるようにするものです。

私たちが学び、成長し、リスクを引き受け、新しいことに挑戦すれば、当事者主動サービス内の自分たちの考え方や内容は変わっていきます。インフォーマルに、あるいは会議以外の場で「リカバリー、ピアサポート、このプログラム、コミュニティでの私たちの役割等について、あなたはどう考えていますか、どうしたいですか？」と日ごろから尋ね合う必要もあります。

## （2）自分たちの物語を創り、語る

　当事者主動サービスでは、時間をかけて、経験や歴史をひとつにまとめ、プログラムにかけがえのない物語を創っていきます。大切なのは、言葉、絵、写真、事例とともに、その物語が生き続けることです。物語は、新しいメンバーに自分たちを説明する際、自分たちの由来の振り返り、祝福する理由を確認する際に役立ちます。

> ■ プログラムについて、あなたはどのように語りますか？
> ■ 一人ひとりの旅について、みんなはどのように語りますか？
> ■ それらはどの程度、シェアされた物語に当てはまりますか？

　困難なときの個人的な経験、集団としての体験が語り直されてはシェアされながら、各個人は、治療・対処・リカバリーに対する考え方の基準をもつことができます。一人ひとりが自分の物語を自分の方法で語ることが、リカバリーの核になります。語りによって私たちは、自分たちを定義する力を取り戻します。同様に、当事者主動サービスは、集団としてのアイデンティティをもつ方法や、地域社会の考え方に挑戦していく新しい方法を見つけていくのです。

### 事例から学ぶ　同じ体験を探す（ピーターの場合）

　カルフォルニア州ロングビーチで、当事者主動サービスを提供している機関の副施設長が、「価値や考え方について、たくさん言い争いがありました」と振り返りました。

　これを解決するために、まず「毎日、自分がすること」をテーマに議論しました。これによって、プログラム参加者に共通の経験が引き出されました。

　自分の日々の行動や考え方の習慣について話し、みんなが同じだとか違うとか、意見を言っていました。少なくともこのプロセスで「何かについて、誰でも賛成してもらえる場なのだ」と感じます。

　はじめピーターは、このテーマに困っていました。毎日、欠かさずやることを考えました。毎日、コーヒーを飲みます。そして、人生が良くなってきたことを思い返しました。アパートへの引っ越し、就職、出勤、激務。

　この変化をピアが励ましました。ピーターは自信を得て、プライドをもつようになりました。リカバリーは可能だ、小さな一歩がやがて大きな一歩になる、自分のエンパワメントが集団のエンパワメントになる、そうわかりました。今や、ピーターはピアプログラムで大切な信念を話す際には、これらを話しています。

## （3）ピアの信念体系は、3つあります

ピアの信念体系は、当事者主動サービスで実施されている原則や価値観と同じです。この原則が人々をつなぎ、希望やセルフ・エンパワメントの文化を進化させることができます。

プログラムがどんなものであろうとも、共通要素と呼ばれる、個々のプログラムやサービスを超えた共通原則が適用されます。

文献やピア援助者への取材、当事者主動サービス多機関調査で抽出された信念体系は、次の3つです。

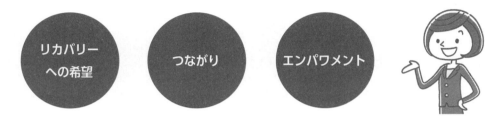

これら信念体系は、当事者主動サービスの評価尺度（フィデリティ／FACIT）に採用され、この項目に続く「2.リカバリーへの希望をもたらす、3.ピアがつながる、4.自分たちをエンパワメントする」に対応しています。FACITに興味のある方は、このシリーズの付録をご覧ください。

## （4）歴史的文脈

実際に精神保健サービスを利用した人が書いた記録を見てみると、1970年代に精神科病院を退院した精神障害者たちが、ケアのないコミュニティで孤立し、有意義な人間関係をもてず、孤独に漂流していた様子が描かれています。

元患者たちは各地域に集い、ピアサポートを提供し、社会正義のためにアドボケイトしました。自分たちの人生の主導権を取り戻そうと最初に試みたのは、患者の権利を主張する団体をつくることでした。南アフリカ障害者連盟の「私たちのことを私たち抜きに決めるな」をモットーに、当事者団体は、無味乾燥なデイケア、自主性に欠ける同意、強制的な薬物療法、隔離や身体拘束に反対しました。

1990年代初頭、当事者たちは全米規模で団結し、選択という概念を主張し、精神保健サービス改革運動の一部として、精神保健サービスの管理、提供、評価に自分たちを加えるように求めました。公立精神保健機関の部署に当事者部門が設置されて、多くのピアサポートプログラムが、一時は精神保健サービスから切り離されたものの、従来の精神保健サービスとパートナーシップを結ぶに至りました。

この間、たくさんのアメリカ国民が、幅広いセルフヘルプグループに参加し、つながる

ようになり、経験や感情をシェアし、問題に対処する具体的な方法を見つけるべく、お互いを助け合いました。

当事者主動サービスは成熟、拡大し、精神疾患がある人のセルフヘルプという形式でピアサポートを提供しました。ピアサポートグループは、人間関係や社会化のニーズを満たし、クライシス（いわゆる急性期）へ迅速に対応しています。また、行く場所を提供しています。そこでは、地域や治療システムで経験する困難へ何とか対処し続けることに焦点が当てられています。

当事者運動やセルフヘルプ、当事者主動サービスの歴史について、さらに詳しく知りたい人は、Part.3のp.179～185をご覧ください。

## （5）アドボカシーとピアサポートという伝統

お互いをサポートする当事者主動サービスは、アドボカシーとピアサポートという2つの伝統的な営みから成り立ちます。この大切な2つの伝統のバランスは、プログラムごとに異なります。

当事者主動サービスは、アドボケイトとして世の中を変えるべく、差別とたたかい、社会正義の実現を求め、住む家の心配がなく、安心して暮らせるという基本的ニーズが満たされる権利があることを主張します。このアドボカシーの伝統には、個人に必要なものを求めるセルフ・アドボカシー、特定の状況にある自分たちの利益を守るべく、お互いを支え合うピア・アドボカシーがあります。

ピアサポートは、個人のリカバリーと成長の一部として、相互に助け合うことを大切にしてきました。ピアは対等なものとして、お互いの話に耳を傾け、似た経験をもつ人こそ、お互いの希望や願望を理解するにあたり、最善の立場にあると考えます。リカバリーについて語り、お互いのストレングスやスキルに着目し、「患者らしさ」ではなく「人間らしさ」をお互いに育めるようになります。例えば、身体障害のある人、異なる文化にある人、性的志向が異なる人など、ありとあらゆる領域にいるピアも歓迎します。

当事者主動サービスが育むものは、未来に対する希望、自己決定による人生、セルフエスティーム（自己肯定感）、社会での有意義な役割等です。アドボカシーの歴史的ルーツは、「すべての人には権利があり平等だ」という信念です。ピアサポートは、差別と社会的孤立に対抗すべく生まれました。このアドボカシーとピアサポートという2つの伝統のおかげで、当事者主動サービスは、当事者のニーズに敏感となり、迅速に対応できるのです。

## （6）ピアの最も基本的な考え

ピアとして、どんな考え方を私たちは共有するのでしょうか？　続いて、当事者主動サー

ビスを説明する重要な考え方、「相互的であること」「共通した経験をシェアする」を紹介します。あまりに重要なので、世界中のピアプログラムの基礎となっています。

## （7）相互的であること

　最も普遍的なピアの信念のひとつは、与えることと受け入れることという、基本的な人間の相互作用から来ています。私たちはお互いをサポートすべきであり、サポートされるべきです。私たちはこの力を強く信じているのです。

 話し合ってみよう❶

- ●「助けてもらえてよかったなぁ」と思ったときのことを思い出してください。どんなときですか？　なぜ、それが良かったのですか？
- ●援助やサポートが嫌だったときのことを思い出してください。子ども扱いするようなサポート、あるいは強制的なサポートをどうやって避けることができますか？
- ●いつ、どんなときに、あなたはピア（仲間）を助けましたか？

## （8）共通した経験をシェアする

　自分たちをピアだと考えるのは、精神疾患の当事者として共通する経験をシェアしてきたからです。まったく同じ経験をした人なんていませんが、精神疾患というラベルを貼られる経験、精神保健制度のサービスを利用する経験、そして、こういう経験がある人を差別する社会の中で生きるという経験をシェアできます。この経験を、敬意と希望とともにシェアすることが、私たちのリカバリーを支えてくれます。

　ピアの信念の中心は、本質的な人間らしさの肯定です。精神疾患患者だとラベリングされた経験を語る機会があることで、それがちゃんとした場であろうとインフォーマルな場であろうと、自分について言葉を発するだけにとどまらず、自分というものを再構築することができます。ピアサポートの文脈で物語をシェアすると、自分たちの物語を語る新たな意味や方法が見つかります。

　自分たちの物語をシェアすることで、何か新しいものを創り出すチャンスになります。自分たちが病気だとか病んでいるんだと考えるのをやめ、怒り、悲しみ、願望といった感情、そして、コミュニティ、エンパワメント、リカバリーの感覚をもつことについて、自分たちを認め合うのです。

> **話し合ってみよう❷**
>
> ● 一般的に、あなたに精神症状があるとわかった場合、人はあなたを差別しますか？　それは、どんな方法ですか？
> ● あなたが精神疾患の当事者だと知られた場合、差別されることは、よくありますか？　それが起こりやすいのは、いつですか？　どこですか？
> ● あなたは、精神疾患の当事者であることを理由に、差別されてきたと思いますか？

## 2 ● リカバリーへの希望をもたらす

　リカバリーは、障害の有無にかかわらず人が経験するプロセスで、一人ひとりが異なるかけがえのないものです。時間がかかり、ありとあらゆる経験が関係します。リカバリーが進んだと感じれば、後退したと感じたり、変化が表れない時期もあります。リカバリーは、当事者主動サービスの中心となる信念です。

### (1) 「患者らしさ」から「人間らしさ」へ

　精神疾患というラベルを貼られて生きることで、生活の質は低下し、やりたいことを選択し、実行する自由が奪われる人がたくさんいます。精神疾患に伴う課題が生じていると診断された点以外は、人それぞれであるにもかかわらず、精神保健サービスの利用者はひとくくりにされがちです。

　自分たちを病気だと見なすことからはじめ、自分たちのアイデンティティを病人に置きがちになります。自分たちがかけがえのない人間であるということ、豊かな才能や性格があることを見失いがちになります。精神疾患と診断された人に対して、否定的な思い込み、危険で予測不能であり、検討能力に欠ける人であるという絶望等のステレオタイプな見方が、社会的な文脈の中で形成されます。

> 絶望とは、沈黙を形にしたものであり、世界を拒否し、そこから逃げることです。
> 〈パオロ・フレール　1973〉

　私たちはみんな、多様なニーズ、期待、行動を伴う1人の人間なのです。私たちは、一人ひとりの人間的な豊かさをお互いに肯定し合えると信じています。

## （2）コミュニティの感覚を育む

　ピアサポートという人間関係の中で、自分たちの物語を語るという行為によって、世界との接点を見つけ出し、孤立せずに済みます。他人も似た経験をしていると知ることができます。グループとして、コミュニティとして成り立つようになります。他の人と一緒のコミュニティにいると、ストレングスと心地良さを感じとる経験をします。
　みんなと一緒だから「私は私。精神病のラベルを貼ってひとくくりにしないで」と主張できます。リカバリーのプロセスとして私たちは、自分たちがさまざまな特徴、能力、希望、経験が組み合わさってできた人間であることを認めるべく、社会に主張します。
　ピアサポートとアドボカシーという2つの伝統によって、私たちは自分たちを語る力を発揮できるようになります。さらに、家族、専門職のスタッフ、ご近所さん、そして、一般社会の中で信頼や安心、尊敬について会話して癒やす力を発揮できるようになります。

## （3）リカバリーの個別性を知る

　希望、前進すること、無気力や悲観に抵抗することをピアサポーターがはっきりと伝えることで、リカバリーが進みます。希望をリアルに感じたとき、それは、プラスの変化を内面から促進する有力なエネルギーになります。好みに合った社会資源やチャンスと組み合わさったときに、新しい活動を始めることにつながります。
　当事者主動サービスは、さまざまな方法でリカバリーに関する希望を育みます。

> 慢性的な症状と闘うには勇気も必要なこの病気を心地良く感じられたら、ハンディキャップを乗り越えられるでしょう。そして自立し、スキルを学び、今まで私たちを見捨ててきたこの社会に対して貢献することができると考えています。
> 〈リート　1988〉

```
例えば
■ 自分の生活に直接に必要なスキルをメンバーに教える
■ エンパワメントする人間関係を創る
■ 自分の夢の実現に向けてスタートを切るべく、受け入れてくれるコミュニティを
　つくる
```

　エンパワメントする人間関係を通して、当事者主動サービスは、お互いにリカバリーの道を歩めるようサポートできます。傾聴、協働のスキルが大切になります。「自分のリカバリーに欠かせなかったのは、自分を助けてくれた人、そして、自分を信じてくれた人だ」

と多くのピアが報告しています。プログラム参加者は「わかってもらえているという感覚」「ピアとの感情的なつながり」の重要性を強調します。

誰も他人をリカバリーさせることはできませんが、リカバリーに対する希望があれば、絶望から這い上がれます。ピアスタッフはこう言います。頭上の高いところで、希望を使って鞭打つのとも違います。登っていくのでもありません。自分のためになるだろうと思えることをするのです。「それでも、リカバリーは可能だ」という考えを手に入れます。

### 話し合ってみよう❶

- 今、このテキストを学んでいる学習会（プログラム）で伝わっている希望は何でしょう？
- あなたにとってリカバリーが意味するものは？
- あなたはリカバリーをどう理解しますか？　リカバリーの道は他の人と似ていますか？　どこが違いますか？

## （4）一人ひとりの責任

当事者主動サービスは、言われたから顔だけ出すような参加ではなく、積極的な参加を推奨します。自分の幸せに、一人ひとりが責任をもつことは重要なことです。

サービスや市民活動の選択を、メンバー自らが行うことをとても尊重します。リカバリーが土台にあるため、ピアサポートはセルフケアを強調します。そのため、肯定的な方法で自分の人生を生きる責任感を強めることができます。メンバーは、ピアからストレス源への配慮の仕方、困難へすぐに対処する方法を学んでいきます。

集団レベルでいうと、自分が参加するプログラムの重要な決定に自分も参加するとき、そして、その場に自分も重要なアイデアや情報を提供する人だと認識されているときに、一人ひとりの責任感が強まります。

## （5）役割を広げることとプログラムからの卒業

昔は、自分には無理だと感じていたことに到達し始めているようにサポートされることで、リカバリーは続きます。プログラム内でいえば、メンバーがスタッフになり、スタッフはスーパーバイズする立場に進みます。プログラムの外でメンバーは、地域で充実した生活に到達します。

当事者主動サービスは、メンバーが精神保健制度から離れていくことを援助できたら理

想的です。リカバリーが意味するところは、ピアがプログラムを卒業すること、就職すること、結婚すること、新しい家へ引っ越しすること、などの場合もあります。

　リーダーやメンバーは、インスピレーションをくれた友人であるため、知恵の源であった大切なメンバーを失うことは、複雑な心境でしょう。しかし、ここから卒業していくことは、多くの人のリカバリーにとって重要なステップなのです。

 **話し合ってみよう❷**

- プログラムの中での成功を、あなたはどう定義しますか？
- 当事者主動サービスの中で、メンバーが広く活躍していくことを、あなたならどうやって助けますか？
- メンバーが当事者主動サービスから卒業していくことを、あなたならどうやって助けますか？
- 「就職した」「状態が安定した」「生産的な活動に就いた」等の理由で、プログラムを辞めていったメンバーはいますか？
- メンバーは、卒業するかどうかや、在籍期間を選択できていますか？
- 参加者が役割を広げたり、卒業できるようにするために、プログラムはどんなことができますか？

## （6）人生の意味と精神性の成長を探し求める

　私たちはなぜここにいるの？　目的は？　私たちって何なの？　こうして人生に意味を求めることは、私たち人間の日常です。

　精神性とは、目的とか集団、神様、真実といった、何か自分より大きなものとのつながり、またはその一部であると感じる道のりです。ピアは、自分の人生の意味や精神性に対する自分の考えを語れるよう励まされるべきです。

　「自分の精神性、さまざまな感情ないし精神状態の体験は絡み合っている」と気付く当事者は多いものです。精神性という視点から自分の経験を振り返ると、症状が落ち着くという人もいます。

　精神性は、その人の一部です。従来の精神保健サービスでは、それは精神的な困難の原因や症状だと見なされてきましたが、それは間違いです。例えば、ノースカロライナ州の当事者主動サービスは運営指針の中で、「メンバーの精神性を守り、援助します。『さまざまな真実』に身を捧げることを歓迎します」と約束しています。

　ただし、いいえ、だからこそ、プログラムでは特定の信仰や精神的行為を支持、推奨す

べきではありません。

メンバーが自分の宗教的信念、あるいは信じないことを理由に、不快にならないようにしましょう。メンバーは、自分の考えを他人に押し付けるべきではありません。

精神性とは、極めて個別性の高い旅です。さまざまな考え方を受け入れて議論を展開することで、参加者に新しい可能性が開かれ、自分や自分の人生に対する新しい見方が可能となります。

 話し合ってみよう❸

- インフォーマルかどうかを問わず、精神的信念について議論することはよくありますか？
- 精神的信念をシェアするとき、どんなことが起きますか？
- 自分の精神的信念について議論しているとき、心地良さを感じられていますか？
- 興味のあるメンバーに話したり、サービスや講習を開いたりしてくれる地域の宗教ボランティアのリスト等を、あなたのプログラムではもっていますか？
- メンバーと話したり、訪問してくれる神父さんや僧侶、AA（アルコール依存症の自助グループ）やNA（薬物依存症の自助グループ）のリーダーに偏りはありませんか？

 リカバリーにおける精神性のサポートに関するヒント

- インフォーマルな場も含めて、メンバーの精神的信念とリカバリーとの関係について話せる機会を提供しましょう。
- 精神性が成長する機会や、アルコール依存性の分野で開発された12のステップや、地域の宗教施設、学習会、瞑想やヨガ等の活動を知る機会を提供しましょう。
- ヨガや瞑想、その他の精神性を基調とした活動をプログラムに入れましょう。ただし、特定の実践だけを推奨しないよう気をつけましょう。
- スピリチュアルグループ、ないしは宗教団体を訪れ、精神保健、リカバリー、あるいは自分のプログラムを紹介してみましょう。スピリチュアルグループには、精神的信念の解説やサポートを求める人に対して熱心に援助し、喜んで寄り添う人が多くいます。情報を得ようと地域に手を伸ばすことで、地域の人がメンバーを知ることにつながります。

## 3 ● ピアがつながる

　当事者主動サービスの核となる考え方の多くは、特別な方法論に関係しており、その方法においてピアはつながり、お互いを助け合うことができます。ここでは、当事者主動サービスの人間関係に焦点を当てて、その原則を見てみましょう。

### （1）ピアの原則

　ピアの原則は、「私たちは、似た人生経験をシェアできた人とつながりがもてます」というものです。ピアの人間関係には、平等、互いを受け入れた寄り添い、尊敬という意味が込められます。

　ピアの原則は、人間関係や友情と似ているかもしれませんが、異なります。ピアサポートには目的があり、個人や集団の問題に向けた計画的なプロセス、ルーチン作業、実践が伴います。例えば、フォーマルなピアサポートグループは、メンバーに対し、成功したロールモデル、症状への対処方法ややりくりするためのコツに関する情報、自分の体験を意味づけることのサポート等を提供します。

**話し合ってみよう❶**

● プログラムにおいて、一人ひとりの精神疾患のストーリーが有益なものであると見なされ、つながりをつくるポイントとして位置づけられていますか？
● どのような方法で、スタッフと参加者は、その話をシェアしようと促されたり、サポートされたりしていますか？
● 自分たちの物語を語ることが役立つようなときと場合について、どんな共通認識がもたれていますか？　みんなはどのように理解していますか？　自分たちの物語を語ることが役に立つのは、どんなときでしょうか。逆に、どんなときには役に立たないでしょうか。

### （2）ヘルパー原則

　ヘルパー原則は、「他人を助けることで、助けたヘルパー自身が、むしろ助けられるのだ」というものです。他人のリカバリーのために働くことで、自分のリカバリーが進むかもしれません。ヘルパー原則は、ピアの原則から必然的に導かれます。

　プログラムのあらゆるサービスは、ピアとピアとの人間関係に基づいています。援助や

アドバイスは、専門家というより友達のように提供され、コンプライアンス（命令に従うこと）を求めてはいけません。

当事者主動サービスでは、与えたり、受け取ったりする経験によって、みんなが他のみんなを支え、支えられるのです。スタッフはプログラム参加者でもあり、これらの役割の釣り合いを取らなければなりません。スタッフには、管理者が「仕事でないときは、プログラム参加者モードに戻ってください。必要なときだけ、スタッフモードに戻ってください」と言うとよいでしょう。

インフォーマルかどうかを問わず、人は人間関係を通して他人へフィードバックを提供したり、助けたりします。同時に、自分で乗り越えようとしていることについて、サポートを受けます。アドバイスは専門職だけがくれるものではありません。実践的な知識と経験がある人、つまりそこにいるピアもアドバイスをくれるのです。

> 私は誰かにとって、本当の拠り所になりたい。私の背中を押してくれた人の行為にお礼をしたい。どんな悪いことが起きようとも、どんなに私の調子が悪かろうとも、いつもそこにいてくれる。私も、誰かにとって、そんな人になりたい。
> 〈ピアスタッフ〉

## 事例から学ぶ 私たちは誰でも貢献できる（ウィニーの場合）

ウィニーは、新しい当事者主動サービス「アライズ」に参加する前の10年間は、地域のデイケアを出たり入ったりする患者でした。「アライズ」へは援助とサービスがほしいから来たのであって、まさか自分に提供できるものが何かあるとは思いもよりませんでした。実際に、誰もデイケアで彼女に助けをお願いする人はいませんでした。

ある日、メンバーのフランクがコーヒーをこぼし、慌てふためき、困っているのを見ました。ウィニーは事務所に行き、管理者に「フランクが大変！ 落ち着くよう助けてあげて」と言いました。

管理人は「助成機関と今、電話中なの。フランクが安心するよう、あなたが助けてあげてくれませんか？ 昨晩の野球の話をしたらいいわ」と言いました。

野球の話ならウィニーにもわかりました。フランクのところへ行き、コーヒーを置くのを助けて、昨晩、野球を見たかと話しかけました。すぐに2人は話し込み、危機を乗り越えました。ウィニーは自分も他人を助けられると知り、そうするチャンスを探し始めました。

## （3）価値ある役割を引き受ける

　当事者主動サービスは、メンバーが患者を基本としたアイデンティティを卒業し、人間関係やプログラム、地域社会の中で価値ある役割を引き受けることを援助します。

　例えば、スタッフメンバーが病院へお見舞いに行けないとき、メンバーに「お見舞いにぜひ行ってもらえないかな」とお願いすることで、援助される役割から援助する役割へと移るサポートができます。メンバーは必要とされ、他人を助け、自分に価値を感じる体験をします。

　ただし、リーダーはメンバーを無料の労働力として扱うべきでありません。地域活動支援センターで、管理者が一日外出しているときに、メンバーが電話番をお願いされました。その人は引き受けましたが、後に、「無料ではまたやるつもりはない」と言いました。

　この問題は簡単ではありません。次のように、常に問い続けましょう。

> ■ その役割を依頼することで、メンバーのエンパワメントになっているか？
> ■ 有給職員の仕事を無料でさせていないか？
> ■ この「さかいめ」はどこか？

　あなたのプログラムでは、ヘルパー原則がどのように具体化されているか理解されていますか？　参加者とスタッフがこれを考えるにあたり、役に立つチェックポイントは次のとおりです。

**話し合ってみよう❷**

> ● 今まで自分が「援助する側」または「援助される側」に固定されていると感じたことはありますか？
> ● 関係が相互的、つまり援助が行ったり来たりするときは、どんなときですか？
> ● 援助が提供されることによって、「援助する側」「援助される側」の両方にメリットが生じていますか？

　ときに人は、他人に援助されます。援助されるという経験の質もまた重要です。参加者とスタッフは、次のような問いを自分に投げかけてみてもよいでしょう。

> ■ 今まで、ピアのアドバイスに従うように求められたり、強制されていると感じたことはありますか？

> ■ ピアのアドバイスに従わなかったからという理由で、当事者主動サービスを拒否されたことは、今までにありますか？

## （4）多様性と文化的包容力

### ❶ 多様性

　メンバーの多様性を認めるとは、肌の色や方言が多様になるというだけの話ではありません。さまざまな年齢、学歴、性別、宗教、性的嗜好、身体障害、ホームレス、政治思考、配偶者の有無等が多様になるということです。さらに、精神科医療サービスの利用経験、プログラムの利用に至った経緯も異なります。プログラムに対するニーズや期待が異なることもよくあります。

　文化的包容力とは、一人ひとりの個性・信念・風習・社会的多様性を受容し、尊敬し、歓迎することです。ピアはお互いが、自分らしくいることを尊重すべきだと考えます。

　プログラム内の多様性とは、大目に見るという意味ではありません。それはプログラムを活気あるものとして輝かせるもので、世界や人間が存在する理由に関する深い知識を与え、新しいアイデアをひらめかせ、日々の生活を豊かにするものです。みんなが、１人の人間として、自分をかけがえのない存在だと受け入れ、大切にすべきなのです。

　エンパワメントと希望は、人の何もかもすべてを受け入れることで育まれます。このことには、人や行動を、医学的な解釈でなく、普通の言葉で理解するということも含まれます。例えば、何かに脅えている人がいても、「妄想」とラベルをつけるべきではないのです。

　多様性は、行動やコミュニケーション、問題解決の仕方に影響します。これらの違いにより、集団に緊張が走り、プログラム内で孤立する人が生まれるかもしれません。特別な文化的配慮を認め、尊重する小グループを別につくり、安心な場をつくる必要があるときもあります。

　文化が影響するかもしれない領域には、次のようなものがあります。

> ■ 役割や社会的相互作用
> ■ 意思決定の仕方
> ■ 感情のコントロールの仕方
> ■ 精神疾患の定義
> ■ 期待すること
> ■ 年齢、性別、学校、親族との関係で生じている義務

## 多様性や文化的包容力を育むためのヒント

- ものごとを一般化したり、多様なものをひとくくりにしようとするとき、あるいは逆に、個別化したり、排他的になるときについて話し合いましょう。
- 社会的創作活動を立ち上げ、語り、音楽、映画、詩や文学、壁画やキルト作り、劇、ダンス、料理を通じて、ピアが他の文化を知る機会をつくりましょう。
- スタッフが、メンバーの文化的背景に適応したサービスが提供できるようサポートする。本や相談会、研修を情報源にして、文化的包容力や文化に応じた癒やされ方を学ぶことができるかもしれません。
- メンバーが自分の文化的価値観に気付き、文化的な違いを受け入れ、歓迎できるようにサポートしましょう。プログラムを一時中断し、議論することで、気付きにつながり役立つかもしれません。
- 文化に特化したサポートや、話し合うグループの立ち上げを検討しましょう。

### ❷文化的包容力

　メンバーの多様性から生じる葛藤やメリットを本気で扱うには、ただ単に「もっと多様性を受入れましょう」と言うだけでは不十分です。プログラムは、個人や集団の違いに意識的に寛容になり、違いを尊重しなければなりません。当事者主動サービスは、組織のあらゆる場面に、文化的包容力をきっちりと吹き込まなければなりません。

　文化的包容力とは、スキルを身につけ、価値観を変え、知識や理解を深める能動的なプロセスです。ピアは、文化的な違いを考慮できる人間関係を、積極的に築かねばなりません。

　個人的な信念ないしは集団の文化として、他人の文化を許さないという考え方を根強くもっている人がいることもあります。そんなことが問題になったときは、プログラム内でオープンに話し合ってみましょう。

- そういう状況はどうやって生まれたのでしょうか？
- どうすれば間違いなく、すべての参加者が尊重され、受け入れられ、歓迎されていると感じることができるでしょうか？

　プログラム内で文化的包容力を育むことに加えて、差別や性的嫌がらせを定義し、禁止する方針、手続き、ルールをつくることは大切なことです。

　すべてのメンバーが、このルールや規則を自覚しているべきです。さらに、メンバーが

害されることを防ぎ、安心した環境をつくり、もめ事や誤解を減らすよう方針等がしっかり守り続けられるべきです。

 **話し合ってみよう❸**

- プログラムに参加している人の文化には、どんなものがありますか？
- あらゆる文化の人が、プログラムに貢献できているのはなぜでしょうか？
- 特定の文化にある人が困っていることはあるでしょうか？ もしあるなら、より多様な人が参加しやすくなったり、その文化の人のニーズを満たすために、どんなことができるでしょうか？

## 4 ● 自分たちをエンパワメントする

エンパワメントは、精神保健サービスや治療を自分で選択できなかったり、コントロールできなかった経験がある人にとって、重要な原則です。ここではメンバーが、自分の生活について主張したり力を発揮することを、お互いで助け合う方法について考えましょう。

「パワーについて考えてみる」
　次の場合に、プログラム内でパワー（力）がシェアされる程度や方法について、考えてみてください。
場合①：トイレがスタッフ用とメンバー用に別々になっている
場合②：スタッフだけがドアや書庫の鍵を持っている
場合③：スタッフは事務所にいて、メンバーと交流しない

### （1）エンパワメントの種類

エンパワメントとは、「パワーを与える／与えられる」ということに関する言葉です。簡単な概念のようですが、実際には心理的、社会的、組織的、政治的要素が複雑に絡み合っています。

エンパワメントは、個人と集団との両方において可能です。それぞれについて紹介します。

**❶個人のエンパワメント**

　個人のエンパワメントとは、「自分の生活に関係する決定について、自己管理している」という、個人的なストレングスや影響力の感覚が発揮されている状態になることです。

　当事者主動サービスに参加することで、メンバーのエンパワメントが進みます。プログラムのおかげでピアの自由に気付き、手に入れることができ、実際にエンパワメントが可能となります。そして、それが個人的な成長とリカバリーを後押しするのです。

　メンバーが裁判所から呼び出され、サポートしたいと思ったピアスタッフがいました。しかし、それはあくまでも「友人・サポーターとして」であり、メンバーを代弁して、判決に対して直接意見するアドボケイトとしてではありません。メンバーの声を本人に代わって届けたいと思ったわけではありません。この選択は難しいのですが、他人が本人の代わりに意見を言うことが認められた場合、私たちは存在意義を失います。ですから、私たちが本人になり代わって意見を言うようになってしまうことは、私たちを傷つけ、恐ろしいことにつながります。

　逆に私たちには、自分の問題を扱い、乗り越えるパワーがあるのだと気付くことで、新しいことに挑戦する自信が生まれることがあります。最後には、就職する、新しいアパートへ引っ越す、友達をつくる、才能をシェアする、他人を援助する等につながることもあり得ます。ちょっとした提案で、自分のパワー（力）に気付くことを手伝えます。

---

**事例から学ぶ　車の運転（スティーブンの場合）**

　当事者主動サービスのメンバーであるスティーブンは、同い年の若者のように、自分もドライブしたいとピアに言いました。彼は自由が好きで、それが彼のエネルギーとなっていました。

　彼の家族は車が好きで、趣味で車の修理をしていました。精神科に通っていることを理由に、お父さんは彼に運転を禁止していました。

　ピアの職員がお父さんに「大きな駐車場で息子さんに運転の練習をさせてみたら」と提案しました。すると、2人とも自信を取り戻し、スティーブンはすぐに運転するようになりました。

### 話し合ってみよう❶

- Aさんが、あなたが抱える問題を正そうとしているとします。その一方でBさんは、あなたが自分で問題を解決しようとするのを手伝ってくれる場合を考えてください。両者の違いは何でしょうか？
- あなたが他人の問題を正そうとしているとします。次に、あなたはその人が自分で問題を解決しようとするのを手伝うとします。違いはどこでしょうか？
- 踏み込んだり乗っ取ったりせず、誰かが自分で問題を解決できるよう手伝えることは何でしょうか？
- 今まで、他人の行動の結果から他人を守ろうとしたことはありますか？ ある場合は、その理由や場面はどのようなものですか？

### 事例から学ぶ　手伝う？　あるいは正す？（ジェーンの場合）

プログラムメンバーのジェーンは、今まで何度か繰り返してきたのですが、金銭管理ができなくて、アパートを追い出されてしまいました。

以前はワーカーが駆けつけて、問題を「正して」いたのですが、ピアたちは放っておき、「自分で解決すべきだ」と言いました。そして、緊急にお金を用意してくれるところや、銀行口座から自動引落で貸してくれる社会資源、その他のアイデアを教えました。

### ❷集団のエンパワメント

集団のエンパワメントとは、メンバーがプログラム管理や重要事項の決定において、形式的ではなく実際に、有意義かつ能動的な役割を担っている状態になることを意味します。

集団のエンパワメントを育むため、スタッフとメンバー間で、上下関係や線引きがあってはいけません。とはいえ、「私たちはみんな一緒」「ビジョンをシェアしている」ということだけで、プログラム内のパワーが、本当にシェアされていると考えるのは間違いです。

パワーをシェアするとは、偉大な芸術のようなものです。五感でものを観る人の眼に宿るようなものです。「見えたときに理解できるもの」という意味からしても、芸術のようなものです。当事者主動サービスに足を踏み入れたら、パワーが本当にシェアされているのを感じることができるでしょう。

集団のエンパワメントを実践する当事者主動サービスでは、管理や重要事項の決定をピ

アスタッフとシェアします。メンバーには次のようなチャンスがあるべきです。

- ■ 予算編成作業
- ■ プログラムの将来計画の設計の手伝い
- ■ 職員採用の決定への参加
- ■ 手続きに対して不満を述べること
- ■ 力を入れるべき活動の決定への参加

プログラムに参加するメンバーには、次のような役割があります。

- ■ 運営委員会への参加
- ■ 無償ないし有償スタッフという立場
- ■ サポートグループのファシリテーター
- ■ ニュースレターの編集
- ■ プログラムの評価者

　ファシリテーションによってグループ討議するというのは、メンバーがリーダーシップを取り、集団の意思決定に参加することを促す方法のひとつです。グループリーダーや副リーダーを順番に交代して、ファシリテーターの役割をシェアするのもいいでしょう。
　他の草の根運動と同じように、当事者主動サービスが大きくなるにつれ、組織として「しっかりする」ようプレッシャーがかかるものです。すると、柔軟性や平等な構造が失われ、ルールや手続きの多い官僚的構造になっていきます。
　これは集団が拡大し、確実に未来を築くためには、自然なプロセスです。だからこそ、当事者主動サービスは定期的に点検し、エンパワメントが理念の中心にあるかを確認していく必要があります。

「エンパワメントを育むための会議のスキル」
- ■ 人ではなく、状況、問題、行動に焦点を当てる
- ■ 他人の自信やセルフエスティームが育まれるよう応援する
- ■ 建設的な人間関係を育む
- ■ 改善しようと努める

> **話し合ってみよう❷**
>
> - スタッフは自分の行動について、メンバーに説明できていますか？ どうやって説明していますか？
> - スタッフミーティングは全員にオープンで、かつメンバーが参加しやすい時間に開かれていますか？
> - メンバーがスタッフの行動に対して異議を唱える場面のことです。スタッフはどのように対応しますか？
> - 雇用、あるいは解雇する権利があるのは誰になっていますか？
> - プログラムのビジョン、考え方、ルールを誰がつくっていますか？ メンバーなら誰しもこれを変えるべく権利が守られていますか？ それはどんなプロセスですか？
> - メンバーがプログラムの感想や不満を話す機会はありますか？ その頻度はどの程度ですか？
> - プログラムへ出入禁止になる場合もありますか？ それはどんな理由ですか？ それはどうやって決められますか？
> - インフォーマルな打ち合わせも含めて、メンバーの意見を集めてプログラムに反映させていますか？ それはどんな方法ですか？

## （2）選択肢を提示する

　当事者主動サービスに参加するかどうかは、本人が選択します。すべてのプログラムは、必修でなく選択性です。サービスが選択できるということは、さまざまな活動が提供され、なおかつ一部、あるいは全部の活動を選ばない権利があるということです。人は、自分の経験を定義し、自分のニーズや好みに合ったサービスを選ぶことにかけては第一人者（エキスパート）です。

　スタッフやメンバーは、ときどき仲間がプログラムに強く賛同している場合に、わずかに生じる強制や過度な影響を察知して、それを避けなければなりません。例えば、あるプログラムに入れ込んでいたら、無意識のうちに他人にそうするよう善意で押し付けることでしょう。

　メンバーの選択を尊重するとは、「自分が自分の人生の一番の監督なのだ」と認識するという意味です。たとえ状況が制限されていても、人は判断することができます。

　この選択に関する信念には、他人が悪い選択肢、つまり自分が好まない選択肢を選ぶということを受け止めることも含まれます。選択に関する信念は、まさに自分たちがそうし

ているように、ピアにもチャンスとリスクをもつ権利があるということを受け入れることを意味するのです。

 **話し合ってみよう❸**

- あなたの経験の範囲内でかまいません。当事者主動サービスが提供するプログラムや活動の中で、メンバーのエンパワメントが最も育まれたなと感じたものはどれですか？ それはなぜですか？ エンパワメントされたメンバーはどうなりましたか？
- メンバーはたくさんの選択肢の中からプログラムを選択できていますか？ ただ座ってテレビを見たり、一日寝ていることも許されていますか？ そのプログラムに参加しなければならないとき、逆に参加してはいけないときについて、話す機会はありますか？

> みんなで
> 話し合おう！

# 「力のダイナミクス」

　当事者主動サービスのスタッフとメンバーが、野外で料理をすることになりました。みんなイベントを楽しみにしていました。ところが材料を用意し、いざ実施という段になると、スタッフとメンバーが1人ずつしか作業に来ませんでした。2人は怒りました。

### 想定1
　たちまち、来なかった人のうわさ話でいっぱいになりました。スタッフは、「もう今年の夏に野外料理はしません」と張り紙をしました。来なかった人の一部が、管理者のところへ行き、スタッフが権力を乱用していると抗議しました。

1. ここでは、どんなことが起きているのでしょうか？　力を握っているのは誰ですか？　どうしてそう考えましたか？
2. この力のダイナミクスが、他のプログラムに与える影響について、どう思いますか？

### 想定2
　来なかった人について不満を言ったりせず、この状況について次のミーティングで話し合いました。家族や他のプログラムで、野外料理したときの経験や、誰かがやらなければならないことについて話し合われました。材料を用意したメンバーは、誰も助けに現れなかったときの不満を話しました。この仲間たちが、さらに努力すべきことに焦点を当てて話されました。

1. 想定1との違いは何ですか？　想定2で力を握っているのは誰ですか？　どうしてそう考えましたか？
2. このような話し合いは、なぜ力をシェアし、団体として意思決定を共有する機会を創るのでしょうか？
3. あなたのプログラムでの力のダイナミクスについて話してみましょう。力をどのようにシェアしていますか？　シェアしていませんか？
4. このような力のダイナミクスを、あなたは今まで、どうやって対処してきましたか？

PEER SUPPORT

# 領域 2
# 環境

　この領域では、当事者主動サービスの環境のうち、物理的環境および感情的環境の両面について扱います。そして、環境がプログラムや利用者に与える影響、支持的な癒やしの空間のつくり方などについてみんなで考えます。
　グループ演習は、最後にまとめて掲載しました。

本領域の学習項目
1 環境の定義
2 物理的環境
3 感情的環境
　グループ演習A：物理的環境
　グループ演習B：物理的環境と感情的環境をつくる
　グループ演習C：臨床的な考え方
　グループ演習D：他人を判断（ジャッジ）する
　グループ演習E：これは合理的配慮でしょうか？

## 1 ● 環境の定義

　環境には、物理的環境と感情的環境とがあります。プログラムの感じ方のようなものです。プログラム内外の見え方、人に対する接し方、ルール、プログラムに対する考え方全般、実施される活動の種類等が環境に含まれます。

## （1）当事者主動サービスの環境に大切な要素

どんなプログラム、グループ、組織であろうと、環境は次のようなものの組み合わせから成り立ちます。

> ■ 物理的スペース　　■ 人間関係　　■ 身体的、感情的な安心の感覚
> ■ 力や権威の操作のされ方　　■ プログラムの目的の感じられ方や実施のされ方

所在場所、レイアウト、家具といった物理的環境と同じように、そこにいた場合の感じ方や感情的な視点からみた環境が存在します。

両方の環境の視点があってこそ、グループが成立し、参加者すべてに幸福感を運べるような環境や雰囲気をつくることが可能となります。

> プログラムごとにさまざまな環境がありますが、どのプログラムにも重要な要素には、次のようなものがあります（4つの環境要素）。
> ■ インフォーマルな環境
> ■ 安心・安全
> ■ 利用しやすさ
> ■ 参加者の障害特性に応じた合理的配慮

ここでは、物理的および感情的環境のそれぞれに焦点を当てていきましょう。


## （2）プログラムの環境は、プログラムに好ましいものだろうか？

プログラムをつくる目的、ゴール、プログラムが選択された理由など、プログラムが形成された経緯が異なるため、先の4要素もプログラムごとに異なります。例えば、時間割に従った学習プログラムもあるし、あまり構造化されていない環境で行われるたまり場のようなプログラムもあるでしょう。相互サポートを大切にするグループもあるし、精神保健サービスを利用する一人ひとりにアドボカシーを提供するプログラムもあるでしょう。それらすべてを行う場合もあるでしょう。

活動やサービスの選択というときに、私たちに必要な物理的および感情的環境というものが含まれています。例えば、構造化されたプログラムで教育活動をするのであれば、十分なスペースが必要です。構造化されていないプログラムであれば、安心して出入りできるスペースが必要です。プログラムによっては、構造化された援助と構造化されていない援助の両方を提供するため、2種類のスペースが必要なこともあります。

目的の達成の仕方が環境に関係することもあります。例えば、次のようなことが考えられます。

- ■ リカバリーについて紹介したいが、ルールが細かく、構造化されているという場合、インフォーマルな雰囲気や自発性が失われる危険性があり、治療環境の性格を帯び始めることがあります。逆に、スペースを可能な限りオープンにして開けば、混乱や争いが起きる可能性もあります。
- ■ もし、団体としての目的が、現行の精神科医療サービスの仕組みを変えることだけならば、支え合うコミュニティをつくる機会を失うこととなります。
- ■ もし、現行の精神科医療サービスの代わりとして安心で友好的な空間をつくることだけに絞るならば、人が単にしがみつく場所をつくることにもなりかねません。

「目的に合わせて環境を整える」
- ● プログラムの目的を「リカバリーの紹介」と決めた場合は、リカバリーや幸福感に関する構造化された集団プログラムを提供できるスペースが必要でしょう。講師やファシリテーター等がいる研修プログラムか、参加するメンバーが講師やファシリテーター等になるような特別な仕掛けが必要となるでしょう。
- ● 人が集い、人間関係を築くことを目的にした、心地良くインフォーマルな空間を提供するのであれば、お気に入りの家具とちょっとだけフォーマルな構造がある広い部屋が必要かもしれません。
- ● 従来のサービスのオルタナティブ（代替）として、人が集い、非専門的なサポートをお互いに提供する場を設けるならば、複数の小さな部屋と、相互サポートをファシリテートする核となる運営グループが必要かもしれません。
- ● アドボカシー、あるいは地域向けの学習プログラムを行う団体ならば、複数の研修スペース、地域の人たちと働けるような人が必要かもしれません。

## 2 ● 物理的環境

当事者主動サービスにとって、物理的環境なんて重要なことではないと思われるかもしれません。あるいは、選択肢がないのかもしれません。しかし空間は、目標を実現できる可能性を与えてくれます。さらに空間は、プログラムの文化や模範を形にすることもできるのです。

ここでは物理的環境という視点が、サポートする環境に大いに貢献する理由や方法を考察し、4つの環境要素（インフォーマルな環境、安心・安全、利用しやすさ、合理的配慮）とどう関係するのかを見てみましょう。

## （1）物理的スペース

### ❶それぞれの部屋の広さ

　広さとその組み合わせはいろいろありますが、それぞれに長所・短所があります。例えば、大きな部屋や街中の店先は、立ち寄りたい人、ちょっとコーヒーを飲もうという人には魅力的です。小さめの部屋がたくさんあれば、会議、芸術活動、学習グループ、事務所というように、さまざまな活動に使えます。

　同時に、大きな部屋がひとつだけあれば、たむろしやすい場がつくれます。小部屋をたくさん用意すると、治療のような感じになります。

### ❷明るさ

　利用しやすかったり、利用料が安かったりする関係で、地下や窓のない場で行われるプログラムもあります。しかし、自然光はとても大切です。自然な光がない場所には文字通り「光が見えず」、自分たちが落ちこぼれだと感じやすいものです。

　スペースで使う人工照明にも注意してください。この手のライトに過敏な人もいます。ちらつく蛍光灯はイライラのもとです。場所や明るさ、不適切な照明なども眼精疲労や頭痛の原因になります。

### ❸キッチンは必要か

　プログラムで料理を出さないとしても、キッチンがあると便利です。プログラムの開始当初はキッチンを使わないとしても、後で必要だからといって付け加えるのは難しいものです。

### ❹事務スペースは必要か

　プログラムにスタッフ専用の事務スペースは必要でしょうか？　確かに、運営事務のために専用スペースを設けようというのは良いアイデアかもしれません。しかし、スタッフ専用事務所があると、隔たりのようなものをつくるも同然となります。

　小部屋がたくさんあると、「追い出され病」が起き得ます。つまり、自分には知る権利がないところで、何やら進められているのではないかと感じ、排除された気分になるのです。

　隔たりや「追い出され病」を避けるために、多目的スペースを設け、職員専用としないのがよいでしょう。

　もし事務所が、理由を問わずメンバーなら誰でも来てよい場所なら、心地良く歓迎されているといえるでしょうか？　例えば、大きな事務机やいすがあると威圧感を感じ、力の違いを感じてしまいます。1組のコーヒーテーブルと心地良いいすが部屋にあれば、事務所に来るのが楽しくなり、ハードルが下がるでしょう。

　大きな部屋でたくさんの人が作業するなら、各自がやりたいことに集中できるよう配慮

しましょう。例えば、効率良く作業するために、視界や耳に入るノイズをシャットアウトできる静かな場所を必要とする人もいます。集団の事務スペースが、各人に必要な作業環境を可能にするという方法をイメージできたでしょうか。

　もうひとつ考えなければならないのは、コピー機、パソコン、プリンターといった場所をとる事務機器です。コンセントの数を十分にとって、引っかかったり、火事の危険性があったりする延長コードだらけにならないよう注意してください。

## （2）インフォーマルな雰囲気

　どんなプログラムを行うにしても、雰囲気によって、感じ方、期待すること、そして、できることが変わってしまいます。多くの当事者主動サービスでは、歓迎され、自分の家にいるような心地良いインフォーマルな場を提供しています。

### ❶目的、歓迎

　学習プログラムを行うなら、心地良いいすがある明るい部屋が話し合いを良いものにするでしょう。教室のようにいすを列に並べると、ピアの話し合いでなく、専門家の講座のように感じるでしょう。

　リラックスした場をつくるなら、心地良い道具を使うのもよいでしょう。例えば、音楽を流す、図書を置く、キッチンを用意して軽食をシェアする等があります。

　相互にサポートする話し合いをするなら、静かでプライベートな空間があるとよいでしょう。ただ、空間が事務所のようにならないようにし、対等、相互性という感覚を育むようにしてください。座っている人の後ろに事務机を置いたり、事務机越しに話したりしないようにしてください。

　アウトリーチやアドボカシーを行うなら、社会資源等の告知コーナーは大切です。電話も便利です。ただし、くれぐれも事務所のようにならないように。

　空間づくりについて決めるとき、プログラムが行おうとしていること、つまり、目的を考えましょう。人はどんなものを魅力的だと感じ、歓迎されていると感じるのかを話し合いましょう。環境を考えることで、プログラムが活発になるでしょう。

### ❷かっこ良さ

　ビジュアル志向の才能がある人をたくさんプログラムに混ぜましょう。アーティスト、デザイナー、デコレーター等は視覚的なセンスをもった人たちです。彼らを迎え入れて、場を明るく、心地良く、そして楽しいものにしてもらいましょう。

### ❸インクルージョン（誰でも参加できること）

　当事者主動サービスの多くは、食事や特別な活動を除き、無料で提供されるのが普通で

す。「費用がかかるから参加できなかった」と感じさせないようにすることは大切です。例えば、皿を洗うとか別の方法で費用を払うことはできないでしょうか。

ただし、すべての人のために有益なプログラムなどありません。プログラムが明確な目的をもっていたとしても、一人ひとりのニーズや学び方は異なるのだということを忘れないことが大切です。

例えば、「学びの場」を行うのであれば、マイペースで、新しいものを学ぶことに飛びつかないタイプの人には魅力がありません。居場所だけのプログラムを行うなら、「学んだり、新しいことに挑戦したい」「地域で重要な政治的問題についてアドボケイトをやりたい」という人には魅力がありません。

### ❹安心・安全

安心・安全には、外的な視点と内的な視点との両方があります。外的とは、物理的環境によりつくられる安心・安全であり、内的とは、物理的空間内で人が相互的に行動する方法に関係する安心・安全のことです。

「安心・安全に役立つ一般的なルール」

- ■ 敬意に満ちた言葉を使う
- ■ 性的なコメントやジェスチャーを避ける
- ■ 叫ぶ、怒鳴る、脅すといった威嚇的行動を取らない
- ■ 違法薬物やアルコール、あるいは脱法ドラッグを使用しない
- ■ 暴力を振るわない
- ■ 性的なものに限らず、望まないボディータッチはしない
- ■ 武器になるような物の持ち込みは禁止する
- ■ 盗難、器物破損は禁止する
- ■ 差別的、侮辱的な発言は避ける

「外的な安心・安全」

次のような物理的安心・安全は、一人ひとりの安心感に欠かせません。

- ■ 最新の建築基準に基づいた空間
- ■ 外ドアに鍵がかかる等の安全システム（安全のためであり、人を閉じ込めるためではない）
- ■ 部屋を自分のためだけに使ってしまわない人に合鍵を渡す
- ■ さまざまな障害に対する合理的配慮（詳細は後に）

「内的な安心・安全」

　多くの団体で、メンバーの物理的安全を保証するルールが設けられています。このようにルールはグループでつくるべきです。

　ルールには、それが破られた場合の結果も示される必要があります。ルールが破られた場合の対応は、明確で、公平、首尾一貫したものでなければなりません。

　例えば、チャンスを複数与える方法が一般的です。違反の回数によって、次のように対応します。

---

1. ルールの再確認
2. 警告
3. 退場
4. 数日、あるいは数時間の使用禁止
5. コミュニティのサービスの利用禁止
6. 約束を破ったことで影響を受けるメンバーとの面会の禁止
7. 施設長との面会の禁止

---

　違反を繰り返す人は、使用禁止の時間が長くなります。個別の状況に応じていきましょう。

　その場合、違反への対処の仕方は明確で、公平、首尾一貫したものでなければなりません。例えば、この罰則に同意した人だけを対象としてプログラムを提供するという方法もあります。

　ルールでは、行われるべきではないものを禁止します。参加者に期待されることをポジティブな言葉で明確にするのも良いアイデアでしょう。この期待されることは、プログラムの考え方と合致しているはずです。

　最終的に、外部に助けを求める場合を明確にしておきましょう。警察を呼ぶ場合を明確で、公平、首尾一貫したものにすることで、いろいろ迷わなくて済みます。例えば、医療的に危機的な状態になり始めたら、110番に電話します。その他、外部に助けを求める必要がある場合として、武器を持った人がいる、器物を破損する人がいる、退場をお願いしたのに出て行かない等の言うことを聞かずに脅かす人がいる、等があります。

---

参加者に期待されていることの例
- 他人のプライバシーを尊重しましょう。
- 団体の目的や考え方に賛同し、支えましょう。
- 葛藤（対立）が起きた場合でも、敬意、誠意を忘れず、直接にコミュニケーションを取りましょう。
- 他人の考えや意見を尊重しましょう。

## （3）利用しやすさ（アクセシビリティ）

　利用しやすさとは、プログラムが誰にでも開かれていて、利用できるということです。移動に障害がある人には、スロープ、エレベーター、その他の配慮が必要となります。エレベーターのないビルの２階でプログラムを立ち上げると、プログラムを利用できない人が出ます。

　利用しやすさとは、手に入れやすさ、例えば、ミーティングの時間帯が利用しやすいという意味もあります。

## （4）合理的配慮

　障害者差別解消法は、役所や事業者に対して、社会の中にあるバリアを取り除くために合理的配慮を提供することを求めています。配慮とは、例えば、車いす用スロープ、点字で書かれた教材、聴覚障害者用テレタイプライター等です。

　合理的配慮には、香水やタバコのアレルギー等の環境障害を考慮することも含まれます。精神障害に対する合理的配慮には、静かな空間を用意することも含まれます。

## 3 ● 感情的環境

　感情的環境とは、ドアを開けて入ったときから始まる、人が見聞きし、感じ、体験するすべてのことを指します。それはプログラムの文化に関係し、それにはグループや団体ごとの固有の価値観や考え方、やり方、習慣が含まれます。

　当事者主動サービスの感情的環境は、次のとおりです。

- ■ 人と人との関わり方
- ■ 意思決定のされ方
- ■ 力の操作のされ方
- ■ お互いに誠実で等身大であるという安心感

　当事者主動サービスの環境を特徴付ける４つの要素（インフォーマルな環境、安心・安全、利用しやすさ、合理的配慮）と感情的環境との関係を見てみましょう。

## （1）インフォーマル性

　ピアが運営するプログラムでは、カジュアルでフレンドリーな環境を大切にし、堅い上

下関係、トップダウンでの意思決定、高圧的な力の行使を最小限にしようと努めます。このようなインフォーマル性によりメンバーは歓迎され、感情的安心を得やすくなります。

　お互いを知ること、特に新メンバーのことを知ることは大切です。その人を知る方法のひとつとして、お互いにとって、ピアサポートとは何かについて会話し始めてみるのも、よいでしょう。

　ゆっくりと、相互的に進めてください。そうすることでその人を困らせたり、スタッフとメンバーとの垣根をつくることを予防できます。新メンバーが慣れ、徐々に、しかも自分のペースで参加するようになると、お客様意識が薄れ、貢献したいという意欲が出てきます。そうすれば、どんなことに興味があるのか探し始めるのもよいでしょう。

　一般的な精神保健サービスは、他人に対する考え方、他人に対するサポートの仕方に対して影響を与えています。自分が他人にされてきたようなネガティブな対応に似た行動を、他人に対してやっている自分に気付くことがあります。例えば、他人をコントロールするため、自分の立場の力を使う場合です。多くの治療環境で見られるトップダウン式の文化と同様のものを創るのは、あっけないほど簡単です。

　インフォーマル性を心に留めておけば、「堅い管理的な構造は、リカバリーに向けたエンパワメントを育むことには役立たない」ということを忘れないでしょう。

## （2）ストレングスに基づく

　「ストレングスに基づく」とは、できないことではなく、できることを探すということです。人は誰しも、差し出し、貢献できる何かをもっています。どんな人にもストレングス、才能、能力、可能性があります。ストレングスに基づいた仲間やチームとして、お互いをポジティブに観て、お互いを助け合うのが私たちの仕事です。

　例えば、「ジョー、何か困ったことがありそうだね」と話しかけずに、「ジョー、昨日、話してくれたこと、僕には大きな意味があったよ」と話すこともできるのです。

 **ヒント**

- 本人にとって価値のないストレングスをほめると、バカにしたような感じになることがあります。「わぁ、お皿を洗ったなんて、すごいじゃないか！」
- バカにしたかどうかは単語ではなく、話し方による場合もあります。わざとらしいと誤解を与えることがあります。

## （3）望む方向へ向かっていく

　お互いが新しい役割、新しいアイデンティティを獲得することが目標ならば、自分たちがやりたいことに向かうことだけでなく、やりたくないことから遠ざかることも必要です。つまり、人生において離れたいこと（例えば、ボロボロになる、使えない人間だと感じる、価値ある仕事に就けないこと）ではなく、達成したいこと（例えば、健康、経済的ゆとり、キャリア）に焦点を当てるということです。

## （4）当事者による舵取り

　プログラムを必ず当事者が舵取りするようにすることで、インフォーマル性が育めます。当事者が舵取りするということは、話し合うべきことさえ決まっていないことを意味するため、参加者は自分でプログラムの形式を決めることとなります。

　多くの場合、プログラム参加者が活動内容や重要事項を決定することとなります（メンバー会議については後に触れます）。重要事項の決定を協働で行うという方法は、プログラムの管理者だという感覚を育みます。そして、行動する際に集団として責任感も育まれるのです。

## （5）相互性

　私たちの多くは、トップダウンや管理的な人間関係を永らく経験し、そこで自分の価値は奪われ、提供できるものなんて何もないと信じ込まされています。援助される人という役割に慣れきっています。

　他人をサポートし始めると、力がみなぎるのを感じられます。とても良い気分なので、援助する側にい続けたいと考えます。ですから、うまくいく当事者主動サービスに欠かせない要素として、相互性があります。

　「相互性」とは、お互いに複数の役割をもっているという意味です。いつでも、誰でも、援助する人にも援助される人にもなれるのです。この役割を行ったり来たりするのです。

## （6）安心・安全

　安心・安全という言葉は、自傷他害の危険性がないかを確認するために利用されてきました。私たちは、「あなたは安全ですか？」「安全にしますか？」「安全にするという契約書にサインしてください」と言われ続けてきました。

　このテーマは近くのメンバーの身体的安心・安全だけでなく、プログラム自体の安心・安全にも関係します。多くのプログラムで、「非難・批判すること」「勧誘活動」「刃物などの

持ち込み」が禁止されているのは、このためです。
　当事者主動サービスにおいて、人と場の物理的安全はとても大切ですが、安心・安全とは、参加者が「自分らしくいられる」「人として自分を表現できる」「自分のペースでいられる」「参加の仕方について、自分自身で決められる」等と感じられるかどうかにも関係します。

### （7）一方的に判断しない

　過去の人間関係は、今の人間関係や人に対する見方に影響します。例えば、「（ことわざ）きれい好きは、信仰が厚いことに次ぐ美徳」を教えられたら、自分の考え方ではないにもかかわらず、不潔な人を見下すことになるかもしれません。自分の清潔という概念が他人と違うと理解することで、その考えを思い留め、他人を一方的に判断することを避けられます。
　「一方的に判断しない」とは、判断することをすべて諦めることでなく、判断に自覚的であり続けるという意味です。

### （8）お互いを尊重する

　お互いを尊重することは、心地良い関係が続いているときは簡単ですが、緊張感が高まったり、葛藤が生まれたときには難しくなります。過去に見下されたと感じたことがある場合には、尊重することは容易でありません。一方的に判断しないのと同じように、尊重の中には、みんな各自の経験に基づいて、固有の考え方をもっているということを知ることがあります。
　例えば、あなたは週に１度のメンバー会議を何回か開いてきたとします。ある人がいつも話に割り込み、「自分の話を誰も聞いてくれない」と、とめどなく話すとします。あなたならどうしますか？　会議前に感じていることを話し合い、会議が終わるまでとめどなく話すのは、我慢してほしいと言うのもよいでしょう。みんな言いたいことがあるので、それをお互いに理解してほしいと、会議の最初に話すのもよいでしょう。

### （9）異なる見方に興味をもち、尊重する

　プログラムの目的がどんなに明確になっていたとしても、異なる見方をする人もいます。例えば、精神科医療に助けられたと感じる人もいれば、精神科医療は破滅的でとんでもないと考える人もいます。診断が自分の経験を説明するのに役立ったという人もいれば、そんなの勝手な差別で、自由を奪うと考える人もいます。
　いろいろな見方、そこにあるすべては、それを経験している本人にとってはリアルなものです。そう考えるに至った経験を理解し、尊重してみるとよいでしょう。

ここに集まっているのは、お互いから学ぶためであり、人の気持ちを変えるためではないということを忘れないのも大切です。そのためにできることは、次のようなものがあります。

> ■ それぞれが、どんなことをしているのかに興味をもつ
> ■ 共通の背景を探す
> ■ 興味のある話題について話すことを促せるよう、職員を研修する

　宗教的信念が強い人もたくさんいます。自分、そして他人のリカバリーの中心に、その信念を置いているかもしれません。そして、その信念ゆえに、他宗教の考え方や文化、見方、特徴（例えばゲイ、レズビアン、トランスジェンダー、他政党への支持、年齢、身体障害、民族性等）を許せないかもしれません。
　ピアとして私たちの存在を受け入れ、尊重すること。その上ではじめて、安心・安全の感覚が成立します。

## (10) 直接的で、誠意と敬意のあるコミュニケーション

　不愉快なときに、誠意をもって接することは難しいものです。誠意と敬意の２つとなればもっと難しくなりますが、信頼や場の感覚を育むためには、直接的で、誠意と敬意のあるコミュニケーションが大切になってきます。
　例えば、昼食を食べにプログラムに来るのが好きな人がいたとします。手伝ってほしいと何度お願いしても、その後も昼食だけ食べて、すぐに帰ってしまいます。直接的で、誠意と敬意をもって、しかもその人の考え方も考慮して伝えるとしたら、どのように言ったらよいでしょうか？
　例えば、次のようなものが考えられます。

> ■ あなたが参加したいともっと感じるようなものもあるんじゃないかなと思うんですが。
> ■ お昼に来てすぐに帰ってしまうでしょ。そのとき、ちょっといやなんですが。

## (11) トラウマを理解する

　精神保健サービスの利用者には、トラウマや虐待を受けた経験をもつ人が多くいます。これら虐待は、①身体的虐待、心理的虐待、性的虐待のように児童虐待として起きるもの、②強制治療、隔離や身体拘束のように精神保健サービス制度内で起きるもの、があります。
　トラウマという枠組みは、人の行動や人間関係の動きをより理解する上で役立ちます。

医療のように「何が問題だったのですか？」でなく、敬意を込めて「何が起きたのですか？」と尋ねるほうがよいでしょう。

　内容、場所、時間を問わず、トラウマの経験はつめ痕を残します。自分の身体が「価値がない」「信用できない」「不快だ」と感じ続ける人がいる場合、被害者や加害者の役割を自ら担って、力を乱用、あるいは放棄する人がいる場合、当事者主動サービスではトラウマの影響を考えます。個人的な特性がきっかけとなり、プログラムに参加する他人にトラウマ反応が出るかもしれません。

　本書ではトラウマの詳細に触れることはできませんが、自分の団体が、もっとこの問題に敏感になる方法を考えることは役立つでしょう。例えば、次のような方法が考えられます。

- ■ トラウマの影響について情報提供する
- ■ あらゆる角度からプログラムの力がシェアされるような機会をつくる
- ■ トラウマ経験者用のサポートグループをつくる
- ■ 診断ではなく、経験というレンズを通して人を観る文化を創る

「トラウマに配慮する」

● 事例❶：葛藤が生じると、マルシアはいつも慌てふためき、リサは黙って隠れる傾向があります。これをトラウマか虐待の影響だと理解するならば、マルシアは場がコントロールされているときに安心し、リサは隠れているときに安心すると考えます。
▷ プログラムで葛藤が生じたときの反応として、具体的にどんなものがありましたか？
▷ それはトラウマの経験とどのように関係していますか？

● 事例❷：ジョーは何年も風呂やシャワーを使っていません。彼がにおい始めたので、みんなが、身体を洗うよう言い始めました。ジョーはただ、「水なんて毒だ」と言います。ジョーと話してみたら、ジョーはあるとき、シャワーで虐待されたことがあったとわかりました。
▷ このことがわかったら、今度はみんな、どうするでしょうか？

● 事例❸：スーアンは、自傷したいと言います。
これを自分の身体が敵に見えている、あるいは実際には聞こえない声が聞こえている気がするときの、合理的な反応だと理解したら、自傷行為を「声への対処技術」、あるいは「語るにつらすぎることを表す『言語』」だと考えるようになるでしょう。

### (12) 相互責任

　一般的に団体内では、上下関係や仕事の担当が明確になっています。当事者主動サービスでは、結果の全体に対して相互責任を取ることとしています。

　相互責任とは、何かものを動かすにあたって、あなたも私も対等に分担するということです。事業所のドアを開けたとき、ただ助けてもらいに来たと感じるのではなく、もっと大きな何かを感じるべきです。相互責任は、個人同士の人間関係だけでなく、グループや団体にも当てはまります。相互責任の感覚により、プログラムの感情的環境が「安心・安全」だと感じられることもあります。

　プログラム内に有給の人と完全にボランティアの人がいる場合、相互責任は複雑になります。コーヒーを入れるのは誰の仕事？　台所の掃除は？　議論が白熱した場合の仲裁役は？　給与をもらっている人が、最終的には、これらをしっかりやる責任がありますが、これが恨み、自己顕示欲の強い行動、職員とメンバーとの距離等につながりかねません。この距離があっても、自分が集団の所有者なんだという感覚を育むことが大切です。これは、次のようにいろいろな方法で行えます。

- ■ 熱心な人の特徴を探る
- ■ 団体やプログラム、あるいは家族という集団を運営する際に役立った経験とはどんなものかを探る
- ■ 熱心に参加するために、みんなが自分に求めることを尋ねる
- ■ ここでのスタッフの役割は、他のサービスの人間関係とは異なることを確実に理解してもらう

> **事例から学ぶ　一緒に仕事する**（リタとボブの場合）
>
> リタとボブは当事者主動サービスのメンバーです。リタは自分のニーズや課題についてめったに語りません。一方ボブは、すぐに「助けてほしい」と求めます。リタはボブがいつもそうするのに少しイライラしていました。
>
> 　ボブを非難せず、リタは全体の一部としての役割を理解していました。ボブに、「私たちの関係について素直にならずに、私が援助者みたいになっていたと気付いたの。違うようにできているときを知りたいな。違うようにしたい」と言いました。するとボブは、「リタがそんなふうに感じているとは知らなかった」と言い、リタがもっと話せるよう努力しました。
>
> 　リタは（不満を言う代わりに）このように、全体の一部としての役割を演じることを知り、ボブに対する新しい景色が広がりました。ボブはこのことを通して、安心・安全を感じるようになりました。

## (13) 力のシェア

　力のシェアとは何なのでしょうか？　あらゆる人間関係、コミュニティ、集団には、力のダイナミクスが存在しています。すでに述べた中に、当事者主動サービスに生じる典型的なテーマがあります。給与の有無です。同様に力のダイナミクスに巻き込まれる場合として、説明責任の程度に差があるとき、他人の状況を推測するとき、不安や場をコントロールする必要性があるとき等です。

　「自分たちをエンパワメントする」で学んだように、当事者主動サービスが成功するには、個人および集団のエンパワメントが考え方の鍵になると紹介しました。エンパワメントは、感情的な安心・安全の土台でもあるのです。

　力がシェアされれば、より安心を感じます。私たちには、力の感覚や交渉の可能性が備わっています。つまり、私たちにはプログラムを動かす責任があるのです。動かし続けるために、力がシェアできていない場合には、参加者たちが微調整しなければなりません。つまずいたら、みんなで力全体をシェアしようとしてください。メンバー会議でこの問題を取り上げる機会をつくり、プログラムの感情的環境がみんなにとって健康的で安心・安全なものになるようにしてください。

## (14) メンバー会議

　多くのプログラムでは、メンバー会議を開いて、仲間をつくったり、葛藤を解決したり、

重要事項を決めています。会議は、自分たちが「やりたい」と言ったことが、どれくらい実行できているかを確認するために利用することもできます。つまり、自分たちの活動や成果を振り返り、力のシェアに目を配ったり、プログラムの内容が自分たちの目的と合致しているのかを確認したりするわけです。

メンバー会議を次のような方法で時間をとられずにうまく行うこともできます。

- ■ 参加者がたくさんいる昼食会を、すでに週に1回くらい開いたりしていませんか？　そのとき、あるいはその後に行うこともできます。
- ■ 決めなければならない重要事項の議題リストを作るのは良いアイデアです。この作業をやりたがっている参加者に議題をつくるようお願いしてみましょう。
- ■ 選択肢はたくさん出しましょう。知らなければ、ほしいとさえ思えませんから。

## (15) ほめて、祝う

毎日のプログラム運営に追われていると、うまくできていることを見逃しがちです。逆にうまくいっていないこと、修正が必要なことに眼がいきます。お世話になっていること、成功できている要因に気持ちを向ける時間をつくり、プライドをもてるようにする表彰の場をつくりましょう。

## (16) 利用しやすさ（アクセシビリティ）と合理的配慮

「2　物理的環境」において、利用（アクセス）に関する合理的配慮について触れました。ここでは、うまく仕事ができる環境に必要な合理的配慮について触れましょう。

まず、「当事者主動サービスでの合理的配慮は、他の組織のそれとは違うのか？」という問いを立ててみましょう。答えは「はい」でもあり、「いいえ」でもあります。「はい」の理由は、障害があるという事実に着目して、当事者主動サービスのスタッフとして雇用している、という面があるからです。「いいえ」の理由は、どんな団体でも障害者を雇用し、合理的配慮を提供する必要があるからです。

当事者主動サービスにおける合理的配慮やアクセシビリティの提供は、単に法に従うという意味ではありません。さまざまな障害に対して開かれ、どんな人にも貢献する能力とストレングスがあるということを認識しているかどうかは、当事者主動サービスが、健康的で、リカバリー志向の感情的環境を備えているかどうかの指標となります。

他の労働環境と同様に、当事者主動サービスの職員も、仕事で求められた能力を果たすために合理的配慮を求める権利があります。例えば、視覚障害がありパソコンの文字を読むことに支障があるならば、文字読み上げソフトを求めることができるでしょう。服薬し

ていて覚醒しづらい人は、出勤時間をフレックスタイム制にするよう求めることができるでしょう。音や視覚的な雑音をなるべく小さくするような事務スペースが必要な人もいるでしょう。合理的配慮を、求められた仕事の能力を果たせなかった際の言い訳として障害を利用できる、という意味で理解してはいけません。

## (17) 環境を維持する

　どんなに良い環境を用意しても、続くとは限りません。人は入れ替わります。「環境を維持しよう」「原則を活きたものにしよう」としない限り、人は以前のやり方にすぐに戻ってしまいます。

　団体の目的に戻って、いろいろな状況を想定して、それがもつ意味について考えてみるのもひとつの方法です。例えば、プログラムの目的が「安心・安全でエンパワメントする場を提供し、リカバリーと幸福感を育む」だとします。この文章は聞こえこそ良いものの、実際に何をすべきかについて必ずしもわかりやすいとはいえません。

　（これから参加する人も含めて）すべてのメンバーが、「団体には目的があり、それを達成するため、みんなに役割があるのだ」と確実に理解できるようにすべきです。例えば、先の例なら、「安心・安全でエンパワメントする場って、どんなふうに見えて、どんな感じだろう？」「それがあると、どんなことが起こるだろう？」と話し合うのもよいでしょう。「他人のリカバリーや幸福感を育むって、どんなもので、どんな感じだろう」と検討するのもよいでしょう。

### グループ演習A：物理的環境

- **演習1**　自分のプログラム空間のレイアウトの絵を描いてください。
- **演習2**　どんな点が多様な人の参加を促していますか？　逆にどんな点が排他的ですか？　この空間で、やりたいことができていますか？　もしできていないなら、空間を理解できていますか？
- **演習3**　プログラム実施場所の建物の合鍵を持っているのは誰ですか？　それは所有者感覚に影響していますか？
- **演習4**　ルールづくりのプロセスはどうでしたか？　新しいプログラムを行うなら、どんなプロセスにしますか？　ルールは目的に合っていますか？
- **演習5**　メンバーが期待することや責任については、どのように話し合われていますか？　メンバーはこの期待や責任について、どの程度理解していますか？
- **演習6**　外部に助けを求める場合を、どのように決めましたか？　もしまだ決めていないなら、当事者主動サービスの考え方に基づいたものを今、考えてみましょう。

### グループ演習Ｂ：物理的環境と感情的環境をつくる

**演習1** 自分のプログラムの目的や理念を書いてください。
**演習2** それを達成するためには、どんなタイプの空間が必要ですか？ 現在のものと比べて、どうですか？
**演習3** 今ある空間を変えたり、必要なスペースを得るために、どんな方法が可能でしょうか？
**演習4** 目的を達成するために必要な感情的環境は、どんなタイプのものですか？
**演習5** 現在の感情的環境について、どう思いますか？ 変えるとしたら何ですか？

### グループ演習Ｃ：臨床的な考え方

　今日のポーラはエネルギーがあり余っているようで、フレデリックは困ってしまいます。そこでポーラに「薬、ちゃんと飲んでるの？」と聞きました。

**演習1** この質問は、2人の関係にどんな影響を与えるでしょうか？
**演習2** プログラムの文化に対して、どのような影響があるでしょうか？
**演習3** フレデリックが、ポーラの服薬経験に触れずに、自分の言いたいことを言う方法には、どんなものが考えられますか？
**演習4** 援助者という立場や援助される立場になることは、簡単なことですか？
**演習5** 自分のプログラムで相互性を育むためにしていること、できそうなことは何ですか？

### グループ演習Ｄ：他人を判断（ジャッジ）する

**事例1** サムは、ときどきあなたのプログラムに来ています。終盤になり、他のメンバーについて語り始め、みんなを「能力が低い人たち」と呼び、自分はみんなよりリカバリーしていると言いました。
　▶自分は他人よりリカバリーしていると思っている人がいる場合、プログラムの環境に、どんなことが起きていますか？
　▶たった今、あなたはサムをどう判断しますか？
　▶そうした理由は何ですか？

**事例2** リックは、アダムがゲイだと知って驚きました。ただし、同性愛は罰が当たるとか、そんな趣味やめないと呪われるよ、等と言うことはありませんでした。
　▶あなたならこの状況に対して、どう反応しますか？ どんな反応ならばリックを侮辱せずに済みますか？

**事例3** 宗教や政治思想の勧誘を禁止するプログラムもありますが、もし、そんな勧誘行動があった場合は、「違い」について広く議論し、私たちの多くは、自分たちの生活全体を判断されてきたということを思い出すチャンスかもしれません。
  ▶「違い」について議論する場として、どんなものを用意したことがありますか？
  ▶「違い」について正直に話せるよう、みんなを安心させるためにはどうしたらよいですか？

### グループ演習 E：これは合理的配慮でしょうか？

次の事例について議論してください。ピアスタッフに対する次の配慮や対応は、合理的配慮にあたると思いますか、あたらないと思いますか？ なお、状況や説明次第で、どちらの答えも正解だと考えられます。

**事例1** あるピアスタッフが出勤しなかったので、代わりの人を配置しました。家に電話したら、障害のせいにしました。

**事例2** あるピアスタッフは、葛藤が高まって衝動的に退職しましたが、翌日には仕事に戻りたいと言い、自分は障害があるからストレスに弱く、配慮されるべきだと言いました。

**事例3** あるピアスタッフは、飲んでいる薬のせいで午前中に行くのは難しいから、午後の勤務を希望しました。

### 議論のポイント（ファシリテーター版）

**事例1** 障害によって仕事ができないことに正当性がある場合もありますが、特定の状況を抜きに一概に障害のせいにするのは、給与をもらっている職員としての責任を果たしていません。

**事例2** 仕事をする経験が乏しく、辞表を出すことの本当の意味を理解していない人もいます。初回、あるいはせいぜい2回目なら、これに了解する考え方を続けてもよいでしょう。この経験を通して話し合い、次に葛藤が高まったときに両者に必要なことを考えてみましょう。

**事例3** もし、服薬によって起きるのが難しい時間帯があったり、睡眠スケジュールに合わなかったりするのであれば、合理的な配慮でしょう。適している時間帯を探し、そのときに試してみましょう。

PEER SUPPORT

# 領域 3
# ピアサポート

　この領域では、ピアサポートについて議論します。ピアサポートとは、他者とともに存在する方法であり、一連のスキル、サービスの要素であり、ピアが運営する活動やサービスに関する哲学でもあります。

　ピアサポートは、当事者主動サービスの心臓部分です。

　「**話し合ってみよう**」は項目ごとに、演習は前半と後半にまとめて掲載しました。

---

**本領域の学習項目**

**1 ピアサポートを理解する**

**2 インフォーマルなピアサポート**

**3 グループで行うフォーマルなピアサポート**
　グループ演習A：個人的つながり
　グループ演習B：コミュニケーションの仕方
　グループ演習C：コミュニケーションする
　グループ演習D：ピアサポートグループの特徴

**4 経験を表現する**

**5 意識を高める**

**6 クライシスを予防する**
　個人演習A：自分の物語を語る
　グループ演習E：新しいルール
　グループ演習F：意識を高める
　個人演習B：不快な気持ちに対処する

## 1 • ピアサポートを理解する

　多くの人にとって、自分以外の人のことが「わかる」と認識したときは、大切なときです。その人と似た感覚や印象を共有（シェア）し、私たちの経験を本当の意味で承認してくれます。このシェアが接着剤となり、信頼、知識、そして最後には、行動にまで発展します。これがピアサポートの本質であり、当事者主動サービスの基本になります。
　ピアサポートにはさまざまな形がありますが、基本的にはシェアされた経験がある人同士がお互いを助け合うものです。コーヒーを飲みながら2人で話すのでもよいでしょう。構造化された集団ミーティングでもよいでしょう。これが当事者主動サービスを導く運営原則にもなり得ます。

### （1）ピアサポートの要素

　私たち一人ひとりの物語や体験は、力に満ちています。それを助け合う仲間とシェアすれば、信頼が生まれ、癒やされます。ピアサポートは、私たちの経験を別の見方でとらえ、広げてくれるため、「語り直し」と呼ばれることもあります。こうして自分の経験を語ることが、自分の成長や幸せにつながるのを助けてくれます。ピアサポートは、より大きなコミュニティの文脈における自分を再定義する、かけがえのない貴重な機会を提供してくれるのです。
　ピアサポートは仲間の物語や体験に対して、自分をオープンにするよう私たちに呼びかけてきます。経験、ストレングス、希望をシェアし、そのことによって仲間がリカバリーの旅を歩むことを応援します。仲間を応援するプロセスで、自分の成長や変化に対する気付きも得られます。
　どんなピアサポートにも共通する考え方には、次のようなものがあります。

■ 一方的に判断しない
■ お互いを尊重する
■ お互いのリカバリーと幸せを信じる
■ 互恵性
■ 相互責任
■ 直接的で、誠意と敬意に満ちたコミュニケーション
■ 力のシェア

## （2）心の境界線と限界を尊重する

　自分と他人を大切にしてコミュニケーションを取る重要な方法として、一人ひとりの心の境界線と限界を尊重するという方法があります。自分の心の境界線、そして他人の心の境界線を確立する必要があります。

### ❶自分の心の境界線と限界を設ける

　心の境界線と限界を別々に考えるとわかりやすいです。心の境界線とは、自分と他人とを分ける、個人的で永続的な線のことです。心の境界線は自分を大切にしたり、守ったりするために必要です。具体的には、「自分に暴力を振るったり、見下すことを許さない」「状況に応じてシェアする個人情報の範囲は自分で決める」等です。

　限界とは、一時的、かつ状況次第です。例えば、ある人にお金を貸すことについては限界を設けるかもしれませんが、別の人には安心してお金を貸せることもあります。

　ピアサポートの分野でいう心の境界線は、誤解を生みかねない概念です。私たちの多くは、「だめ」と言われ、責められ、バカにされ、レッテルを貼られてきた経験があります。「だめ」と言われることは、受け入れられないという意味だと考えている人もいます。援助する場合や、ときには個人的な人間関係においても、精神保健福祉サービスの支援者から「堅い境界線を保ち続ける必要がある」と教えられてきた人もいます。

　ピアサポートの人間関係において、心の境界線を「権利」だと言うと、誤解されやすいものです。永遠の心の境界線をたくさんつくりすぎると、お互い正直にまっすぐでいられなくなります。逆に、心の境界線や限界が不足していたり、不明確な場合は、ダメージを受けるも同然です。

　自分のための心の境界線等が必要な「時と場合」を整理するのに役立つ質問は、次のようなものです。

> ■ 心の境界線をそこに引くことで、力を乱用していないだろうか？
> ■ 他人を利用したり、他人の利益を横取りするようなことをしていないだろうか？
> ■ 他人に自分を利用させるようなことをしていないだろうか？
> ■ ここに限界を設けたら、後で怒りの感情が起こらないだろうか？

### ❷他人の心の境界線や限界を設ける

　自分と同じように、他人も自分の生活の詳細をシェアしたがっていると考えてしまうことは、よくあることです。専門職に、繰り返し詳細について聞かれてきたため、同じことを他人に期待する自分がいることに気付く人もいるかもしれません。

　個人情報をシェアすることを心地良いかどうかを尋ねてみて、この心地良い領域を尊重

するとよいかもしれません。一方で、人間関係ができる前にあまりに多くの経歴をシェアしてしまうと、心の境界線を脅かすことになり得ます。そんなことに興味がなかったり、オープンであることが不快だ、攻撃的だと感じる人もいるかもしれません。

 **話し合ってみよう❶**

- 自分にとって心の境界線や限界とは、どんな意味をもつでしょうか？
- あなたの団体では、心の境界線に関してどんな方針ですか？ それはピアサポートの考え方と合致していますか？
- 自分に心の境界線や限界を設けることと、成長や幸せとはどんな関係ですか？
- 心の境界線を示しているかもしれない信号には、どんなものがありますか？

## （3）お節介と燃え尽きを防ぐ

　お節介（ケアテイキング）とは、他人を世話したいと感じる責任感を意味することもあります。この意味でのお節介は、過保護、パターナリズム、他人の自己決定に自分が責任を感じてしまうことと関係しているかもしれません。この意味でのお節介好きとは個人だけでなく、団体やプログラムの場合もあります。この感覚はピアサポートを含め、すべての対人援助の現場が陥りやすい落とし穴です。

　自分の人生の中で、お節介されたときのことを思い出してください。どうでしたか？ 人間関係はどうなりましたか？

　人は自分がされてきたことを他人にすることがあります。精神保健福祉サービスの支援者にお節介されてきた経験から、ピアサポートの中で、お節介な役割を知らず知らずのうちにイメージする人も多くいます。人は、ヒーローや救助隊になりたい、正してやりたいと思うものです。

　しかし、お節介は個人も団体も壊しうるものです。お節介しようとする人がいたら、「自分のことは自分が一番知っています」「自分はある意味で自分の第一人者です」と提案するとよいでしょう。お節介は、本人が自分の人生から学び、責任を取り、自分の決定と行動との結果を経験する機会を奪います。

　お節介を続ける支援機関やグループでは、メンバーが「自分は役に立たない」と感じ続けたり、プログラムから卒業して、自分の送りたい生活へと出て行けないことがよくあります。この「行き詰まり」は、お節介な支援者が「利用者はストレスに弱く、無能で、挑戦することは危険だ」と考え、本人たちがそうなんだと学習してしまうという悪循環から生まれるものです。この悪循環は、精神保健福祉サービスによくあることですが、当事者

主動サービスでも起こりうることです。

　このような環境にある人間関係はネガティブになり、ダイナミクスが働く団体には必要不可欠な希望の感覚が消えていってしまうため、有害でさえあります。

　他人にお節介しようとすると、しばしば人は燃え尽きます。すべてのことやすべての人に対して責任を取れないし、取るべきでもありません。幸いなことに、本当にピアサポートをやるのであれば、燃え尽きることはほぼありません。

　ギブアンドテイクという人間関係をつくり、自分が感じていることや必要性を正直に言えれば、ストレスはとても小さくなります。相互責任という人間関係に加えて、自分を大切にすることで、活動から得るものは多いと感じられるでしょう。

## 事例から学ぶ　お互いの経験を認め合う（サリーとアンの場合）

　サリーは自分を尊重してくれない人に怒っています。アンはしばらくそれを聞いて、「サリー、話しているところ、本当にごめんね。聞いているのは、私も不満がたまって、傷つくわ」と言いました。

### 話し合ってみよう❷

- たくさんお節介されていたら、何と言ったらよいでしょうか。
- あなたの団体では、職員がメンバーの面倒を見る責任があるという感覚が生まれていますか？　もしそうならば、どうやってそれを伝えることができますか？

## （4）セルフケア

　セルフケアとは、自分の健康と幸せに自分が責任をもつということです。幸せの感情を生み、それを維持するために役立つようなことをするということです。これには身体的な健康だけではなく、心理的な健康も含まれます。

　セルフケアは人それぞれです。例えば、散歩してリラックスする人もいれば、ハードな運動がよいという人もいます。私たちはそれぞれ自分に役立つ方法を見つけ、新しいもの、もっと良いものを探し続けているものです。

　セルフケアを言い訳に使っていないでしょうか？　自分を大切にするために何かをして

いるとき、望まないことを避けるために活動しているときに、自分や他人に正直にならないといけません。p.74で紹介する例では、最近、本当は口論になった人を避けるために、自分をケアしようと休みを取っている例です。

### 話し合ってみよう❸

- あなたにとってセルフケアとは何ですか？
- セルフケアとあなたの成長とは、どんな関係にありますか？
- 自分を大切にできていると気付くのは、どんなときですか？

## 2 ● インフォーマルなピアサポート

　インフォーマルなピアサポートとは、構造化されておらず、予定さえされていないときもあるものの、他人と一緒に経験する、非常に支持的なつながりやコミュニケーション、すべてのことです。いつ、どこでも起こり得ます。

　ピアサポートは自然と生じますが、さらに強い人間関係を育むために欠かせないスキルがあります。それは、つながりをつくるスキルと効果的にコミュニケーションするスキルです。

### (1) つながりをつくる

　一対一で話す場合だろうと、集団の中で話す場合だろうと、つながりをつくることがピアサポートの最初のステップとなります。つながりとは、一定の心の通じ合いがあり、有意義な人間関係をつくりたいという意思を意味します。強いつながりがあると誠意、信頼、弱さの分かち合い、希望が生まれます。また、強いつながりは、相互的な成長を起こしうる人間関係を育むことへの挑戦を助けるものでもあります。

　似た人生経験があるからといって、即座につながりができるわけではありませんが、きっかけを与えてくれます。人間関係のつながりと断絶は、ボディーランゲージ、会話の流れ、エネルギーの高さ等の微妙なものに注意すると観察できます。

　どのようにしたら、つながりはつくれるのでしょうか？　とにかく、興味・好奇心をもって人と接するということです。物語をシェアすることで信頼が育まれ、共通点が見つかるかもしれません。サポートや学ぶこと、アドボカシー等といったピアサポートの目的を、直接話してしまうのがよいかもしれません。そうすることで、友情、治療、先生と生徒との関係等とピアサポートの関係とが、異なることがよくわかります。

> **事例から学ぶ　お互いのニーズを尊重する**（フレッドとアンドリューの場合）
>
> フレッドとアンドリューは、2人とも当事者主動サービスプログラムの提供機関で働いています。アンドリューは何日も連続して遅刻しています。その穴埋めをしているフレッドは怒っています。フレッドはアンドリューに、「君がしょっちゅう遅刻して、不満がたまっていることを伝えないといけない。でも、君に起きている出来事を自分はちゃんと知らないこともわかっている。理解して、一緒に働きぬきたいんだ」
>
> これは自分のニーズと同時に、相手のニーズも尊重しながら会話した良い例です。フレッドはフレッドなりの気持ちがあり、それをアンドリューのせいにしませんでした。そして、そのときアンドリューの生活に起きていることは知らないから、知りたいと述べました。だから、アンドリューは言い訳がましくならず、フレッドと一緒に働けることになりそうです。

## （2）効果的にコミュニケーションする

コミュニケーションは、グループ内だろうと組織内だろうと、人間関係を成功させるために最も重要な要素です。良いコミュニケーションは一人ひとりを健康にし、集団の人間関係を育みます。

良いコミュニケーションには、傾聴、他人の感じ方の尊重、まっすぐ誠実であること、お互い忍耐強いこと等があります。逆に、秘密やうわさ話、間接的であったり、権利を求めるような悪いコミュニケーションは、すぐに個人的な人間関係や組織全体の人間関係を破壊しかねません。

### ❶人とコミュニケーションする

「積極的傾聴」というスキルを聞いたことがある人も多いでしょう。このコミュニケーションのスキルには、今、話している人と顔を向き合わせる、腕を組んだり手を腰に当てる等ではなく、開いた姿勢を取る、アイコンタクトを取る、リラックスする等の非言語コミュニケーションも含まれます。

どれも大切ですが、特に大切なものとして、次を紹介します。

> ■ 他人の話を聞くときに、人は自分の経験を頼りにします。物語をシェアしているとき、自分の体験に由来するものに火花が散って、理解が始まり、自分の経験との関連付けが始まります。これはつながりをつくる上で役立ちますが、相手の感

じ方を尊重する能力を邪魔するものにもなり得ます。自分の経験に基づいた思い込み、判断、提案等の「過剰な関連付け」につながりかねません。
例えば、早々に「あなたの言いたいことわかるわ。あなたのすべきことは……」と話を切り上げることになるかもしれません。「過剰な関連付け」は結果として、つながりを断つこと、つながりを深めないこと、尊重しないことになりかねません。

■ ケアしている人が苦しんでいると、受容・承認（バリデーション）が見過ごされがちです。確かに問題解決を急ぎたくなるときもあります。そうでなく、時間を取り、共感を示さなければなりません。受容・承認と共感により、つながりが育まれます。あせって、アドバイスしたり、正したくなる衝動を自覚しましょう。我慢が難しいからこそ、その不快感とともに座っていなければならないときもあります。

■ 好奇心をもって傾聴しましょう。これは敬意を示す方法です。相手が言うこと、自分の過去の理解の仕方がわかっていると思い込んではなりません。つまりどのようにして体験に対する見方、考え方を学習してきたのかについて、好奇心をもつということです。自分のことを「病気だ」と語りましたか？　別の国で育ちましたか？　過去の経験が、現在の考え方にどのように影響していますか？

■ シェアするタイミングを考えましょう。自分の成長やリカバリーの物語をシェアする時間と方法を知っているということは、とても大切です。しばしば自分の経験からしてみると、他人の考えに疑問を抱くこともあります。
例えば、自分の病歴ばかりを語り、そういう方法しか知らない人も多くいます。それに応答し、自分は弱くて無能だと感じていた時代を語り、そしてピアサポートはそういう考え方に挑戦し、まったく別の見方をもたらしてくれたことを説明します。自分たちの物語によって、自分の体験の見方を変える人がいるかもしれません。

■ 逃げるのでなく、前進しましょう。何かから逃げるのでなく前進する能力は、どちらかというとパワフルな技術です。動いていないものと闘うのでなく、動いているものに注意を向けることが役立ちます。例えば、前者は症状の管理や病気からの回復に焦点を当てること、後者は幸せや人生に望むことです。

■ 人間関係を築く責任が相互責任であり続けることが、ピアサポートにとって重要になります。相互にとってピアサポートが機能していないなら、2人とも悪いのです。

### 事例から学ぶ　不満を誠実に伝える（ジリアンとマイイーの場合）

> ジリアンとマイイーは過去に共通点も多く、ピアセンターでよく話します。ジリアンは障害サービスを利用した知識を活かすのが好きで、マイイーに制度の利用方法についてたくさんアドバイスしてきました。
> 
> マイイーは、ジリアンが話すときにいつも専門家ぶって、ずっとマイイーの意見を聞いてくれないので、不満がたまっています。そこでジリアンに言います。「助けてくれるのは嬉しいんだけど、あなたがあたかも専門家みたいな関係だから不満を感じてるの。話すとき、私の考えに興味をもってくれているのかな？　私たちの人間関係、一方通行じゃないかな。何か、これを変える方法を考えない？」
> 
> または…ジリアンがマイイーのところへ来て言うかもしれません。「私たちって話すときいつも、私がアドバイスしがちだと気付いたんだ。正直いうと、私たちって2人がこういう会話を期待するパターンに陥ってきたと思うの。このパターン、何とか変える方法について話そうと思わない？」

### ❷電話でのコミュニケーション

電話相談で話すのは、一対一で援助することと基本的には変わりません。ただし、姿が見えないという事実が、コミュニケーションに違いをもたらします。言葉は聞こえますが、表情やボディーランゲージは見えないのです。

電話相談に電話する人の典型的な例として、公平で特別な何かを求めていて、相互関係ができてしまうことを望まない場合があります。だからやりづらいものです。ピアサポートに欠かせないもののひとつは相互性であるため、私たちは問題解決やアドバイスを提供する役割をしないよう注意しないといけません。

電話相談の会話でのポイントは、電話してきた人を受容・承認し、その人が考えることを助け、選択肢を生み出すことであり、ピアサポーターの意見を語ることではありません。両者ともに新しい情報を持ち帰るか、両者ともに1人じゃないんだと気付き、電話が切られるのでしょう。

---

「電話相談にて──経験を受容・承認し、選択肢をつくる」

相　談　者：こんにちは。ちょっと助けてほしいんですけど。

ピア相談員：どんなことを期待していますか？

相　談　者：うーん、最近、すっごい疲れちゃうんです。で、お薬を減らしたいなって思うんです。でも、ワーカーさんにそんなこと言いづらくて。

ピア相談員：疲れちゃうってつらいですよね。私もそれ、いやです。

> 相　談　者：ワーカーさんには言わないで、お薬、自分で減らすべきだと思います？
> ピア相談員：それはわかりませんが、一緒にどんな選択肢があるかは考えられますよ。

❸メールやチャットでのコミュニケーション

　メールやチャットは、今やピアサポートの主要な方法です。公開・非公開を含め、たくさんのインターネットサイトがチャットの場を提供し、参加者が個人的なサポートを提供したり、利用したりしています。中には幻聴や特定の症状、治療等のテーマを限定したものもあります。限定しないものもあります。

　グーグル等の検索エンジンで、このようなサイトは見つけられます。自分に心地良く、安心できる場を見つけるには複数のサイトを常にチェックするのが賢いでしょう。あるいは自分でメーリングリストやチャットの場をつくるという方法もあります。ツイッターやフェイスブック等のソーシャルネットワークのサイトが利用できます。ただし、それを立ち上げたり参加したりする前に、正しいやり方を知っておいたほうがよいでしょう。

　メールやインターネットの匿名性には、メリットもデメリットもあります。メリットとしては、コンピューターがあれば、リビングルームに居ながらにして巨大なソーシャルネットワークにつながることができます。また、選択肢に制限はなく、いつでもチャットに参加できる面があります。

　デメリットとしては、質、信頼性、出てきた言葉以外の責任を保証するものは何もないことです。また、本物と偽物を区別する方法がありません。

　インターネット上で知り合い、本物の人間関係へと発展することもあります。幅広い友達のネットワークができるチャンスとなり、それは世界中へと広がり得ます。

　知らない人と話を始めて人間関係ができつつあるとき、気をつけなければならないことがあります。個人情報や個人を特定できる情報を公開の場に掲載しないように注意してください。もし、仲間と個人的な情報を交換したければ、別の場所へ行き、メール交換したらよいです。

　サポート、ネットワーク化、情報収集、人間関係づくりなどを充実させるにはメールやチャットは効果的な方法であり、社会資源として人気は続くでしょう。

## 3 ● グループで行うフォーマルなピアサポート

　つながりやコミュニケーションといったインフォーマルなピアサポートに関する理念やスキルはすべて、グループで行うフォーマルなピアサポートにも当てはまります。ただし、グループで行う場合には考慮すべき特徴があります。

## （1）力のシェア

　グループの力をシェアするとは、グループ内のすべての人が、プロセスを動かすことに責任をもつということです。ファシリテーターが固定されていなければ、力のシェアは容易です。みんながそれにボールを投げ込みます。ファシリテーターが固定されている場合は、力のシェアが難しくなります。

　グループのファシリテーターを依頼されたら、その進行すべてに責任を負うのが一般的です。このとき管理者や専門家としての役割と態度の両方が想定されているものです。ピアサポートグループを実際にファシリテートするという意味は、グループのメンバー代表になるという意味です。ファシリテーターも他のメンバー同様にサポートを提供したり、受けたりします。ただしファシリテーターの役割は、グループがピアサポートの考え方に基づいて動くようサポートすることです。

　グループの力をシェアするために、メンバーでグループの約束リストを作り、そのやり方を決めることからはじめるとよいかもしれません。グループのルールはつくられていても忘れられることが頻繁にあります。実際、この約束を守り続け、破られそうなときでも守ってもらうのはみんなの責任です。

　ファシリテーターは、スタートを切り、前へ進ませますが、進行中でも戻ることもあり得ることを事前に説明するとよいでしょう。ファシリテーターは、対立・葛藤や中断が起きたり、失礼な発言、話しすぎる人が出た場合の対応方法について、みんなに尋ねるべきでしょう。

　グループの力をシェアし続けるために、ファシリテートに責任をもつメンバーをローテーションするのも良い方法です。そうするとファシリテートする技術も身につきますし、1人の人が「リーダー」のように固定されることもなくなります。

## （2）プログラムを始める

　会場に参加者が着いたら、「ここで期待していることは何ですか？」と尋ねてみることがよくあります。こうして事前に議論のポイントを挙げてもらうことにより、参加者が興味をもてます。いろいろな方法で話題を決められますが、一番良いのはメンバーが興味をもっていることを見つけることです。

### ●歓迎と自己紹介

　グループでの話を始めるにあたり、グループの目的と話題、課題を再確認するとよいでしょう。

　グループに入る前から知り合い同士の人も多いでしょう。それでも歓迎と自己紹介から

始めるのがよいです。こうすればリラックスし、誰かの名前を思い出せなくて困っている場合も助かります。また、新しい人を迎え入れることにもなります。

まず自分が自己紹介し、全体に回していくのもひとつです。名前と何か考えを言ってもらいましょう。これをスターターと呼びます。グループや今日の話題の意義、その日のグループから持ち帰りたいこと等について、手短に述べてもらうのがよいでしょう。自分の興味、ちょっと意外な自分、生まれた場所等、スターターの楽しい自己紹介によってグループが温まり、メンバー間で前向きな会話につながる接点ができるかもしれません。

事務連絡は、最初に行うのが一番よいでしょう。事務連絡とは、始まりと終わりの時間、休憩時間、トイレの場所、その他、緊急時の手続き等のことです。

## （3）グループ内でのつながりをつくる

個人同士で行うインフォーマルなピアサポートと同じで、グループ内につながり感があるかどうかや、つながっていない参加者がいるかどうかに意識を向けてください。ファシリテーターやメンバーは、つながったり、それが切れたりするポイントを観察するスキルを身につけることができます。見るべきことには、ボディーランゲージ、緊張感、場の流れ等、言葉に発せられていないものが含まれます。ファシリテーターと参加者とではなく、参加者同士が話すよう、ファシリテーター自身が促すことが大切です。そうすれば、メンバー間のつながりづくりに役立ちます。

こういうスキルは一晩では身につきません。熟練者でも最初は未熟でした。もし、ファシリテーターをするのが初めてなら、「耐える」ことです。新人だろうとベテランだろうとファシリテーターの経験者は、議題やポイントを書き出す等の準備が役に立ったと言います。これは記憶を助けると同時に、ストレスや不安の軽減にもなります。

最後に、ファシリテーターとして、あなたがもっている力に自覚的になりましょう。「議題やグループを構造化すること」と「場を支配・コントロールしないこと」との絶妙なバランス、「話しすぎないこと」と「言葉が足りずに進行するのに支障が出ること」との絶妙なバランスがあります。メンバーからファシリテーターとして、どうだったかフィードバックをもらい、振り返るとよいでしょう。

### 話し合ってみよう❶

- 今この場では、力はシェアされていますか？　それはどうやってですか？
- どうやって重要事項が決定されていますか？　誰の意見が最も重視されていますか？
- 誰が一番、話していますか？　誰が一番、少ないですか？
- 話しているとき、誰が一番メンバーを見渡したり、意見に耳を傾けていますか？

### 事例から学ぶ　重要事項を決める際に誰が最後に発言するか
（ビリージョーの場合）

　ビリージョーはファシリテーターです。ビリージョーは新しいリカバリーグループで、ファシリテーターを初めて担当するので緊張しています。どうしたらグループが良いスタートを切れるのか悩んでいました。グループが今まで、うまくいくためにやってきたことのリストを作ることを目的に、メンバーに質問することにしました。何をしたらグループとして効果が発揮できなかったり、居心地が悪かったのでしょうか？

　このリストに基づき、ビリージョーは新しいグループを始動するにあたり、ポイントとなる点についてグループで考え、決めることに貢献しました。

　ビリージョーは、グループのメンバーの経験を入れ込むことで、みんなが参加者となると気付きました。ビリージョーが自分で書いたものよりも、みんなにとって有意義な約束事をみんなでつくれました。メンバーはみんな、約束事に責任感を覚え、お互いに守りたいと思うようになりました。

## （4）さまざまな視点が入り込む余地をつくる

　メンバーは普通、さまざまな経験、考え、意見、見方をもっています。みんなに発言してもらいながら、同時に一定のテーマに焦点を当てた会話を続けることは、テーマが特に感情的なものの場合は難しくなります。

　インフォーマルなピアサポート同様に、傾聴のスキルがここでも大切になります。加えて、傾聴に関してファシリテーターが、他のメンバーのモデルになるべきです。好奇心をもって聞くことを忘れないでください。開かれた質問を使い、批判に過敏になることなく、話に興味があることを示してください。他のメンバーも同じようにすることにつながります。

## （5） グループが自ら望む方向へ転がす

　会話が行き詰まり、動きが止まることもあります。p.75で、逃げずに前へ進めよう、と紹介したのを覚えていますか？　グループでも同じです。

　ファシリテーターはメンバーに、グループとしての目的、ゴール、約束事を思い出させ、前へ進めるお手伝いができます。ときには自分たちが望んでいる方向へ積極的に向き直させる必要がある場合もあります。例えば、戦争の話にみんなが夢中になっていたら、ファシリテーターは「この話は、私たちが目指そうとしているものにふさわしいものですか？」と聞くべきかも知れません。

## （6） 困難なとき

　どんなグループでも困難な状況は経験するものです。ピアサポートグループも例外ではありません。困難を解決するにあたり、鍵となるのはファシリテーターの役割です。よくある困難な状況には次のようなものがあります。

### ❶ 1人の人ばかりが話している

　1人ないしは一部の人ばかりが話すときがあります。これは例えば、①話をちゃんと聴いてもらえていないと感じているから、②自分の知識を披露したいから、③他人の話を聞きたくないから、④みんなに話す役割で来たつもりだから、等の理由が考えられます。

> ■ ファシリテーターが取りうる方法
> - 開始前に、その人と会話し「あなたのコメントや物語、知識は価値があると思うけれど、あまり社交的でない人の話を聞いてみたいんです」と言う。そして一緒に、その方法や場が沈黙した場合の方法をブレーンストーミングする。
> - 話す時間に制限時間を設け、時間を超えたら知らせる。ただし、これはグループで決めるべきでしょう。話している人が握って、次の人になったら渡す「お話中の棒」が便利です。
> - その人のニーズを見極め、そのニーズを満たす別の場を検討する。例えば、ある人が自分の知識を披露したいのであれば、その人に講師になってもらうセミナーを企画する。

### ❷ 話をさえぎる人がいる

　「話をさえぎらないこと」が、グループの約束になっていることもしばしばあります。しかし、ある人がいつも割り込んできて、誰もそれを指摘しない場合、一方的に判断しない方

法で意見を述べるのは、ファシリテーターの役割です。例えば、「あなたは、よく話をさえぎっていると自分でも気付いているんじゃないかなと思うのですが」と言うのもよいでしょう。

### ❸同じ話が繰り返される

基本的に同じ話を何回も繰り返す人は、たくさん話す人と重なることがよくあります。その人は話を聞いてもらえていないと感じている可能性があります。この人が聞いてもらえていると感じるためには何が必要でしょうか？　例えば、その人が言ったことをはっきりと繰り返し確認すると、自分のポイントや関心事が聞いてもらえたと安心する人もいます。これで駄目なら、グループのみんなに、この人が恥ずかしいと感じることなく、この人のニーズは何だろうかと尋ねてみることもよいでしょう。

### ❹怒りを爆発させる人がいる

不満や怒りを爆発させる人がいた場合、グループとして必要なことや言うべきことを発言してくれる幸運な場合もあります。しかし、グループからの反応がなければ、ファシリテーターは冷静に、一方的に判断しない方法で、言いたいことを伝える別の方法について提案すべきでしょう。例えば、「あなたにとって、それはとても大切なことのように思えます。あなたが言わなければならないことをみんなに聞いてもらえるような話し方はありませんか？」といった具合です。

### ❺グループ内で対立が起きる

グループ内で対立が起きることは普通です。対立は避けられないものです。だから、グループとしての約束事に対立が起きた場合のルールを入れておくべきでしょう。対立に対処する方法に正しいも、間違ったもありません。いろいろな方法が可能ですが、ファシリテーターや各グループで時間をかけながら、自分なりの方法を見つけていくものです。

対立は意見の違い程度のものから怒りの爆発に至るまで、いろいろな形で現れます。対立のすべてが悪いものでもなく、参加者が自分を表現したり、自分の意見を述べてもいいんだと感じる場になっている、健全の証でもあり得ます。ただし、言葉だけだろうが、物理的なものだろうが、暴力は許すわけにいきません。

対立に対応するのは怖いものですが、放置するのはよくありません。もし放置したら大きな問題になりかねません。調子の悪い車を放置したら後に深刻な問題になってしまうのと同じです。

対立への対応方法として次のようなものがあります。

■ 自分の不快感や不安を自覚し、不快や動揺の気持ちを述べて、グループでそのことについて話し合う。
■ 自分が不快に感じているなら、グループで起きていることについて尋ねてみる。
■ メンバーに気持ちを尋ね、一般化しないで「私は」と述べるようお願いする。例

えば、「ボブはインテリ気取りです」でなく、「私はボブが大学を卒業していない人について触れたことに傷つきました。というのも私が気にしていたことだからです」と言う。そしてメンバーに、その反応について話すよう促す。つるし上げるのではなく、事実に基づいて反応するよう促す。
- メンバーが輪になるようにして、一人ひとり、自分の気持ちを言ってもらう。みんなが自分の気持ちを表現する前に解決へ飛ばないこととする。そして、新しい約束事に耳を傾けるよう促す。
- すべて試して、どれも駄目だったら、中立的な第三者として外部のファシリテーターを利用することを検討する。もし対立が、この段階にまで来ていたら、この外部のファシリテーターは対立解消・和解のプロであることが好ましい。

## ❻ファシリテーターに丸投げされる

グループに新しい参加者が初めて加わるとき、グループの説明等の案内は、ファシリテーターに任されてしまうかもしれません。しかし、そういうときは、次からファシリテーターはメンバーにお願いするとよいでしょう。ファシリテーターに任せてしまうかどうかは、グループのメンバーとしてのあり方が影響しているものです。ちゃんとした一員として参加することで、エンパワメントが育まれ、責任がシェアされます。

### （1）しゃべらないメンバー

グループ内で発言しない人に、ときどき「どうですか？」と聞くのもよいでしょう。これは本番の前や後、あるいは休憩中でもよいです。その人は、本当に話したくないのでしょうか？　そうなっているのが、参加者の望むことなのでしょうか？　その人が心地良く感じたり、安心を感じて話せるようになるために、何ができるでしょうか？

### （2）うわさ話

グループに緊張が走ると、人はグループの外でうわさ話をしたがるものです。ファシリテーターに対する不満の場合もあるでしょう。ファシリテーターは、うわさ話に巻き込まれないように注意しなければなりません。対立させたり、非難すれば、火に油を注ぐようなものです。事前に、うわさ話はグループを殺してしまうということを議論するのが一番でしょう。

### （3）意地悪な言葉

侮辱的だったり意地悪な発言が、はっきりと、あるいは微妙な感じに出てくることがあります。ファシリテーターは一方的に判断しない方法で意見を述べ、別の言い方ができないか尋ねることで手本を示すとよいでしょう。例えば、「あなたが、『あんたは自分

が話していることがわかってない」と発言したとき、私は判断されたと感じました。私の感じ方を聞いてほしいし、尊重してほしいのですが」と言ってみましょう。ファシリテーターは、他のメンバーが同じように返せるよう手伝うことができるのです。

> **事例から学ぶ** 「わかりません。あなたは どうしたいですか？」
> （アイリスの場合）
>
> アイリスは数週間、幸福感のサポートグループを運営しています。グループのみんなに「取り上げる項目を挙げてください」と頼んだら、アイリスの考えばかりを聞かれ続けました。アイリスは「多分、みんなは私に項目を決めてほしいのだ」と結論を出しました。あなたならファシリテーターとして、どうしますか？
>
> ファシリテーターに対して「なぜみんなは、みんなの考えじゃなくてファシリテーターの考えが役立つだろうと考えたか」と質問し、自分の問題を解決するにあたって、みんなが取った方法を問い直す人がいたらよかったかもしれません。

## ❼ 脱線

しばしばグループが、予定していたテーマから離れていくことがあります。ちょっとしたエピソードや脱線なら興味深く楽しいのですが、それを機に話が積み重なり合い、主要なテーマから離れてしまうこともあります。そうなれば、ファシリテーターは単純に「今の話題は、このグループの目的に合っていますか？」とみんなに聞き、その脱線したテーマを取り上げるのに適切な別の場を探したりしましょう。

**話し合ってみよう❷**

- あなたのグループで今まで起きた、困難な場面にはどんなものがありますか？ あなたはどう対処してきましたか？
- あなたのグループでは、対立にどう対処してきましたか？ そして、どうなりましたか？ これからはどんな方法があり得ますか？

**話し合ってみよう❸**

- ピアサポートグループの特徴
1. つながりを促進する方法として、ピアサポートを導入するならば、どんな方法がありますか？
2. 「聴かない」「相手の話を終わらせる」というのは、コミュニケーションにおいて、

つながりを切る方法ですが、他にはありますか？
3. 心の境界線に関係する、プログラムのルールには、どんなものがありますか？なぜ、どのような経緯で、そのルールがあるのでしょうか？ プログラムの目的や考え方を考慮してみてください。どんなルールがプログラムの目的に合う、あるいは合わないでしょうか？ また、その理由は何でしょうか？
4. あなたの当事者主動サービスでは、最近、どんなフォーマルなプログラムを行っていますか？ その決定に、どう関わっていますか？ そのグループがうまくいっているかどうかは、どうやって知ることができますか？
5. 最近行っているプログラムのそれぞれの目的を書いてみてください。プログラムの考え方やミッションと合っていますか？ ミッションに合った結果が出ていますか？ 誰かを排除していませんか？
6. 最近、対立にどう対応しましたか？ 敬意に満ちて生産的な方法で対応するには、どんなスキルや社会資源が必要ですか？ そのスキルや社会資源に対して、プログラムでは何か援助していますか？

## グループ演習Ａ：個人的つながり

　ピアプログラムで職員をしているロドニーは、新メンバーのスーザンに会いました。コーヒーを飲みながら、自己紹介がてら、少し語らいました。スーザンはつらい時期があったそうで、ピアサポートのことはよくわからないと語ってくれました。ロドニーは共感しながら話をよく聴き、正そうとはしませんでした。

　ロドニーはスーザンに「僕にとってピアサポートが、どういう意味があったか、少し聴いてみたいと思いますか？」と尋ねました。そして自分の周りに、自分をサポートしてくれた人、自分を傷つけた人、自分をダメなやつだと決して見なかった人がいた話などを続けました。「ピアサポートのおかげで、自分は自分やその状況に対する見方全体を変えられたんだ」と言いました。

　ロドニーは興味深くスーザンの話を聴いたので、スーザンの背景がわかるようになりました。「ピアサポートの定義」を彼女に説明することなく、ロドニーは自分の経験をシェアし、そのおかげでスーザンにとっては、自分の経験から離れて自分の考えを探るきっかけとなりました。

1. 他人とつながることができたときのサインには、どんなものがありますか？
2. つながりが切れたことには、どうやって気付きますか？

3. つながりを再構築するためにできることには、どんなものがありますか？
4. 関わるのが難しかったけれど、つながることができた人がいたとき、それは、どうしてできたのですか？
5. 今、この話し合いから何を学びましたか？　自分の心地良さの幅を広げたり、関わるのが難しい人とつながるために、個人あるいは団体の一員として、今までと違うことができそうですか？

## グループ演習B：コミュニケーションの仕方

次の2つのシナリオをもとにロールプレイしてください。

〈シナリオ1〉

ジョーとリンダは会ったばかりです。2人とも同じ薬を飲んでいて、似たような副作用に苦しんでいることがわかりました。ジョーは数分だけ話を聞いた後に言いました。

**ケース1**　「あっ、僕とまったく同じだ。薬を半分にしたらいいよ」
　　　　　**問い** ▶この会話の結果、どうなる可能性がありますか？
**ケース2**　「リンダにとって、その経験はどんなだったの？　どうしたいの？」
　　　　　**問い** ▶結果はケース1と異なると思いますか？　その理由は？

〈シナリオ2〉

フィオナとエレーナは、ピアプログラムで出会ったばかりです。エレーナは、最近、職場で陰口をたたかれた経験をシェアしました。非難されたと感じ、仕事を辞めようかと考えているとのことです。

**ケース1**　フィオナが割って入って「みんな陰口をたたいているもんよ。そんなの何でもないわよ。私の同僚なんて私の上司に、あいつは何にも仕事してない、雇うべきじゃなかった、なんて言うのよ」と言いました。
　　　　　**問い** ▶この会話の結果、どうなる可能性がありますか？
**ケース2**　フィオナは好奇心をもって話を聴き、うわさ話がいかに人を傷つけるか述べました。
　　　　　**問い** ▶結果はケース1と異なると思いますか？　その理由は？

## ロールプレイのポイント（ファシリテーター版）

シナリオ1、2ともに次のようにロールプレイをして、話し合ってください。

**ケース1**　2人にロールプレイしてもらってください。ロールプレイした2人が会話して感じたことについて、話してもらってください。続いて 問い について、グループで話し合ってください。

**ケース2**　ケース1と2のロールプレイをする人は同じにしてください。ロールプレイをした人に2つの会話の違いの感想を話してもらってください。続いてグループで、2つの違いが、会話にもたらすだろう影響について話し合ってください。

### 〈シナリオ1〉の話し合いのポイント

- ジョーは薬についてアドバイスする資格のある立場にいません。両者、そしてグループにとって良くない結果をもたらし得ます。
- スーザンに薬を半分にするよう発言することで、ジョーは専門家の役割を担い、力のアンバランスを生みます。
- ジョーは、スーザンのことを知らないのに、自分と同じことをすれば同じ結果になると思い込んでいます。
- スーザンにこの状況をどうしたいのかを尋ねることで、自分の考えを探り、おそらく可能性を開いて、自分が考えていた以上を語る機会になります。

### 〈シナリオ2〉の話し合いのポイント

- 人より一歩前を歩いていることを示そうとすると、相手を「理解されていない」「受け入れられていない」という気持ちにさせます。すると、つながりは切れ、傷ついた気持ちにすることもあります。おそらくこのシナリオだと「あなたは偉いのね」という気持ちになるでしょう。結果的に、何も得られません。
- 急に自分の話を持ち込むことは、他の人が話したいと考えている、新たな話題の会話の可能性を閉ざしてしまうかもしれません。
- この事例の場合、エレーナは、フィオナと話すといつもフィオナの話で終わってしまうことに不満を抱くようになるかもしれません。
- 会話がうわさ話になっているかもしれません。

### グループ演習C：コミュニケーションする

　3人のグループになってください。1人は自分の週末について、5分くらい話してください。もう1人はピアサポーターになり、最後の1人は2人がつながりをもてたかどうかを観察してください。

1. こうやって話すのは、簡単でしたか？　難しかったですか？
2. 簡単だったとしたら、それはなぜですか？
3. 難しかったとしたら、それはなぜですか？
4. 会話で、どんなことが起きているのでしょうか？
5. 「自分の経験というレンズを通して聴こう」とは、どういう意味でしょうか？
6. あなたの会話の中で、「自分の経験というレンズを通して聴こう」の具体例はありますか？
7. ピアサポートを実践する方法に、それはどう関係しますか？
8. 自分を「病気」だとか、能力のない人だと見なすようになる人もいますが、それは、どうやってそうなるのでしょうか。
9. ピアサポートは、その一方で、ありのままでいることを尊重しますが、これらの考え方がぶつかるようなとき、ピアサポートはどんな役割をもつのでしょうか。
10. 問題解決を急ぎ、ジャンプすることは、なぜ問題なのでしょうか？

### グループ演習D：ピアサポートグループの特徴

　精神保健機関やサービス事業所において、ピアサポートの取り組みがたくさん導入されるようになりました。しかし、治療を提供することは、ピアとしての仕事でもないし、望んでいることでもありません。また、ピアサポートは強い友情を育むこともありますが、友情はピアサポートと同じではありません。友達はさまざまな方法で関われるかもしれませんが、カジュアルで自然な関係性であり、ミッションがあるわけではありません。ピアサポートは、より焦点を絞ったものです。

　次の表は、ピアサポートと一般的な精神保健サービスの援助とを比較したものです。

| ピアサポート | 一般的な精神保健サービス |
| --- | --- |
| 個人的な経験を土台にする | 学術的な理解と研修を土台にする |
| 相互的で互助的な関係 | 一方的な関係性 |
| 生活・人生全体に焦点を当てる | 病気の治療に焦点を当てる |
| 人の経験を広く理解する | 人の経験を病気との関係で理解する |

ピアサポートと他の援助との関係性を比較して違いを見つけ、話し合ってください。例えば、カウンセラー、住宅の専門家、役所の人等による援助と比較してください。

| ピアサポート | 他の援助関係 |
| --- | --- |
|  |  |
|  |  |
|  |  |
|  |  |

また、同様に、友情との違いも見つけて、話し合ってください。

| ピアサポート | 友　情 |
| --- | --- |
|  |  |
|  |  |
|  |  |
|  |  |

## 4 ● 経験を表現する

　自分に関係する人と、自分たちの体験談をシェアすることが、力強い癒やしのプロセスになることがあります。ただし、自分のペースで、自分の希望する内容とタイミングでシェアしてよいことにすることが大切です。自分について話すことや、個人情報を深く開示するのが心地良いと感じない人もいます。

　経験をシェアすることで、自分たちに対するイメージを変えることにつながるかもしれません。例えば、ある人が非現実的な不安を感じていて、他の人々が妄想だと決めつけたり、病気だと言ったりしたとします。この経験やこの経験に対する理解の仕方に耳を傾ける時間を取ると、本人とメンバーとの両者に新しい物の見方や理解の仕方が広がってくるかもしれません。

## （1）自分たちで語る自分たちの物語

　自分たちで物語ることによって、自分を役に立たない人間という役割におとしめてしまう可能性もあります。また、自分たちを単に「利用者」「患者」と見なし、自分たちが親、兄弟、子ども、ご近所さん、友達、恋人、労働者等の役割をもっていたことを忘れてしまっている人もいます。

　「利用者」という役割は、さまざまな点で限界があります。その言葉には、他人が主人公だという意味が込められています。他人に頼っている印象もあり、実際にそうだという意味でもあります。当事者主動サービスプログラム内でも、「私にはあなたを助けられない。私はスタッフじゃありません」と言い、スタッフのことを問題や葛藤を解決してくれる人だと考えていたりするメンバーがいる場合に、この言葉が頭をよぎります。

　「利用者」という言葉は、人にサービスを提供し続けるとはどういうことなのかを理解しなければならないと投げかけています。言い換えれば、人に対して敬意と忍耐の両方をもって接することの必要性を示しています。

---

### 事例から学ぶ　共通の経験をシェアする（ジョージの場合）

　ジョージがクライミングアップ・ピアセンターに顔を出すまでには時間がかかりました。症状のせいでなかなか来られなかったと言いました。
　他の人も「初めてのときは怖かったよ」と体験をシェアすると、ジョージの気持ちは楽になり始めました。ジョージは自分の経験や感情を理解してもらえるとわかると、センターに来るのがより居心地良くなりました。

---

### 話し合ってみよう

● あなたの「病気」に対する考え方は、自分に対する見方にどのように影響していますか？

● 「利用者」という役割は、親、友達、労働者等の他の役割とどんな点が異なりますか？

● 「利用者」という言葉は、あなたにとってどんな意味がありますか？　この言葉はあなたにとって心地良いですか？　もし心地良くないなら、代わりに何がよいですか？

## (2) 芸術的表現

　さまざまな方法で自分を表現できる自由やそのための道具が整っていれば、隠れた才能や今まで知らなかった自分を発掘することができます。自発性とでも言えるような努力と合わせれば、クリエイティブなコミュニケーションが可能となります。

　当事者主動サービスで、芸術的表現ができるよう、さまざまな道具をそろえておくとよいでしょう。布、紙、図画や絵画用品、コラージュの材料、粘土等です。地元の芸術家や芸術家のメンバーがいれば、写生、絵画、彫刻を喜んで教えてくれるでしょう。芸術プログラムが始まれば、自分の作品を他の人とシェアしたくなるでしょう。地元のギャラリーに出品する展示会を企画して、お客を招待する等のプログラムもあります。

　自分のことを詩や文学作品を通して表現したい人もたくさんいます。詩や日記、短編小説を書いてみるワークショップを設けているプログラムもあります。プログラムの活動として、夜に詩を読むサークルをつくったり、文学雑誌を講読したりするのもよいでしょう。パソコンソフトを使えば、冊子を作るのは意外と簡単です。

　演劇も素晴らしい表現方法であり、教育や行動を変化させること、問題提起の方法としてよく使われてきました。独自の脚本や芝居を創っているプログラムもありますし、学校やプロの一般作品等を見て回るプログラムもあります。プロのタレントを夜に呼んだり、自分たちが楽しむために即興劇をやったりするプログラムもあります。演劇はいろいろな人を巻き込むのに良い方法です。

　音楽的な表現の場を作るために高い楽器をたくさん揃える必要はありませんが、自由に使っていい楽器があるとよいです。ピアノが無料で使える場合もあります。ドラム等の楽器はポピュラーで楽しめます。楽器を作ること自体が芸術的表現活動になり得ます。プログラムに来て音楽的な体験をすると、お互いに教え合いたくなるものです。誰でもマイクで歌える夜のプログラムもあります。あるいは、カラオケでもよいでしょう。

---

■ **甘やかされるというワナ**

　私たちの多くは、病棟やデイケアのプログラムで時間を過ごしてきており、そこでは彫刻に色を塗る、キャンドルへの色づけや染色等の高い次元の芸術やクラフトによる創作表現はできませんでした。創造性を育むどころでなく、そういった活動において、むしろ私たちの多くの芸術性が閉じ込められてきました。創作表現と聞くと「あなたには、それしかできない」とか「難しくなくてストレスがかからないプログラムが必要だろう」というように、子ども扱いされている気持ちになる人も多いだろうと思います。

　クリエイティブになる機会をたくさんつくり、芸術的表現の選択肢の幅を広げようとメンバーでアイデアを出し合うことで、縛りがなくエネルギッシュで、命を吹き込むような会話ができるようになります。

## 5 ● 意識を高める

　ピアサポートの長期目標は、アクションを起こすことです。個人の変化から始まり、強いプログラムづくり、さらに大きな社会変革に至るまで、さまざまな次元でアクションを起こせます。アクションに焦点を当てることで挑戦すべきことが増え、何でもいいとか自己満足やらに陥っている暇がなくなります。意識が高まれば、アクションや主張の目的や重要性に気付きます。

　それぞれの地元でつらい経験をしたから、地元の人と仲良くなんてできないと感じている人もいます。私たちは、他人や他人の私たちに対する見方について思い込み、ジャッジを下して、各自なりの結論をもっています。プログラムが心地良く、そこにどっぷり浸ってしまうときもあります。これは当事者主動サービスだけでなく、一般的な精神保健福祉サービスについても同じです。当事者主動サービスは他人との人間関係を築くための「練習場」である場合に効果を発揮し、自信を育み、一度は思い込みやジャッジを下してしまった結論を踏み超えていくことが可能となるのです。

### （1）当事者主動サービスにおける仲間

　当事者主動サービスは集団だけでなく仲間として、特別な経験を提供します。この仲間において初めて、心地良さ、安心・安全、比較されないこと、価値を認められることを経験する人もたくさんいます。また、人間関係は流動的で交渉でき、力が（個人でなく）集団に所属するような経験も提供されます。

　しかし、このような仲間をつくり、維持するのは容易ではありません。人は昔のやり方に留まったり、力を乱用するか、放棄する役割に陥ったりしかねません。

### （2）力のダイナミクス

　どんな人間関係、仲間、グループにも力のダイナミクスがあります。力のダイナミクスとは、力ないし権力がどのようにしてもたれ、人間関係や団体、コミュニティ内で使われるかという意味です。例えば、当事者主動サービスによくある力のダイナミクスは、給与の有無です。お金はときに力のひとつとなり得ます。

　その他には、ある人が他人よりも責任が重たいとき、場をコントロールしなければならない不安が生じたときなどに現れます。

　力をシェアするとは、個人としても集団としても力の存在を自覚し、これを調整していく意志と能力をもつという意味です。個人としても集団としても私たちには、プログラムを動かす責任があります。さらに、力がシェアできていない場合に気付くようになるという意味です。

## （3）相互的責任

2人がその人間関係を調整し、お互いを引き寄せるときに相互性が現れます。相互性は、他人を助けたことになるので、単に心地良いものではありません。その人から助けてもらうことも含みます。

プログラム、活動のいずれの場合でも、みんなの知恵を活かし、プログラムをよいものにする基本的な原則がいくつかあります。

### 原則1：私たちはお互いから多くを学べる

これが最初で、しかも最も明確な原則です。プログラム内のスタッフが、他のメンバーに「教える」責任を感じすぎると、このことを忘れがちになります。お互いに学ぶことで相互性が強まり、お互いに他人に差し出せる価値あるものをもっているということを現実として描くことができます。

### 原則2：私たちは他人をケアするためにいるわけでない

有給と無給のスタッフがいる場合、相互性はいかにして成立するのでしょうか。ピアサポートの多くは無償で行われてきました。給与が発生するようになったからといって、関係性が一方的にならなければいけないわけではありません。

ピアサポートをして給与をもらうならば、一定の力や責任をもってしまった事実を自覚すべきですが、他人をケアするためにいるのでありません。最初から新メンバーに有給スタッフの役割について説明するのがよいでしょう。

---

### 事例から学ぶ　有給の職員になるにあたって
（ガリーの場合）

ガリーはピアスタッフをやるにあたり、自分なりの経験を使い、ピアサポートを説明しています。サムもいずれ自分なりの方法を見つけるだろうとガリーは考えていましたが、話をシェアするとサムに何かヒントとなったようです。

ガリーはピアプログラムで働いており、サムに「給与をもらうって、どういうことですか？」と聞かれました。ガリーは、ピアサポートがケースマネジメントやセラピーとは違うことを説明しました。さらに、初めてここにやって来た頃のことを次のように話しました。

「初めてここに来たとき、職員は僕を助けてくれると思っていました。他人を助けない僕には給与はなくて当然でした。でも、すぐに『職員の役割は、僕や職員たちのリカバリーに焦点を当てることが仕事なんだ』と気付きました。そして、自分にも差し出す何かがあると理解できました」

**原則3：私たちは、お互いの人間関係に責任をもつ**

　ピアサポートにおいて相互的責任とは、自分たちの関係性に責任をもつことを意味します。簡単に聞こえますが、すべての人間関係や組織で、これを維持するのはとても困難なことです。私たちは、誰かの気持ちを傷つけやしないかと心配します。誰かが自分たちに怒りをぶつけてきたらどうしようと思います。だから他人のうわさ話をしてしまうのです。

　次の事例でメンバーは、ルースに今起きていることから、何かを見つけようとせず、ルースの責任をメンバーがもとうとし始めました。ルースがいない所でルースについて話し、どこかおかしいけど専門職や薬でコントロールできるだろうと思い込みました。自分たち独自の感想や不快感に目を向けることは、されませんでした。

　彼らのやり方でなく、ルースに個人的に話しかけ、もっと感じていることを知ることもできたはずです。少なくとも、自分たちの気持ちや感じ方について知ることはできたでしょう。

### 事例から学ぶ　これは「相互的責任」と言えますか？（ルースの場合）

　ルースはホープフル・ハートにずいぶんと通うようになってきました。ある日、次第にルースの声が大きくなっていきました。他のメンバーが自分を理解してくれないように見えるとのことです。すぐにメンバーが会話に入り「ここに来たいなら、ケースマネージャーに電話するか、もっと薬を飲まないとだめだよ」と言いました。

●ルースの事例（第2弾）で、どうしたらよいかを考えましょう。

### 事例から学ぶ　相互的責任（ルースの場合）

　ルースはフェニックス・プレイスにずいぶんと通うようになってきました。ある日、次第にルースの声が大きくなっていきました。他のメンバーが自分を理解してくれないように見えるとのことです。

　フランクは自分の不快感に気付いたのですが、深呼吸し、ルースと会話し始めました。「最近、何かあったの？」と尋ねました。

　フランクは彼女の言うことの一部しか理解できなかったので、集中し続けました。最後に「最近は、とても大きな声で話しているのに気付いていたよ」と言い、「話についていくのが難しいこともある」と正直に言いました。

　話が理解できないとき少し怖いと感じ、「2人とも同じ意見のことについて話せたらいいな」と考えていることを話しました。

## （4）不快感と同居する

　不安や不快になったとき、何とかして改善したいと思うものです。不快を止めて、不愉快でない状況にしようとします。他の人が困難なときも、それを変化させるか消し去ろうとするでしょう。「何かするべき」というメッセージを、精神保健サービスの中で繰り返し押し付けられてきたため、ピアもそうしようとするのは当然かもしれません。

　不快感を減らす代わりに「不快感と同居する」という技術を実践し、「何かをしなければ」という焦りをコントロールできるようになるといいかもしれません。不快感と同居し、判断や過剰反応を避けることで、自分の気持ちに気付くことができます。オープンであり続け、もっと学びたいという気持ちが出てくることもあります。

　ルースの事例は、他人の経験に対し興味や好奇心をもって、一方的に判断しないことが、いかに大切かを教えてくれます。個人的に見たこと、感じたこと、必要とするものが何なのかは、その人次第です。そう理解することで調整が可能となり、エンパワメントが育まれると同時に、物事をうまく動かそうという責任感も育まれるのです。

　自分に不快な場面に出くわしたら、時間を取り、次のことをするとよいでしょう。

- ■ よく集中する
- ■ 見たものそのものについて述べる
- ■ 自分が感じたことを自覚する
- ■ 自分に必要なことを述べる
- ■ 両者にとって良いだろうことを提案する

## （5）変化をほめる

　ピアサポートはいつも楽しくて、簡単で、自然なわけではありません。変化を生み出し、それを維持するために頑張る必要があります。同じことを続けることこそが、私たちが努力すべきすべてだと感じることもあります。自分たちが起こした変化に気付き、それを讃えることは大切なことです。そうすることで、自分たちの到達点を知り、さらなる変化を生み出すエネルギーになります。

　そして、個人と仲間との両方にとって、重要で価値あることが本当にうまくいったときに焦点を当て、それを祝福することが大切です。スージーの事例から、わざとらしいと感じるかもしれない小さなことに焦点を当てるのは、とても簡単だということがわかります。

## 事例から学ぶ　間違ったほめ方（スージーの場合）

地域活動支援センターに汚れた皿が山積みになっています。邪魔だと問題になってきました。
　ある有給スタッフがプログラム参加者に言いました。「あっスージー、素晴らしい。自分の皿を洗ったね」

知らず知らずのうちに過保護にならないように注意する必要があります。その人にとって、重要なことをほめましょう。その人の生活に違いをもたらせているものを見つけましょう。

### 話し合ってみよう

- あなたのプログラムではどんな力のダイナミクスが働いていますか？　それはプログラムにどのように影響していますか？
- 現在、どのように力のダイナミクスに対処していますか？　プログラムやメンバーにとって有害でなく、傷つけないような方法が対処できていますか？
- あなたのプログラムで、給与のある人とない人との間の相互性は、どのようになっていますか？
- 自分が何をしたらよいかわからなくて、怖かったり不安だったりするけれど、何とか誰かに手を伸ばしたら、つながれたという場面を思い出してください。それはどのようでしたか？
- 自分が良い場所・状態にいるとはいえないけれど、誰かとつながりをもてているときの気持ちについて話してください。それはどのようでしたか？
- 困難な状況のとき、つながりがもてたらどんな気持ちでしたか？　相手はどんな気持ちだと思いますか？　相手の気持ちを知るサインには、どんなものがありますか？
- 怖かったり避けたかったりするような状況には、どんなものがありますか？　その状況に対処する方法には、どんなものがありますか？
- どんな状況で、過剰反応してきましたか？　そのとき人間関係はどうなりましたか？
- あなたにとって同居するのが、一番難しい気持ち（例えば、不安、怒り、寂しさ等）は何ですか？

## 6 ● クライシスを予防する

　誰にだってつらい（困難な）ときがあります。このつらさが圧倒されるほどになると、いわゆる「クライシス」と呼ばれる状況になることがあります。ピアサポートはつらい状況がクライシスにまでなることを予防する効果的な方法になり得ます。当事者主動サービスのクライシス予防では、葛藤に向き合う、あるいは単に激しい感情と同居することにより、不快な状況を調整しようとします。

　一般的な精神保健福祉サービスと異なり、ピアサポートで行う対応の特徴のひとつとして、前者がリスクや「何かすること」に焦点を当ててアセスメントするのに対し、私たちは物事を何とか理解しようと試みることで、みんなが相互的に責任に関わり、任された対等なプレーヤーだと感じる点があります。

　このとき、強い感情や意見をもつかもしれませんが、すぐにその自分の感情に反応しないことがとても大切です。そうではなく、他人という立場にある人に耳を傾け、その人たちは、私たちには知りようがない主観的な世界から、その状況に至っているという単純なことを忘れないようにすべきです。

### （1）インフォーマルな方法

　他人の話をちゃんと聞く時間を取るという、とても単純なことがインフォーマルなクライシス予防の方法になり得ます。おそらく、具体的に状況を何かしら和らげることはできます。自分が対立の最中にあるときは、これをするのはより難しくなります。対立はそれ自体、つらい状況になり得ます。これが、つらい状況が圧倒的なものとなるかどうかの転換点でもあります。

#### ❶対立について

　対立は人生の一部です。対立はネガティブで避けたいことと考えることも、学びに必要なことと考えることもできます。誰もが家族、友人、援助者、コミュニティ等で対立を経験して生きています。対立に暴力や強制が関係している人もたくさんいます。

　対立へ対処するため、現実の問題に向き合わないことにする人もいます。対立自体を避けようとする人もいます。その他には、物に当たる、やり返す、なかったことにする人もいます。対立への反応としてよく知られているものには、仲裁（平和を作る人）、犠牲（いけにえになる人）、無関心（壁に飾られた花のようになる人）、攻撃・侵略等の名が付けられています。

　現在でなく、過去に関係する方法で対立に反応することもあります。それが全体に広がると、問題や対立が建設的でも効果的でもなくなり、権力争いを生みかねません。対立は

仕方ないので、これを、個人でも集団でも学習と成長の機会として活用し、権力争いに陥らないようにしなければなりません。

❷ひとつではない真実を知る

　私たちは、それぞれの背景や歴史に基づき、各自の視点をもつに至っています。だから、人の見方は微妙に異なります。この見方が壊され、それが問題だと見られたときに、対立が生じます。次に挙げるスティーブとパトリシアの事例では、スティーブは文化的多様性のある地域、パトリシアは保守的な村で育ちました。スティーブとパトリシアの状況はわかりやすく、簡単に調整できそうです。

> **事例から学ぶ　異なる経験と見方**（スティーブとパトリシアの場合）
>
> 　トランスジェンダーのスティーブは、ヘブンセンターに通うようになりました。慣れてくるとドレスを着たり、化粧したりするようになりました。田舎出身のパトリシアはトランスジェンダーの人に会ったことなどありません。
> 　スティーブに嫌味っぽく「なんでドレスなんか着るの？　薬、飲んでるの？」と言いました。
> 　ニューヨークで過ごしてきたスティーブは、パトリシアの思い込みや決め付けが信じられません。怒って、「どこの田舎もんだ？　センターから出てけよ」と返しました。

　何が起きているのでしょうか？　明らかにスティーブとパトリシアは違う環境の出身です。スティーブにとって、トランスジェンダーであることは大したことではなく、ピアセンターは受け入れてくれると期待しています。しかし、パトリシアの経験はまったく違います。家族や教会から「病気」「罪深い」行動とは何かについて教わってきました。パトリシアには他に考えようがありません。

　ここでの事実とは、異なる意見が異なった経験から生じ、いずれも相手の意見から学べる可能性をもっているということです。

　では、経験は正反対なのにひとつの結論が出る場合とは、どんなときなのでしょうか。リタとドナの事例から考えてみましょう。

> **事例から学ぶ　どう決める？**（リタとドナの場合）
>
> リタとドナは当事者が運営するクライシス対応プログラムで働いています。エラが電話してきました。
>
> 「FBIが自分の家中の照明器具に張り巡らせている電波に耐えられないから、そちらを利用したいです。FBIを封じ込めるため、電気製品は全部、捨てちゃったので、真っ暗な中で生活しています」とのことです。
>
> リタとドナは、エラのプログラム利用の「適性」について議論しました。ドナは「明らかに妄想が出ているから入院して薬で調整すべきだ」と言います。
>
> リタは「ピアのクライシス対応プログラムは物事を病理的に見るものではないのだから、エラはただ、一方的に判断しないで話を聞いてもらいながら、ちょっと休憩する必要があるだけだ」と言います。

　リタとドナは正反対の意見をもっていて、エラという人がプログラムを利用すべきかについて両者とも妥協しません。エラ自身に付随する問題はさほど大きくありません。問題は小さいものです。自分の意見が過去の心理的経験に基づいているとき、より複雑になります。今にもリタとドナとは争いになりそうで、相手を自分に従わせ、自分の側についてくれる人を増やそうとしています。

　それぞれが過去の経験をベースにしたならば、両者ともに正しいです。結論に達するための唯一の方法は、お互いに相手の意見のルーツをシェアすることです。お互いがよく相手の話を聞き、どうすべきかに達しなければなりません。
　例えばもし、ドナのお母さん自身がFBIに狙われていると不安になり、ドナを捨てた過去があったらどうでしょうか。一方でもし、リタが「誰かに狙われている」と相談し、実際にそうだったのにもかかわらず、入院させられた経験があったとしたらどうでしょうか。どうすべきか結論を出す前に、お互いの主観を理解する必要があるかもしれません。強い意見が出てきた背景を考慮すると、相手の意見が必ずしも「間違い」であるわけでもなく、だから悪い人なわけでもないということが、より簡単に理解できます。
　リタとドナの話には続きがあり、2人は同じ状況に対して別のアプローチを取りました。お互いの目標は、みんなのためになる解決方法を見つけることです。

### 事例から学ぶ　話をつける（リタとドナの場合〈続き〉）

　リタはドナに言いました。「エラがここに来たとするでしょ。エラは、自分で自分をコントロールできなくなり誰かが傷つけられやしないかな。私は怖いの。みんなでどうしたらよいか話したい。エラが利用する前に、みんなでエラともう少し話して、みんなが大丈夫と思える必要があることを説明したい」

　ドナは言いました。「エラが病院に行ったとするでしょ、病院では薬漬けにされて、ゾンビみたいにされちゃうんじゃないかと。そうすると私たちは、彼女を捨てたも同然だと感じると思う。ここに泊まることが役立つか否かについて、みんなでエラと話したい。あなたはどう？」

❸ 解決方法を探す

　対立している人と話し合い、相手の経験や視点に馴染んだら、次は解決方法を探す段階です。ひとつの方法は単純に、自分から見えていることを述べ、それが自分に与える影響を説明し、やってみたいことを話し、そして、ある解決方法を提案してみることです。

## （2）つらいときについて

　どんなにベストを尽くそうとも、私たちの原則に即して解決方法を見つけるのが難しい状況が生じるでしょう。知っている人が困っているとき、その人を守ってあげるために「何かしたい」という欲求が起きます。緊急時には確かに迅速な行動が適切なこともあります。しかし、しばしば人は、意図して過剰に急ぎ、大切な手順を飛ばしてしまうことがあります。すぐに行動したいという本能が他人を助けたいという願望ではなく、自分の不快感に動機付けられる場合もあります。その状況で「正しい行動」を判断するにあたり、自分の気持ちに自覚的にならなければなりません。

　例えば、自殺や自分を傷つけたいという気持ちを話す人がいるときや、緊張してあまりに早口で話すので理解できない人がいるとき等、さまざまな状況によって私たちの中に緊張が走ります。このような場合、恐怖が生じます。多くの人は恐怖へ反応して、その状況をコントロールするために「何かする」こととなります。エミリーとピーターの事例は、自分たちを困らせるような状況に対して、自動的に反応しないことの大切さを物語っています。

　緊張が走った場合、その不快感と同居することの大切さを思い出せば、過剰に反応するのを防ぐことに役立つかもしれません。

　何が自分を不快にさせているのでしょうか。その状況は、自分のどんな「ボタン」を押し、

刺激したのでしょうか？　自分の強い感情を鎮めるために、何をする必要があるでしょうか？

### 事例から学ぶ　感情と同居する（エミリーとピーターの場合）

エミリーは、ほうきを肩に担いで通りを行ったり来たりしています。定期的に大声を上げ、その後に猛烈な勢いで掃除を始めます。

ピアセンターの窓から見ていたピーターは、それに気付き、心配になりました。公的機関にでも電話しようか悩みましたが、そうはせず、エミリーのためにできることはないかなと見ていました。

後にエミリーが落ち着いているときに、ピーターはあのとき、電話すべきだったかどうか聞いてみました。エミリーは脅えた様子ではっきりと「もし誰かに電話していたら、もっと事態は悪くなり、あなたを信じなくなっただろう」と言いました。

「ただ単に一緒に歩いてくれると落ち着く」と言いました。

❶リスクへ対処する

次に登場するシェイラの事例が、さらに深刻になったらどうしますか？　例えば、シェイラがあなたに「悪くなる一方だから、この痛みを一発で永遠になくそうと思っているんだ」と話す場合です。

### 事例から学ぶ　自分の気持ちを知る（シェイラの場合）

シェイラが普段とは違う顔をしてセンターに入ってきました。ぶつぶつ言いながら、うなだれています。話しかけたら「誰とも話したくない」と言います。

昨晩、電話相談で「ワーカーさんに、すぐによくならなかったら、私にはある『計画』があるんだ、と話したんだ」と言っていました。ピアサポーターとして、どんなアプローチを取りますか？

■ 自分の気持ちを意識してください。怖くて責任を感じましたか？　シェイラがあなたに話したくないので、あなたは傷つきましたか？　これに対処したくはないので、あなたは怒りましたか？

- もし、こういった感情をもったり、こういった感情に基づいて反応したりしている自分に気付いたら、力を使って、この状況をコントロールしたいと感じているのかもしれません。
- シェイラを1人にするという対応もあります。仲間のそばにいるために来たのでしょうが、すぐに輪に加わりたいわけではありません。
- 自分から見えたこと、感じたこと、自分が必要とすることについて話すことにしましょう。

「こんにちは、シェイラ。私と話したくないのはわかっているんだけど、今、何かいつもと違うような感じだと気付いたから。昨日の夜に電話相談で、もし、状態がよくならなかったら、私には「計画」があるって言ったでしょ。私、少し怖くなって、どうしたら役に立てるのか本当にわからないの。私にできることが何かあったら教えてくれるかどうか確認する必要があるの。自分も同じように助けが必要だったら、あなたに言えるようでありたいんだ。どうかな？」

　痛みや困難が極限に達している人をサポートする社会資源やオルタナティブ（代わりに役立つもの）に、どんなものがあるかを知っておくことは大切です。次のような質問が考えられます。

- あなたの地域で利用できる社会資源で、痛みが極限に達していたり、クライシス状態にある人に対応する援助には、どんなものがありますか？
- 当事者が運営するクライシス対応プログラムは、利用できますか？　利用対象者は誰ですか？　シェイラのような人への案内はどうしていますか？
- アウトリーチしていますか？　アウトリーチして何をしていますか？　シェイラのような人に、あなたのプログラムではどのようにアウトリーチしていますか？
- 地元の精神保健サービス機関とどのような関係をもっていますか？　シェイラが痛みを取り除くために、究極的な方法を取りかねないことを、そこの誰かに知らせることの、メリットとデメリットは何ですか？

　ピアサポートは一緒に過ごそうとするものであり、つらいときはなおさらです。ただし、ピアサポートは治療や臨床ではありません。今起きているリスクを評価することがピアサポーターとしての自分たちの役割だと誤解する、あるいは誤解されないようにしないといけません。

　自分たちにできることを越えて、援助が必要な状況かどうかに注意しないといけません。助けを呼ぶときを知らないといけません。その状況がもたらす不快感が、外に助けを呼ぶという、決断に及ぼす影響についても考慮しないといけません。

　地元の精神保健福祉機関と相互的な関係を築いておくとよいでしょう。彼らと話し、お

互いに最善となる方法を見つけるという意味です。お互いに適切な場面で適切に仕事ができるよう、学び合い、譲り合うとよいでしょう。過去に精神保健福祉機関のプログラムを利用した際につらい経験をしたならば、アドボカシーの機会ととらえましょう。

### ❷ 安心・安全のためのルールをつくる

団体が適切に機能するためには、ルールが欠かせないものです。明確で、わかりやすく、違反した場合の対応が設けられているルールは、効果を発揮します。当事者主動サービスでは、あらゆる面でメンバーが管理することが重要であり、ルールづくりも例外ではありません。メンバーから「どんなルールが必要なんですか」と聞かれたら「物を盗むのは禁止。サバイバルナイフの持ち込み禁止。他人を非難しない」等の経験した別の場のルールを紹介するのが一般的です。

ルールによってメンバーは安心・安全を感じ、プログラム内では尊重されることを感じるために、それは重要です。ただし、気をつけなければならないことがあります。ルールづくりが、メンバー間の関係の対立、妨害への対応として行われることがよくあるようです。問題は何ですか？　それについてのルールをつくりましょう。

問題や対立解決の方法として、すぐにルールづくりに手を付けるのは避けてください。葛藤を調整することと、ルールづくりとを置き換えようとしてはいけません。

**話し合ってみよう**

- あなたのプログラムでは、リスクに関するルールや方針はどうなっていますか？
- そのルールは、どうやって決められましたか？　そのルールはピアサポートの考え方に合っていますか？
- あなたにとってリスクと責任の「最低ライン」は何ですか？
- もし、特別なルールや方針がないなら、プログラムで直面した、ないしはしそうな困難な場面について、語り合うチームをつくることを検討してください。できますか？　そのチームに誰に入ってもらいますか？

### 個人演習Ⓐ：自分の物語を語る

自分のメンタルヘルスに関する経験のストーリーを書くために、数分取ってください。バージョン①では可能な限り「病気」等の医療用語を使ってください。

**バージョン①の 例**

　私は15歳のときに精神疾患に苦しみ始めました。精神科医のところへ行くと、あなたは統合失調症ですと言われました。数年間、私の症状はとても悪く、みんなが自傷他害を心配するため、入院させられました。

　私はトラジンを処方され、ショック療法を受けさせられました。そして、退院しました。しばらくは、悪くなりませんでした。

　大人になり、症状が再発し始めました。かなり精神病的になり、1回、再入院しました。医師と病院職員は、あなたは重症であり、障害が続くと言いました。事実、そうでした。何年もの間、かなり病気が重かったのですが、その後、職員たちは症状をうまく管理できるようになりました。

バージョン②では、同じ話を病気や医療用語をなるべく使わず書いてください。

**バージョン②の 例**

　私は15歳のとき、他の人と自分は違うな、孤独だなと感じ始めました。数年間、かなり極端なやり方でやってきました。自分の考えや気持ちからすれば意味があったことですが、私の考えや気持ちをちゃんと理解しない他人には怖かったと思います。

　入院しました。病院で希望を失い、自分を「問題があるけど普通の人」と見なすことをやめてしまいました。医師は私にずっと眠く感じる薬を処方しました。

　退院後、薬は全部やめて、音楽に夢中になりました。大人になり、大変でしたが結婚もし、若かったときと同じような経験が始まりました。

　やがて強い感情を失い、他人が離れていくように感じました。再び、入院しました。病院の職員は私に、あなたは重たい精神疾患があり、障害が続くだろうと言いました。しばらく障害が続きましたが、自分が、職員たちの考え方のとおりになっていると気付きました。

　どうして自分を病人とか犠牲者と見なすようになってきたのだろう、と考え始めました。少しずつ、自分の緊張の高まりにどう対応したらよいかわかるようになってきました。以前よりよくなり、ずいぶんと成長したなと感じ始めています。

1. バージョン①を書いた後の気持ちはどうだったでしょうか。
2. バージョン②の後はどうでしょうか？
3. バージョン①のように自分を語る人に対して、ピアサポートの会話なら、どんなふうにすべきでしょうか。

## グループ演習E：新しいルール

リアはコーナーストーン・ピアセンターの施設長です。同僚が私用電話で長時間、外に出てしまうため、不満がたまっています。そして「職員は、一日につき2回、5分だけ休憩を取れる」というルールをつくることにしました。

1. この新ルールにどんな反応が出そうですか？
2. 当事者主動サービスとしては、どんなルールをもつべきですか？
3. 自分たちのルールは、どう決められましたか？　誰が決めましたか？　決定のプロセスは、どうでしたか？
4. みんなが従っているルールはどれで、その理由は何でしょうか？　どんなルールだとみんなは従わないのでしょうか？　私たちはそれに対して何ができますか？

## グループ演習F：意識を高める

誰かのことで悩んでいるとき、状況をコントロールしようとしている自分に気付きます。これには、アドバイスしようとする程度から、介入すべく電話しようとする程度までいろいろあります。

次のシナリオに従い、ロールプレイしてください。1人はスー役で、マリーにお節介して一方的な関係になろうとしますが、マリーは相互的な関係を望みます。あらゆる選択肢について話し、自分が見ること、聴くこと、感じることに正直になることによって、2人ともが結論を受け入れられることを目指してください。

〈シナリオ〉

マリーとスーは何年も同じ12ステップのミーティングに参加してきました。しかし、マリーはここ数週間、欠席しています。お互いにピアセンターでは顔を合わせますが、スーはマリーの様子がおかしいと感じています。

スーはマリーのケースマネージャーに電話しようとしています。

1. もし、スーがマリーのケースマネージャーに電話したら、2人の関係性に何が起きそうですか？
2. この事例で相互的に責任を負うためには、どうしたらよいですか？

## 個人演習B：不快な気持ちに対処する

次の例は、よくある居心地の悪い状況です。次のシナリオを読んで、自分に起こる反応や、

その背景にある人生経験について考えてください。

> **状況1** ①明らかに何日も風呂に入っていない人が、プログラムにやってきたとき、どうしますか？　その人を風呂に入れようとするため、においについて不満を言いますか？　それともその人を避けますか？　自分の経験からどうやって、その気持ちが形成されたのでしょうか？
> ②本書の考え方に即しながら、この状況を何とかするために、どんな方法が考えられますか？
>
> **状況2** ①同様に、かなりアルコール臭い人がやってきたらどうしますか？「薬物やアルコールの影響が出ている人の参加禁止」という新しいルールをつくりますか？「酔っていたらリカバリーはできません」と説明しますか？　自分の経験からどうやって、その気持ちが形成されたのでしょうか？
> ②本書の考え方に即しながら、この状況を何とかするために、どんな方法が考えられますか？

**議論のヒント（ファシリテーター版）**

まず「状況」を読み上げます。そして、一人ひとり自分に起こる反応について、考える時間を取ります。次に自分に起きた反応をシェアしてくれる人を募ります。本書にある原則を思い出し、自分たちの価値観や考え方と矛盾しない方法で、この居心地の悪い状況に対処する方法について、考えるよう促してください。

**状況1**　一方的に判断しないとは、一方的に判断することに自覚的になるという意味です。一方的に判断することの反対は、好奇心をもって相手の主観に耳を傾けることであり、それを実践するチャンスです。少なくとも身体を洗わないことについて、本人なりの意味等を見出せるかもしれません。

**状況2**　アルコールや薬物に関するルールをつくるべきタイミングかもしれませんが、もっと状況を理解する必要があります。さらに情報収集した後に、もっと大切なことですが、自分たちのためではなく状況に対して、責任と力の両方をもっているという気持ちがみんなに生じるよう、調整するのがよいでしょう。

# 領域 4 学び

　この領域では、当事者主動サービスの1要素としての、学びについて取り上げます。「**話し合ってみよう**」は各項目に掲載し、グループ演習は最後に掲載しました。

> **本領域の学習項目**
> 1 はじめに
> 2 学びの選択肢を提示する
> 3 主要テーマ
> 　グループ演習Ⓐ：自分の当事者主動サービスは「学習する組織」だろうか？
> 　グループ演習Ⓑ：学びたいことのアイデア探し
> 　グループ演習Ⓒ：参加者の声を聴く

## 1 ● はじめに

　本領域の「学び」にはいろいろな意味がありますが、基本的には学習の機会を提供するということです。ワークショップ、講座、グループ等のフォーマルな構造からインフォーマルな会話まで、さまざまな場面において提供します。メンバーが新しいスキルや自分自身のことについて学んだり、自分のリカバリーや幸せの可能性について学んだりする機会を提供するという意味もあります。

　学位や資格を取るために復学することについて考えることを支援するという意味もあります。地域で使えるあらゆる社会資源に関する情報を得るという意味もあります。内容や

方法について改善するために学び続けるのだという哲学を、当事者主動サービスがもつことも意味します。

人々が出会い、経験をシェアすることで自然と生まれるものが学びです。当事者主動サービスの目的のひとつは、インフォーマルなものも含めて、あらゆる種類の学びの場をつくり、提供することにあります。ここでは学びについて大切な論点を見てみましょう。

## (1)「学習する組織」をつくる

もし、プログラムにおいて学びの重要度が高いならば、学ぶことに対する積極的な態度を組織全体でもたなければなりません。組織として学習する態度や雰囲気をもつことで、学ぶこと、成長、コミュニティづくり等を促す考え方や行動が具体的になります。組織それ自体が学習する団体ですし、一人ひとりが団体を今まさにつくり上げている構成員なのです。

学習する組織は、共有した目的、目標、ビジョンに向かって積極的に活動します。その共有した目標やビジョンに向かってどの程度、到達したかについて組織として自らを評価します。メンバー、職員、管理者、理事等のあらゆる関係者がこれに関わり、進んで努力します。

学ぶとは、今まで知らなかったことに出会う、または挑戦するという意味です。学ぶことでリスクが生じたり、傷ついたりすることがあり得るため、学習者には安心の感覚が必要となります。学ぶことと失敗とが結びついてしまった体験から、学ぶことが怖いという人もたくさんいます。

学習する組織になることで、新しいことに挑戦し、新しいスキルを獲得することに興味をもち、意欲をもつことについて、お互いが促し合います。それは、知りたいことを学ぶために質問する必要があるならば質問できるという自信のことです。デビットの事例は、ある組織がみんなに学ぶことの魅力を紹介し、がんばって巻き込み始めていくときの話です。これが学習する組織を作る最初のステップです。

## 事例から学ぶ　学ぶことへの興味を育む（デビットの場合）

　プロミス・ピアサポートセンターは、リカバリーのためのスキル獲得、就労への関心やスキル向上、地域統合等の成果を生むためにつくられました。新しい施設長のデビットがメンバーに「どんなことを学びたいですか？」と問いかけると、返ってきた答えは「もうちょっといいビリヤード台がほしい」「海へ行きたい」「仕事がほしい」だけでした。

　デビットは新しいことを学びたい、やってみたいという意見がないことに少々がっかりし、「人は知っていることしか知らないんだ」ということに気付きました。

　そこで「生きていて、いいなぁと思うときは、どんなときですか？」と尋ねました。すると多くの人が「時間を持て余している」「やりたいことをやるには挫折しすぎた」「地域の行事に参加するのは怖い」と言い、「良いときなんてない」と答えました。

　デビットは「みなさんは、どんなふうにして、エネルギーを補充してるんですか？」と尋ねました。あるメンバーが「一度、ヨガを試して良かったけれど、参加費が高いの」と言いました。他のメンバーが「薬を減らしてくれるよう主治医に交渉できていたときは、自分にはエネルギーがあるなと感じたよ」と言いました。

　話し合いの結果、みんなでヨガのインストラクターを探すことになりました。また、自分が興味ある仕事で求められるような、新しいスキルを理解する方法についてもアイデアが出るようになりました。これが参加者にとって学ぶ機会になりそうです。

　以下が学習する組織のチェックリストです。当事者主動サービスが、どれだけ学習する組織になっているかをチェックする際に利用してください。

- ■ プログラムにおいて、すべてのメンバーが重要な一員だと考えられている。
- ■ すべてのメンバーが組織のビジョンに貢献し、それが各個人のビジョンや生活とリンクするよう工夫されている。
- ■ 組織の考え方にみんなが賛同していて、話し合いが活発になっている。
- ■ 組織のすべての人に情報が利用できるようになっている。
- ■ 変化が期待され、見込まれている。
- ■ グループとしての集団の力に価値が置かれている。
- ■ プログラムが、今の立ち位置から共有したビジョンに向かって、もがきながらも動いていくことに賛同している。これが日々の活動にも反映されている。つまり、踏み外してみる、危険を冒す、新しい方法や異なる方法、創造的な方法を試す等の勇気をもっている。

■ みんなで学び、変化しようとすることにより、一人ひとりのかけがえのない経験、知識、考え方、態度が尊重されると同時に、さらに発展することが期待されている。

## （2）援助？　それとも学び？

　当事者主動サービスを含め対人援助サービスの仕事は、「学ぶこと」と反対である「援助すること」になっているかもしれません。誰かを援助したり、誰かが援助されたりするために組織が存在していると考えている場合は、「学習する組織」をつくるのが難しくなります。援助に焦点が当たると、学ぶ機会をつくるのではなく、解決すべき問題を見つけることに時間を費やしてしまいます。

　学習する組織では、一人ひとりがかけがえのない経験や知識をもっていると見なされます。みんなで何をしたい？　と話し始めると、１人では話せなかったことが話せます。私たちの目標は、一般的な先生／生徒という人間関係でなく、当然のこととして、学びが生まれる環境を創ることにあります。みんなが自分の知っていることについての先生であり、自分の知りたいことを学ぶ生徒なのです。

## （3）成人向け教育分野からのヒント

　学校等を楽しんだり、無事に卒業した人がいる一方で、学校にネガティブな経験があったり、学校を何年も避けてきた人もいます。過去がどうあれ、学校や受けてきた教育等の記憶、態度、歴史が大人になった今の生活に影響します。

　当事者主動サービスに、成人向け教育分野の経験や知恵を、さまざまな点で応用することは可能です。ここでは学習環境のつくり方、さまざまな学習スタイルについて紹介します。

### ❶学習環境のつくり方

　心地良く、主体的に学ぶ環境をつくる上で、以下の原則が大切です。

■ 人は自立しています。その人の目標、夢、情熱、興味に従って学ぶことを選択できるよう自由にすべきです。
■ 人には敬意が必要です。みんなが学習という冒険を成功させるための知識、経験、スキルをもっており、その考え方や意見、貢献に価値が与えられ、認められることが必要です。
■ ポジティブな感情が学習を進めます。学習の質と量は、気持ち次第です。ストレスが多く、つらく、わびしい学習は、楽しく、リラックスしていて主体的な学びと比較しようがありません。

**❷さまざまな学習スタイル**

　人によって学習する方法が異なります。教育分野では、これを学習スタイルの違いと呼びます。情報を取り入れるプロセスの方法だけでなく、物事を理解し覚えるにあたって、最も効果的な感覚（見る、聞く、触る、実際にやる等）にも関係しています。

　１回聞けば十分な人もいれば、見たり、メモしたりすることが必要な人、さらには実習的なアプローチ、つまり、実際にやってみるのが一番という人もいます。すべての人に万能な方法はありません。しかし、その人の学習スタイルにぴったりな方法で提供された情報が受け取られたとき、最も早くそれを学び、忘れないのです。

　学習スタイルに違いがあることを知ると、それに応じた機会をつくることができます。例えば、コピー機の使い方について読むのが苦手な人に詳細なマニュアルを渡しても、ほとんど意味がありません。説明を受ける、見せてもらう、実際にやってみること等でより学べるでしょう。これら三つの方法を組み合わせるのが一番かも知れません。

## 2　学びの選択肢を提示する

　「１．はじめに」で、みんなで学ぶことに焦点を当てる方法を理解しました。では、プログラムのあらゆる面に学ぶことを散りばめるには、どうしたらよいでしょうか？　もちろん、スタート地点はメンバーとともにあります。人は誰でも、自分にとって重要で興味のあることに参加します。

　ただし、やりたいことを尋ねるだけでは不十分です。人は自分の過去に基づいてしか答えられないし、「お前のためだから、これをやりなさい」と、何度も言われてきた人もいることを忘れないようにしましょう。

　最初は、セルフヘルプとリカバリー、作業療法、個人的な興味、趣味等の幅広いカテゴリーから提示し始めるのがよいかもしれません。他の当事者主動サービスや同じ地域の社会資源を参考にするとよいかもしれません。図書館はまさに知の宝庫で、あらゆるテーマや生活スキルの情報がたくさん眠っています。どんな情報でも、大きな可能性を感じることに役立ちます。

### （１）何を選ぶか？

　グループの中で興味があると挙がったテーマの数だけ、選択肢があります。下記は当事者主動サービスが開催する講座の例です。自分のプログラムでやるものについて考え、話し合うきっかけとしてのみ、用いることとしてください。

- リカバリーと幸せプログラム
- 健康的な人間関係のつくり方
- 食べ物と感情
- ヨガと瞑想
- 自分の声を探そう
- 自分に必要な情報を探そう
- 「説明と同意」を得るために
- 女性特有の問題
- 習慣になった反応を変えよう
- ひとり暮らしのために
- 男性特有の問題
- 生活を変えよう
- 対立・葛藤と付き合う
- 良い親になるために
- ひとり暮らしのクッキング
- 家の借り方と近所付き合い
- 家の修理入門
- 貯金の増やし方
- 人前で話す
- ほしいものを手に入れる
- 権利を理解しよう
- スピリチュアルな冒険
- 芸術的表現
- 自分史を書こう
- 編み物と刺繍
- 悩み中の友達といるために
- コミュニティでの私の安心
- 禁煙講座
- クライシス時の対応、計画づくり
- インターネットを学ぼう

## （2）学びのプログラムを成功させるために

　プログラムや講座を新設する前に、やりたいことを十分に確認しておくべきです。他に興味をもって参加したいという人を見つけるプロセスを明確にしておくことも検討してください。本当に学んでみたいことを見つけるため、「興味があることリスト」を作る、提案箱を設置する等もよいでしょう。

　グループや講座を正式に新設する前に、インフォーマルな方法も含めて興味をもっている人の数や好ましいスケジュールを確認してみてください。これで参加者の見込みが立ちます。

　当事者主動サービスに、ときには特定分野の外部講師を招いたり、全国レベルで活躍する当事者の講師を招くとよいかもしれません。ただし、そのような特別なイベントには、当たりはずれがあります。

　イベントが成功するためのアイデアとして、次のようなものがあります。

- 外部講師等を呼ぶ前に、本当にメンバーたちにとって興味あるテーマなのか、あるいはスタッフが「メンバーのためになる」と思ったから選んだテーマになってしまっているのか、確認しましょう。
- 参加者が表明したニーズを反映したイベントを優先するようにしましょう。そう

- することで参加者の興味に合っていたり、好奇心をくすぐるイベントのタイトルをつけることができます。
- イベント前に、販売促進物（チラシ等）を作りましょう。チラシにはテーマや講師の経歴、資格等に関する情報が掲載されているとよいです。理想的には、メンバーが参加したくなる理由、その講演から得られると期待できること等が掲載されていると好ましいです。
- 講座前にイベントを宣伝しましょう。打ち合わせや会議中に告知したり、チラシを投函したり、外に出て「今度の講座、見に来ませんか？」と声をかけてみましょう。

参加者を増やしたり、参加者が講座から多くを学べるようにするためのアイデアには、次のようなものがあります。

- 参加者の都合に合わせた時間に講座を行いましょう。
- 人の出入りが多い時間帯は避けましょう。注意散漫にならずに済みます。
- 講座に来たくなるような方法を選びましょう。コーヒーやドーナツ等の軽食やランチを提供することで、参加者が増えるかもしれません。
- 最後まで参加したら修了証を渡したり、最後に特別な企画を用意するなど、みんなが最後まで参加したくなるようにしましょう。

## 3 ● 主要テーマ

　教育プログラムのテーマはグループで決定すべきですが、テーマの一部はとても重要なので、当事者主動サービスの評価尺度FACITに反映されています。FACITは当事者主動サービスの純度を測定・評価するものです。
　主要テーマとは、リカバリーと幸せ、就労支援、政策決定への参加です。それぞれ紹介します。

### （1）リカバリーと幸せを学ぶ

　当事者主動サービスの重要な使命は、参加者が幸せになり、リカバリーに向かう歩みを応援することです。ただし、これを行うためのアプローチにはさまざまあり、幸せやリカバリーの定義も異なります。
　幸せとリカバリーを学ぶ教育プログラムやカリキュラムはたくさんあります。

下記がその例です。

- ■ BRIDGES（橋渡し）：教育とサポートによるリカバリーおよび夢・目標の構築 Building Recovery and Individual Dreams and Goals through Education and Support
- ■ PACE（1歩）：地域で生きるための個別サポート Personal Assistance in Community Existence
- ■ WRAP（包み）：元気回復行動プラン Wellness Recovery Action Plan
- ■ PROCOVERY（回復以上に）：いつでも始められる、精神疾患を癒やすプロカバリーの力 The Power of Procovery in Healing Mental Illness
- ■ リカバリーへの道：Pathways to Recovery: A Strengths Recovery Self-Help Workbook
- ■ IMR（疾病管理とリカバリー文）：Illness Management and Recovery（SAMHSA作成のプログラム）
- ■ さらに日本では、リカバリーの学校や当事者研究などが知られています。

　これらプログラムに関する情報は簡単に手に入ります。Part.3「エビデンス」編の参考文献を見るか、インターネットで検索してください。

　多かれ少なかれ、これらの教材作成に当事者が関与しています。また、精神疾患の概念にも違いがあり、医学的なもの、歴史的なものとさまざまです。そのため、そこで提案される雰囲気や方法もまったく異なります。

　どうか、これらのプログラムに限定しないでください。精神保健分野のリカバリーに関する他の教育教材もありますし、新しいものも開発されています。身体の健康、怒りのコントロール、トラウマへの対処等のテーマもリカバリーに関係しますし、あなたのグループの興味に合うかもしれません。

　講座によっては、進行役に特別な研修をするものもあります。これをトレーナー研修プログラムと呼び、自分のプログラムで進行役をやる方法を学べます。メンバーに魅力あるプログラムにするためトレーナー研修プログラムを行い、プログラム内で進行役を教え合う研修をするのもよいかもしれません。

## （2）就労支援

　多くのメンバーは、学びの成果として就労することを望んでいます。精神保健福祉サービスも、それなりのことをしていますが、精神障害者の非雇用率は高いものです。非雇用率の高さの原因はさまざまです。精神疾患上の課題がある人にとって、仕事はストレスが

多すぎるという意見もありますし、精神疾患がある人の援助者の態度が、今なお昔と変わっていないからだという意見もあります。

### ❶個々の仕事に向けての準備

例えば、あなたが来月から、週に3日、6時から12時までコンビニエンスストアの店員として働くことが決まった場合、どんな準備をしますか？

早起きが必要でしょうか？　体力を付けないといけないでしょうか？　大きな声で、挨拶ができるようにならないといけないかもしれません。レジが打てるようになるか、心配になるかもしれません。このように、具体的に近い将来、やるべき仕事がある場合は、準備が必要です。

**話し合ってみよう❶**

- 今まで、やってみたことがある仕事、またはやってみたいと思った仕事は、何ですか？
- その仕事に就くために必要な準備には、どんなことがありますか？
- それは、仕事の頻度や時間、求められる質が異なっていても、同じですか？それとも、異なりますか？

### ❷職業準備性という考え方への発展

この「仕事ができるようになるためには、準備が必要だ」という経験から、

ア．どんな仕事であろうとも、仕事に就く前に必要な、準備すべきことがある

イ．そして、精神疾患や障害がある場合、これが欠けている

ウ．だから、これを整える練習や訓練をまずはする必要がある

エ．そして、これが整えば、働けるようになるはずだ

と考えられるようになりました。この「これ」を職業準備性と呼びます。

職業準備性の例として、コミュニケーションが取れること、生活リズムが整うこと、服薬が自分で管理できること、ちゃんと挨拶できること、身だしなみを整えられること、通勤や働くための体力があること、などがあります。

このような考え（常識）に基づき、多くの就労支援サービスでは、就労移行支援事業所などの作業所などにおいて、喫茶店や焼き菓子作り、清掃、事務作業などを通じて、職業準備性を整え、高めるための訓練や支援が行われています。なるほど、コミュニケーションが取れないと、働けないはずだから、とにかくコミュニケーションが取れるまで訓練する必要があるはずだ、というわけです。このような就労支援方法を、準備モデルとか訓練

モデルと呼びます。

> ●今まで、利用したことがある就労支援サービス、または知っている就労支援サービスでは、どのような訓練をしましたか？
> ●その訓練を経ると、就職に有利になりそうですか？

### ❸職業準備性という考え方は間違いだった

　その一方で、訓練などせず、なるべく早く仕事を探したほうが就職に有利になるという考え方を主張する人もいました。そこで、就労支援に関してさまざまな考え方を試して、実際に就職率や定着率が高いのはどっちなのだろう？　と調べる研究がアメリカから始まりました。

　その結果、訓練などに時間をかけずに、「働きたい」と相談されたら、やりたいこと、すでに得意な作業などをもとに、1か月以内に職探しを始めたほうが、就職率も定着率もとてもよいことがわかりました。こうした研究成果からわかった、効果的な就労支援の方法をIPS（Individual Placement and Support）モデルと呼びます。

　準備モデルの就職率は、だいたい20％くらいですが、IPSモデルの場合、60％くらいであることがわかっています。

### ❹職業準備性という考えが成立しなかった理由

　研究から、次のことがわかりました。

　まず、特定の仕事や求人があった場合に、そのために準備すべきことはありますが、仕事が決まっていないのに、**準備すべきことを見極めることはできません**。例えば、黙々と土を掘り起こす遺跡発掘の仕事に就くのであれば、人とのコミュニケーションはほとんど取らないため、訓練に長い時間をかけても無駄になります。このことから仕事全般に関する職業準備性という概念は、成立していませんでした。

　次に、訓練で練習したとおりに、**実際の職場で活かされることはほとんどありません**。例えば、清掃の仕事に就いたとしても、就労支援として受けた清掃プログラムの清掃のやり方と、実際の職場のやり方とが同じということはありません。ですから、就職したら、いわばまた訓練し直さなければなりません。

　最後に、準備モデルのプログラムに参加した人の多くは、やりたい仕事とかけ離れた訓練であること、訓練は「就労ごっこ」であり失敗が許されること、これを続けても就職に近づかなさそうなこと、などの理由から、**途中で訓練を辞めてしまう人がとても多いこと**

もわかりました。

　このような理由から、職業準備性という概念を想定し、それを高めようとする就労支援は効果がないことがわかりました。

 **話し合ってみよう❸**

- 「旅行が好きで、いつも旅先で友人に下調べした観光地を案内するのが楽しいので、バスガイドのような仕事をしてみたい」と思った方が2人います。
- 2人ともクッキーを作る同じ就労支援プログラムに参加することになりましたが、1人は半年で辞め、もう1人は2年間、参加しました。
- 2人には、どんな違いがあったのでしょうか。

## ❺効果的な就労支援の特徴

　IPSモデルの特徴には、次のようなものがあります。これをIPSの8原則といいます。

### 1．就労支援の参加資格

　病名や症状の程度、作業能力などがどうであろうと、「働きたい」と言っている人は、すべて就労支援の対象とする。作業能力等で働けるかどうかを事前に占うことはできない。そもそも、本人がやりたいと希望したことを否定してはいけない。機関全体で、このような理念にするとよい。

### 2．本人の好みに着目

　精神疾患がある人は、自分のことをよく理解できていないと考えてはいけない。仕事探しは、支援者が考えた「適性」に基づくのでなく、本人がやりたいこと、得意なこと、すでにやっていること、本人ができると思えることなどを基準に探したほうがよい。このことで、就職率だけでなく、定着率が高まる。

### 3．一般就労の原則

　障害者専用の作業所や障害者雇用などからステップアップする必要はなく、直接、健常者も採用される仕事に就く一般就労を目指したほうがよい。障害者用の仕事に就くことで、人は障害者になっていくと考え、障害者用の仕事に就くことを提案しない。ただし、本人が希望する場合には、それを否定しない。また、短時間の仕事など、働き方に工夫できるとよい。

4. すみやかな職探し

　働きたいと相談を受けたら、作業能力のチェックやカウンセリングに時間をかけずに、すみやか（1か月以内）に職探ししたほうがよい。これは、すみやかに就職するという意味ではない。

5. 給付金の相談

　働いた場合に、どのくらい稼ぐと、今もらっている障害年金の額や生活保護費がいくらくらい減るのかといったシミュレーションなどの相談があると、「働きすぎると年金が減る」という不安がなくなり、安心して働ける。

6. 職場開拓という仕組みがあること

　求人情報を待っているだけでなく、支援者が地域に出て、企業の人などを訪問して仕事を探したり、新たな仕事を提案したりするとよい。かといって、いきなり飛び込みで仕事探しをするのではなく、ネットワークをつくっておくとよい。

7. 就職後のフォロー

　集団プログラムでなく、一人ひとりに合わせた支援を、しかも就職した後も続けるとよい。ただし、支援する頻度は、必要に応じて減らす。

8. 医療サービスとの一体化

　就労支援チームと主治医などの医療チームは、別々の考えに基づくのでなく、連携、できれば普段から一緒にカルテを見るなど一体的になるとよい。

### ❻合理的配慮について

　障害があることで社会活動に参加できないことがないように、**一人ひとりの症状や障害の状況に応じた必要性に合わせて、本人の努力でなく政府や社会など周りの人々が行える調整や工夫を合理的配慮**と呼びます。個人的なわがままではなく、自分の努力や気持ちだけでは対処しようがない、障害というやむを得ない理由に基づいて必要性が認められるから「合理的な」配慮といいます。この配慮があることで、障害による不利な立場がなくなり、公平さが確保できるようになります。

　政府や社会は、合理的配慮を提供しなければなりません。ただし、合理的配慮は本人以外の人にはわからないので、求めないと得られません。働く、または働くことを支援するときは、職場や支援者にわかりやすく求めましょう。

　また、職業準備性と同じように、具体的な職場や労働条件などが決まらないと、必要な合理的配慮は決まりません。

他人が得ている合理的配慮などを参考にして、その人とその場に必要な合理的配慮を見つけて、具体的に求めましょう。

**話し合ってみよう❹**
- 精神疾患がありながら働いている知人や友人を思い浮かべてください。
- その人が、職場で得ているだろう合理的配慮には、どんなことがあるでしょうか?
- それは、どのように職場に求めたのでしょうか?

### ❼ピアスタッフの役割

　精神疾患がある患者さんが「働きたいなぁ」と考え、それを医師や看護師、精神保健福祉士などの支援者に相談した場合、支援者の多くは資格取得の勉強や支援する現場で準備モデルの考え方を学んできているため、「まずは病気を治しましょう」「働くのは、まだ早いです」「働くのは難しいから、無理をしてはいけません」「社会は厳しいですよ」と働くことの支援さえ始まらないことがよくあります。

　また、働く支援につながった場合でも作業所の職業指導員に「まずは、この作業所でクッキー作りを1年間続けてみることが必要です」「最低でも週に3日、作業所での清掃プログラムに参加できないようでは、どんな仕事もできません」と準備モデルに基づいた考え方でしか支援してもらえず、具体的な職場を見つける支援は始まらないことがよくあります。

　このように、医療や福祉の専門職は悪気はないかもしれませんが、精神疾患の診断を受けた人の願いを診断名などとの関係で理解することが仕事なので、その願いをよく聴くことができない場合があります。こうして精神疾患がある方の可能性は、専門職により閉ざされてしまうことがよくあります。ですから、ピアスタッフが必要になるわけです。

　ピアスタッフは、精神疾患の診断を受けた人の願いを、診断名などとの関係ではなく、自らが診断されながらも生きる希望や願いをもったという経験も踏まえて、同じ「ひと」としての願いだと理解できます。さらに、ときには専門職の人から上記のように診断名などとの関係で理解されたという苦しい体験についても共有できるかもしれません。こうして、専門職だけの支援の場合では閉ざされがちな患者さんの可能性を広げていくことが、ピアスタッフに期待される役割なのです。

### やってみよう（ロールプレイ）

- 班の中で、①ピアスタッフ、②働きたいと願う通院患者、③精神科医、④看護師、（⑤精神保健福祉士）、の役になる人を決めてください。
- ②〜⑤のそれぞれは、次のような考えをもっています。
- ②患　　者　▶　イラストを描くのが好き。働いてみたい。
- ③精神科医　▶　働くのは早い。まずは、職業準備性を高めるべき。
- ④看　護　師　▶　現実は厳しい。生活リズムが乱れているのを治すべき。コミュニケーションの練習が必要。精神科医の判断に従うべき。
- ⑤精神保健福祉士　▶　④に同じ
- 班でケース会議している場面をロールプレイします（10分）。
- まず、②患者役の人が自らの想いを述べてください。
- 次に、どの順番でもよいので③④⑤が、自らの考えを述べてください。
- 5分経過後、①ピアスタッフ役の人が次のことを提案してください。
- ピアスタッフが、チームの輪を乱さないようにしつつ、本人の希望を大切にしながら、伝えるべきことの例として、次のようなことが挙げられます。
  - イラストを描く仕事には、いろいろ考えられること。
  - 挨拶や早起きができなくても、仕事に就けるかもしれません。
  - 好きなイラストを描く機会が増えることで、体調を整えたいと本気で思えるかもしれません。
  - やりたいことを支持し、応援することで生まれる信頼関係こそが今、必要なのではないか。
  - ロールプレイが終わったら担当した役割をしっかり忘れ、お互いに「個人」に戻ってください。そして、ロールプレイしながら感じていたこと、考えていたこと、気付いたことを話し合ってください（10分）。

### 事例から学ぶ　就労に向けた良いモデルとなる（モニクの場合）

サンライズ・ピアサポートセンターは、自分たちの職業準備プログラムは素晴らしいと思っています。さまざまなテーマでスキル訓練を行い、地元の企業数社とも良好な関係をもっていました。

しかし、この社会資源を活用する人は少なく、施設長のモニクは、メンバーが「働く意欲や必要性を感じず、それに何ら変化が起きないんだ」と不満を語るのを以前から何度も耳にしていました。

この点についてモニクは、サンライズが本当に良い援助をしているかどうか疑問をもちました。確認したら、サンライズは自らが主張していることをやっていないではありませんか！

たくさんのメンバーにさまざまな仕事で必要なスキルを教えてきましたが、運営プロジェクトを手伝ってもらったり、理事会の計画に参加してもらったり、立ち上げたプロジェクトに責任をもってもらったことはありませんでした。モニクはサンライズが提供する講座全体を見て、講座をすべて修了した人は有給のパートタイム職員になれることとしました。

**モデルになる**

当事者主動サービスでは、何よりも当事者自らが運営することを通じて、メンバーのモデルになっているかを考えなければなりません。復学や就職、やりたいこと探しを応援するプログラムは数多くありますが、組織としてメンバー全員に対して、働くことについて学ぶ機会を提供しているでしょうか？

個々のプログラム自体が就労のためのモデルとなり、みんなが新しいことに挑戦することを応援し、自分なりの方法で学ぶ必要がある人を支援しなければなりません。そして、質と生産性について一般の企業等と同様に期待しなければなりません。

### 話し合ってみよう⑤

- あなたのグループには、新規登録者に対して、何でも相談できる仕組みはありますか？　施設長は、リーダーが何でも相談できるように工夫していますか？
- メンバーが洗濯することになっているものを、有給職員がすべてをやったりしていませんか？　どうしたらこれを変えられますか？
- 求人が出せるようになったとき、メンバーにどのように通知されていますか？

●職員は、どのようにプログラム参加者に応募するよう促していますか？
●講座の参加者が新しいスキルを実践したり、他人に教えたりする機会はありますか？
●あなたのグループでは、メンバーが新しい活動に挑戦することを応援していますか？

**就労支援のための社会資源**

日本における就労支援のための社会資源は、概ね次のとおりです。ただし、地域によってさまざまな取り組みが行われているかもしれません。下記を参考に、地域の情報を直接、確認することをお勧めします。

一般就労のための支援を提供する社会資源

企業等で一般就労することを支援する機関には、大きく2つあります。まず、障害者雇用促進法に基づき、全都道府県の一定規模の圏域ごとに設置されている障害者就業・生活支援センター（全国で334か所：平成30年度）です。次に、障害者総合支援法に基づく就労移行支援事業所として指定を受けている支援機関（全国で3,323か所：平成28年）があります。

また、全国の都道府県ごとに職業訓練等を提供する地域障害者職業センター（各都道府県に1か所程度）もあります。さらに、全国のハローワークでも相談に乗ってくれることがあります。

http://www.mhlw.go.jp/stf/seisakunitsuite/bunya/koyou_roudou/koyou/shougaishakoyou/shisaku/shougaisha/

福祉的な就労の場を提供する社会資源

最低賃金以上の雇用契約を結んで、福祉的な就労の場を提供する機関には、障害者総合支援法に基づく就労継続支援A型事業所として指定を受けている支援機関（全国で3,455か所：平成28年）があります。最低賃金に届かない福祉的な就労の場を提供する機関には、障害者総合支援法に基づく就労継続支援B型事業所として指定を受けている支援機関（全国で10,214か所：平成28年）があります。

障害がある人を雇用する会社を応援する社会資源

企業等で障害者の雇用が進むよう障害者雇用促進法において、まず、企業に対して、雇用する労働者の2.2％に相当する障害者を雇用することを義務付けています

（障害者雇用率制度）。障害者雇用率を満たさない場合は、関連する子会社を設立し、その子会社で集中的に障害者を雇用して、会社全体の障害者雇用率として算定し直すことが特別に許されています。この子会社を特例子会社と呼びます。それでも障害者雇用率を満たさない企業からは納付金を徴収しており、この納付金をもとに雇用義務数より多く障害者を雇用する企業に対して調整金を支払ったり、障害者を雇用するために必要な施設設備費等に助成したりしています（障害者雇用納付金制度）。

障害者手帳等により「障害者」という身分で、各企業等に雇用されることを望む場合は、ハローワーク等に相談すれば求人情報を確認できます。

**ピアサポートにできること**

メンバーはさまざまな就労支援を利用できるかもしれませんが、当事者主動サービスにより、仕事を選び、手に入れて、継続することを援助する際に不可欠なピアサポートという貴重な機会を提供できます。

当事者主動サービスは、組織に新しいことを学び挑戦する文化を創り出し、仕事について考え始めることを助け、やりたい仕事に就くことや上手に復職すること、より満足度の高い仕事を見つけること等のために、必要なスキルを身につけるという特別な支援を提供できます。

**経済的給付（年金等）の相談**

多くのメンバーにとって、年金等を支給されなくなるのが怖いから、仕事に戻る気になれないものです。当事者主動サービスのメンバーには、生活保護、障害年金、自立支援医療、所得制限のある公営住宅、就労移行支援事業所や就労継続支援事業所を利用している人もいるでしょう。

これらのサービスで快適な生活はできないかもしれませんが、住む場所、食べる物、病院や薬局等への支払い等に困らないための最低限の「セーフティネット」にはなります。この生活から抜け出したいと望む人が多いと同時に、このセーフティネットを失うのは怖いものです。この考え方は残念ながら、ピア同士で話していると、より強まります。

経済的給付の多くは、現在、働くことを誘導する視点も入っており、一定期間働いても受給し続けられ、仕事がうまくいかなければすぐに再受給できたり、他の手当が支給されたりする仕組みになっています。

例えば、生活保護については、生活保護の受給中に働いて得た収入のうち、たとえ収入認定されて保護費が減額されたとしても、その収入の安定に基づいて生活保護を卒業（廃止）した場合においては、減額された額を積み立てたと考えられる額を卒業（廃止）時に一括して受け取れる、就労自立給付金という制度が導入されました。

障害年金については、働くことにより、①働いている状況をもって、障害に該当しない

と判断されてしまう、②働くことで収入が増え、年金が減額される、という可能性があります。しかし、①について、単に働けることをもって、障害年金の受給要件に該当しなくなるわけではありません。例えば、仕事を続けられていることを理由に、障害基礎年金を支給しないと国が処分を下したケースについて、地方裁判所は国の処分を取り消しました。医師の診断書、日常生活で手助けが必要だとする家族の話を根拠に、障害は年金の支給基準を満たすと判断したからです。

働くことについて学ぶ場を提供することで、働くことが経済的給付に及ぼす影響を理解した上で意思決定することができます。生活保護から卒業したピアスタッフや参加者が自分の体験談をシェアしてくれる場があると、それは力強い社会資源になります。

### 仕事探しのサポート

再就職や復職したい人も、前述した障害者就業・生活支援センター（全国で334か所：平成30年度）や地域障害者職業センター（各都道府県に1か所程度）等の社会資源を利用できます。

しかし、仕事から何年も離れている人も多く、長引きがちで困難も伴いかねない就職活動の間、心理的支援が必要な人も多くいます。このニーズを満たすべく当事者主動サービスでは、就職や転職希望者たちが経験について語り、アイデアを交換し、お互いにモチベーションを保ち合う場（「ジョブクラブ」と呼ばれる）をつくることがあります。応募する仕事の数等の目標を設定し、グループ内や仲間と目標への進捗を話し合うこともあります。

さらに、就労中のメンバー、就職活動中のメンバー、仕事について考え始めたメンバー同士が会って語り合います。働いているメンバーが働き始めたメンバーの相談相手になります。これらは、働いている人が参加しやすいよう夕方に行われることが多いです。

### ソフト・スキル

働き続けるために欠かせないが、単にひとつの仕事や職種に帰属しない特徴、習慣、態度のことをソフト・スキルと呼ぶことがあります。例えば、迅速さ、同僚と仲良くする能力、フィードバックを受け取る能力、責任を取ること等はすべてソフト・スキルだと見なされます。

通常の就労支援では一般的なスキルを教えますが、ピアならば精神症状が出てきた場合、仕事でありがちなストレスがかかりそうな状況に出くわした場合、あるいはそれらへの対応方法について、個人的な視点から具体的に役立つヒントを提供できます。

**話し合ってみよう❻**

- あなたのプログラムでは、働くこととストレスについてネガティブなメッセージが出てきたときに、どう対応していますか？
- あなたのプログラムでは、メンバーが利用できそうな就労のための社会資源について学ぶことを、どのように援助していますか？
- 働き始めた人とどのように接点をつくり、維持していますか？
- あなたの当事者主動サービスで、働き続けるために大切なソフト・スキルを学び、実践することをサポートしますか？

## （3）ピアを活かす仕事探し、仕事づくり

　ピアスタッフの仕事や活動、役割にはいろいろなものがあり、次のような分類が考えられます。ピアスタッフの仕事に就くには、出されている求人に応募するだけでなく、自ら活躍できる場を考えて提案し、場合によってはまずは活躍してから存在を認めさせ、対価を得る状況をつくることが必要です。

### ❶フォーマルなものとインフォーマルなもの

　インフォーマルなものは非公式なものを指すため、給与や謝礼が発生しない場合が多いですが、価値が認められれば、交通費などが支払われる場合も考えられます。

　例えば、当事者会に参加して、場を良くするような声かけや関わりなどの力を発揮することにより、会に欠かせない存在になり、「後片付けとかしなくていいけれど、後片付けする運営スタッフと同じように、交通費はお支払いするから、毎回、来てほしい」と言われる場合です。

### ❷個別支援の担当と、集団プログラムの担当

　個別支援の担当には、次のようなものがあります。一人ひとりの相談に乗る。相談に乗らなくてもデイケアや地域活動支援センターでともに過ごし、話したいときに話しやすい環境をつくる。診察に同行し、医師に言いたいことを一緒に伝える。

　一方で、集団プログラムの担当とは、WRAPや当事者研究、その他精神疾患や症状への対処法やサービス等に関する学習会の運営などが考えられます。

### ❸雇われる場合と、個人事業主になる場合

　ピアスタッフとして活動して対価を得るには、医療機関や福祉機関に雇われて謝礼や給

与を受け取る場合が多いですが、雇われている上司に従わないといけない心情や状況に陥りがちです。すると、雇用主が専門職である場合に専門職の視点で仕事をすることが求められてしまい、ピアスタッフに期待される役割が十分に発揮できないことがよく起こります。

一方で、就労支援や相談支援サービスなどを提供する福祉機関を自らで立上げ、障害福祉サービス提供機関としての報酬を国から受け取り、そのサービスの中でピアサポートを提供している人もいます。あるいは、報酬は多くないかもしれませんが、個人で相談窓口等を開設して相談を受けたり、診察に同行したりしてピアサポートを提供し、謝礼や助成金を受け取っている人もいます。

### 話し合ってみよう❼

- 知っているピアスタッフの仕事には、どんなものがありますか？
- 「あのとき、ピアが居たら助かったのになぁ」という経験はありますか？
- 自分がやりたいピアサポートは、どんな仕事ですか？
- 対価は得られないかもしれないけれど、1年以内にできそうな仕事はありますか？

### （4）政策決定への参加

当事者主動サービスにおける学びは、メンバーの学習だけにとどまりません。一般的な精神保健サービスや地域について、学ぶプログラムを提供すべきです。

アメリカではようやく、当事者が地域や州レベルの理事や委員を務めることが増えてきました。日本では、障害者総合支援法において、地方公共団体は障害者自立支援協議会を置くように努めなければならないと規定され、構成員には当事者や家族も例示されています。

しかし、参加といっても、有意義で平等な参加とはいえない場合もあります。意見を言う機会の数の点でも、地方公共団体や政府の計画や政策決定に私たちの視点を取り入れる内容の点でも、大いに改善の余地があります。

#### ❶学ぶ必要性

当事者主動サービスの運営を通じて、委員会等に効果的に参画するためのスキルを学び、練習するための理想的な環境を提供しましょう。自立支援協議会等の新たな委員に対し、事務局から十分なオリエンテーションがない場合もあります。そのような場合は、前任を

務めたピアから重要なヒントを学ぶのが一番です。

　例えば、委員になったばかりの人は、精神保健制度に関連する法律用語や政策用語を学び、理解しなければなりません。委員の経験がある職員やメンバーなら、学習中の新委員にとって良き相談相手になれるかもしれません。インフォーマルに支えたり、グループで基本的なリーダーシップ研修ができるかもしれません。彼らが委員のサポーターとなり、インフォーマルながら質問に答えたり、会議を準備したり、会議後に報告してくれるかもしれません。委員を務めるメンバーが仲間を公開会議に連れて行けば、当事者の参加が増えます。自立支援協議会の運営方法がわかってくると、委員に加わってみたいと表明できるかもしれません。

### ❷研修の実施

　当事者主動サービスは、例えば、みんなの前で話す等のスキルを身につけたり、地域で利用できるプログラムを通して、思考や読み・書き等の能力（これらを「リテラシー」といいます）向上を応援したりもできます。

　委員になったメンバーのための基礎研修として、提供できるテーマには次のようなものがあります。

- ■ 議事進行手続きや会議を円滑に進めるために設けられたルール等を理解するため、フォーマルな会議を運営してみる
- ■ 会議で使用される専門用語、流行語、略語の意味について説明する機会をつくる
- ■ 実際には語られていないこと、正式でないルールについて理解する研修をつくる
- ■ 公の場で話す自信がもてるよう、自分の意見をピアたちに説明する場をつくる
- ■ インターネットや図書館を使い、自分のアイデアや信念を後押ししてくれるような記事、政治雑誌、新聞等の文献を集めるという宿題を出す
- ■ 議題に特別な視点を盛り込む戦略として、自分個人の体験談を活用する

#### 話し合ってみよう❽

- ●メンバーが参画した自立支援協議会等の活動には、どんなものがありますか？ 何人くらいが関わっていますか？ どんな立場としての参加ですか？ 委員？ ゲスト？ 傍聴？
- ●メンバーがそれに関与することを応援するものには、どんなサポート、研修、相談相手が用意されていますか？

## グループ演習Ⓐ：自分の当事者主動サービスは「学習する組織」だろうか？

次の質問表に記入して、グループで各質問、さらに次のページの質問について話し合ってください。

| 各文章について、該当するところに○を付けてください。 | まったくそう思わない | そう思わない | そう思う | とてもそう思う | わからない・非該当 |
|---|---|---|---|---|---|
| 各個人の夢、計画、目標に向けて動く機会が、プログラムに豊富にある。 | 0 | 1 | 2 | 3 | 非 |
| 参加者が、そこで実際に考えたことを安心して言える場である。 | 0 | 1 | 2 | 3 | 非 |
| ピアがさまざまな方法でプログラムに関わることができる。 | 0 | 1 | 2 | 3 | 非 |
| プログラム参加者は、新しいことへの挑戦にわくわくしている。 | 0 | 1 | 2 | 3 | 非 |
| スタッフが困難事例に対しても誠実である。 | 0 | 1 | 2 | 3 | 非 |
| 有給、無給を問わずメンバーは、個人でも集団でも何か「やっている」と感じている。 | 0 | 1 | 2 | 3 | 非 |
| あらゆる次元で、チームやグループは問題解決や新しいことに仲良く取り組んでいる。 | 0 | 1 | 2 | 3 | 非 |
| 関連情報がグループのすべての人の間でシェアされている。 | 0 | 1 | 2 | 3 | 非 |
| 成功した場合は、功績をみんなでシェアしている。 | 0 | 1 | 2 | 3 | 非 |
| プログラムで、毎日、何か新しいことを学べるようにしている。 | 0 | 1 | 2 | 3 | 非 |
| 新しい仕事が生じた場合でも、やり遂げるチームをつくれる人数のメンバーがいる。 | 0 | 1 | 2 | 3 | 非 |
| グループのビジョンや計画に、地域での就労について触れられている。 | 0 | 1 | 2 | 3 | 非 |
| ピアは、自分の日常の役割は、一般市民、友人、労働者、親、学生、芸術家、援助者等だと考えている。 | 0 | 1 | 2 | 3 | 非 |
| プログラム内に留まることなく、メンバーの人生を描くよう応援されている。 | 0 | 1 | 2 | 3 | 非 |

**話し合ってみようＡ**

- 自分の当事者主動サービスは「学習する組織」ですか？
- 調査票の結果から、グループはうまくいっていると言えそうですか？
  （２や３が多ければ、学習する組織になっています）
- 自分たちのストレングスは何ですか？　逆に、弱点は？
- この結果をどうしていきたいですか？　それに近づけるために役立つことは何ですか？
- 現在となりたい未来との間の架け橋について、前向きに、かつ実際に実現できるよう、具体的に語ってください。例「ライタン・ピアセンターは、性別や宗教、あるいは不安をシェアして、みんなが心地良いと感じる環境を提供します」

**グループ演習Ｂ：学びたいことのアイデア探し**

## 1. 小グループでの話し合い

３人１グループになり、仕事や芸術、健康といった幅広い一般的なテーマを選んでください。また、書記を決めてください。次に、一人ひとりがテーマに沿って、自分の経験、あるいは興味があることについて最低ひとつ、話題を選んでください。

ある人が話したアイデアが、他の人に飛び火するはずです。例えば、「芸術」というテーマを選んだとして、メグは「日記に水彩画を描いているけれど、他人に見せていないわ」と語ります。これが飛び火して、ジュアンは過去に１度、絵画教室に行き、とても楽しかったのを思い出します。グループのみんなで、さらに面白いように広げていってください。

みんなで学習活動として行えそうないろいろなアイデアを出して、一覧にしましょう。

## 2. 全体での話し合い

全体に戻ります。３人のグループでは、スキルや興味、行えそうな活動のアイデアをシェアしました。

> **話し合ってみようB**
> 
> - 今日の「グループ演習」参加者の中には、どんなスキルをもった人や社会資源がありますか？
> - これらの社会資源をメンバー内でシェアするためには、どんな機会があるとよいですか？ グループに分かれて行うものですか？ 全体で行うものですか？ あるいは、地域全体で行うものですか？
> - みんながシェアしたがっているものは何ですか？ 何を継続する必要がありますか？ 今ないもので、必要なものは何ですか？

### グループ演習C：参加者の声を聴く

メンバーのスキル、知識、興味を明確にすることは、最初のステップとしては大切なことです。しかし、グループとして、学習してそれが変化していくことを応援する環境を創る必要があります。

当事者主動サービスが、学ぶことより援助することに焦点を当ててきてしまったのではないかということを検討します。どうしたらこれを打開し、学ぼうという機運を高められますか？

〈シナリオ〉

サウスポート・ピアサポートグループ資金を獲得し、ついに当事者主動サービスを開始することになりました。職員も雇用し、パンフレットを作って配りました。プログラムの参加者に、来た理由を尋ねると「精神疾患のピアサポートを受けられると書いてあったから」とのことです。興味のある人にメンタルヘルスに関係ないプログラムのカレンダーを渡し、「参加しない？」と尋ねました。すると、プログラムへの参加を選んだ人は、ごく少数でした。それ以外の人は、有給の職員にいろいろな問題について援助してほしいと頼み続ける人ばかりです。

> **話し合ってみようC**
> 
> 1. みんなはなぜ、プログラムに参加しなかったのでしょうか？
> 2. 新メンバーに、当事者主動サービスをどのように紹介していますか？
> 3. 自分の活動の熱気を高めるため、最初の「ご案内」の段階から行うべきことは何ですか？

### 議論のヒント（ファシリテーター版）

　忘れてはいけないことのひとつは、プログラムというと精神科病院や精神保健センターで、参加を強制されていたものを連想する人が多いということです。もしグループの名前が他のサービスと似ているならば、参加したいと思わないかもしれません。あるいは、古い「患者」タイプの役割のグループに陥ってしまうかもしれません。「プログラム」ではなく、「講座」の提供を検討するとよいでしょう。テーマはまさに、メンバーの今の興味から選びます。講座のファシリテートはメンバーが行うか、少なくとも担当を順番に変えていくようにしましょう。

PEER SUPPORT

# 領域 5

# リーダーシップ

　当事者主動サービスのリーダーシップは、従来の組織とは異なるものです。当事者主動サービスでは、リーダーシップとその開発は、誰か1人だとか小集団とかに集中されるのではなく、プログラムという布に織り込まれます。

　**「話し合ってみよう」** は各項目に、グループ演習・個人演習は最後に掲載しました。

---

**本領域の学習項目**

1　リーダーシップを定義する
2　効果的なリーダーの質
3　リーダーの責任と機能
　　グループ演習Ａ：派閥
　　グループ演習Ｂ：方向決め
　　個　人　演　習：リーダーシップを支える
　　個　人　演　習：リーダーシップの質
　　グループ演習Ｃ：仕事の優先順位を付ける
　　グループ演習Ｄ：案内する
　　グループ演習Ｆ：非難と感謝
　　グループ演習Ｅ：効果的なスーパービジョン

---

## 1 ● リーダーシップを定義する

　リーダーというと、権力がある人、担当の人、物事を起こして決定し、問題が生じれば修正する人、と多くの人が考えます。しかし、権力の真っただ中にいる人が、効果的にリー

ダーシップを発揮する技術があるとは限りません。リーダーシップは人（1人とは限らない）と中身（質と技術）で決まります。

当事者主動サービスのリーダーといったら、誰が思い浮かびますか？　あなたの担当と思われる人ですか？　声が大きく、影響力のある人ですか？「その人がリーダーだ」と感じさせるものは何なのでしょうか？

さまざまな種類のリーダーが存在し、状況により必要となるリーダーシップも異なります。例えば、緊急時には担当者となり、迅速に判断する人が必要でしょう。対立が生じた場合は、多くの意見に耳を傾ける人が、一番コントロールできるでしょう。プログラムをつくるなら、ビジョンを与え、関係者に耳を傾け、巻き込むタイプのリーダーが一番でしょう。

リーダーは生まれつきのものでしょうか？　それとも、学んでリーダーになれるのでしょうか？　生まれつきリーダー的で、簡単に人を引き付ける人もいます。しかし、そうでなくても学んでリーダーになれるのです。

## （1）当事者主動サービスのリーダーシップとは？

リーダーシップの技術にはさまざまあり、状況に関係します。一般的にその技術の中心には、プロジェクトやグループ、組織の強い土台をつくり、成長・発展を支える3つの要素があります。この3つの要素について、それぞれ紹介します。

■「大きな絵」について考える
■ 方向を決める
■ 文化をセッティングする

### ❶「大きな絵」について考える

「大きな絵」について考えるというのは、物と物との関係性を見て、現状を超えたことを思考し、やるべき新たな方法を心に描くという意味です。このスキルにより、「私たちの今現在」から「私たちにできること」へと変化します。「大きな絵」を考える人は、イノベーションと新たな情報を探し、現状の組織に適用しようとする人です。プログラム、メンバー、環境のことに焦点を当てるのと同時に、財源、パートナー、協働する仲間、地域全体のことを考えます。

当事者主動サービスの「大きな絵」のひとつは、今まで精神保健制度という限られた中でしか役割をもっていなかった人が、プログラム参加者や地域全体とつながることで一人ひとりが成長し、リカバリーの道を歩みだすことに貢献するというビジョンです。

> ### 事例から学ぶ　地域とつながる（エレーナの場合）
>
> 　コーナーストーン・ピアサポートの施設長エレーナは、参加者がただセンターで遊んでいるだけで、居心地が良くなってしまっているだけであるのに気付いていました。第一段階としては仕方がないものの、ここから変化するのが難しいことは自分の経験でも知っていました。
> 　エレーナは職員に、「メンバーさんに期待することって、これでいいの？」と言い始めました。そして、「センターが成功しているといえる具体例を挙げてみましょうか」と言いました。
> 　一番多く出てきた例は、大変なときでもお互いを支え合ったことに関する話です。さらに話し合い、「弱くてケアをいつも必要とする人に対する態度や考え方が、人を変化させないんだ」と職員たちは気付きました。エレーナは職員とメンバーたちを集め、変化を難しくしていることについて話し合いました。責任をシェアすること、リスクのあることもやること、外に出て新しいことを試すようお互いに挑戦すること、という方針を立てました。

　当事者主動サービスの「大きな絵」は、さまざまな関連要素により創られていきます。「大きな絵」の一部について考えるということは、その一部分が他の部分に影響を与えるかもしれないことを理解しているということです。エレーナの事例は、プログラムのビジョンにみんなが近づくには、プログラムの一要素を変えることが重要だと、リーダーが理解しているという事例でした。

### ❷方向を決める

　リーダーシップはプログラムの方向決めにも関係します。ちょうど船長が船の進むべき方角を決めるのに似ています。組織の目的について書かれた文章には、プログラムの基本的方向性が示されているはずです。一般的には、組織の目的、目標、方向性に関する基本的な情報が記されます。

　目的について、不明瞭でわかりづらく書かれた文書も多くあります。それでは意味がわかりません。書かれた目的の意味がわからないと、組織がそれを達成できません。次は、よくある例です。

　「ビッグクリーク協議会の目的は、安心でエンパワメントを促進する環境を提供することにより、リカバリーと幸せをサポートします」

　この文章は響きこそ良いですが、本当に意味していることは何なのかわかりません。リーダー、職員、メンバーに対して提供されている情報は何なのでしょうか？　外部の人に、

この団体の目的なりビジョンを、この文章は説明していますか？　リーダーは、下記の点について明確な絵を描き、伝達しなければなりません。

- ■ 参加者のニーズ
- ■ プログラムがやろうとしていること
- ■ プログラムが成長しようとしていった先のこと
- ■ プログラムが地域に溶け込んでいく方法
- ■ プログラムが与えようとしている影響

　プログラム特有のビジョンづくり、基本的な考え方の確認、地域の他機関との関係づくりにおいてメンバーを巻き込み、参加型のプロセスにすることがリーダーには求められます。

### 事例から学ぶ　他の参加者とつながる（アランの場合）

　アランは最近、ピアプログラムのために助成金が使えるようになり、とても興奮しています。アランたちは何年もの間、当事者主動サービスをつくろうと頑張ってきました。助成金応募用紙を書くときになり、アランは目標や対象を明確にして目的を書き込みました。
　ただし、残念ながらアランは仲間に相談しなかったため、みんな激怒しました。そしてみんなは助成元へ行き、「このプロジェクトについて、アランと一緒にやりたくない」と言いました。

　どんなに良いアイデアをリーダーがもっていようと、他の人もそれを知り、それに貢献し、それをサポートし、それに疑問をぶつけなければなりません。この参加型プロセスによって、当事者主動サービスのコミュニティがつくられ、定義されるのです。ビジョンを一緒につくることで、さらなるアイデア、可能性、そしてやる気が育まれるのです。
　ビジョンをもつことは第一段階に過ぎません。第二段階は、ビジョンを活かし続けることです。どのようにしたら、一旦は過去につくった自分たちのビジョン、考え方、価値観と今の自分たちとが一致し続けるでしょうか。ピアプログラムの知恵をいくつか紹介します。

- ■ 自分たちの信念が書かれた書類をいつでも手に取れ、見られるところに置いておきます。例えば、事業所内の適切な場所に置く、会報誌等の文書内に繰り返し掲載し

- 定期的に、プログラム活動とビジョン・考え方・価値観とが、合っているか振り返るための時間を別に用意します。この振り返りは、計画を立てるとき、問題を解決するとき、スーパービジョンの仲間と話すときにも重要です。
- 定期的（四半期ごと、半年ごと、年一回）に振り返る時間を設け、プログラムの初めの頃の様子やメンバーが望んでいる方向について考える組織もあります。例えば、定例会で課題について話し合う、話し合いが続くように外部から進行役を呼び、反省会を企画する等があります。

ただし、ビジョンを活かし続けるために大切なのは、「価値観・考え方・目的は生き物だ」と考えることです。定期的に見返しては振り返り、改定を加え、組織に与えるさまざまな影響について確認しましょう。

### 事例から学ぶ　率直なコミュニケーションのモデルを示す
（ジョーの場合）

ジョーはアズユーライクイットセンターの管理者として雇われたばかりです。みんなは陰では文句を言っているのに、自分には絶対に「はい」としか言わないことにすぐに気付きました。

怒ったり言い訳がましくなったりせず、ジョーはみんなと一緒に座り、プログラムが本当にうまくいっているかどうかを確認する方法について尋ねました。一人ひとりがプログラムの質に貢献しているかどうかを尋ねました。みんなは誰かの努力に気付いた際には、少しずつ、お互いに感謝し合うようになりました。

### ❸文化をセッティングする

当事者主動サービスを始めて長いなら、組織の文化がすでにできています。この意味での文化とは、感じ方、一連の信念や期待、プログラムで行うこととなったパターンのことです。組織での物事の行われ方の基本となります。しばしば、それが何なのか明確にはわからないこともありますが、文化がすべてを織り成しています。今まで通所したり、訪問したりしたことがある事業所や法人ごとに、雰囲気ややり方が違うと感じたことはありませんか？　例えば、温かく歓迎してくれたのか、規則がうんぬんといって冷酷だったのか等のことです。これで文化が理解できます。

当事者主動サービスの組織文化は、すべての人が価値あるものとして大切にされるという気持ちによって特徴付けられる場合もあるし、陰口やうわさ話が飛び交い、信頼が欠け

ている場合もあるでしょう。ネガティブで破滅的な文化から、より参加型の文化へ変化させるために必要なのは、明確さ、忍耐、そして、時間です。

　まっすぐに正直で敬意に満ちたコミュニケーションのある組織文化を創るには、まずその意味を知り、モデルとなることです。それはまた、他人の意見を重要事項の決定や方向決めに採用し、団体の目的にその意見を活用するということです。

　リーダーとして重要なことは、率直であること、議題を隠さないこと、さらには人のためにという姿勢で行動することです。例えば、どんな人とも誠実で敬意に満ちたコミュニケーションを取ることです。率直であることによって、プログラムで何が起きているかがみんなにわかるし、信頼の気持ちが生まれて、話してみようという安心感につながります。

　当事者主動サービスに信頼、インクルージョン、協働の文化を創るために、リーダーにできるアイデアを紹介します。

> ■ 大きくなった権力を手放すタイミングを知る
> ■ コツを覚え始めたばかりの人が、リスクを冒すことをサポートする。みんなが挑戦することや失敗できる余地をつくる。挑戦して成功した場合の達成感を育む
> ■ プログラムの外で、参加者がリーダーシップを発揮できる機会をつくる
> ■「行動こそが価値観を反映しているものであり、価値観を行動に移すための方法である」という会話を積極的にする

## （2）当事者主動サービスのリーダーは誰か？

　当事者主動サービスには、さまざまなタイプのリーダーがいます。その役割と影響の循環を認識することで、効果的なリーダーシップを理解できるでしょう。ここでは、リーダーシップを発揮する「人」を取り上げます。次の項目では「内容」、つまり、効果的なリーダーシップの質やスキルを取り上げます。

　リーダーシップには暗黙のうちに力が含まれます。質の良いリーダーシップを発揮している人に共通する重要な特徴があります。この特徴がなければ、リーダーはただ力を行使、あるいは乱用している人に過ぎません。

### ❶任命されたリーダー

　最も明確なのが任命されたリーダーです。その役割について明確に記された職務内容や肩書きをもって、雇用されます。プログラム管理者、マネージャー等の職員の肩書き等がこれに含まれます。

　任命されたリーダーが、組織の最終責任を負っている場合もあります。雇用されたり、解雇されたりもしますし、肩書きや目的に対する責任があり、組織のメンバーに対し継続

的な説明責任があるはずです。

### ❷理事会
　理事会は組織の法的責任を負っていて、組織が目的やビジョンどおりになるよう支えてくれます。
　管理者が理事会へ報告し、理事会は管理者を雇用したり、解雇したりすることができます。理事は管理者が組織で幅広く持続的にリーダーシップを発揮できるようスーパーバイズして支えます。ただし、理事が細かすぎることに口を出してはいけません。人事やプログラム上の問題等といった日々の組織の運営は管理者の仕事であり、理事の仕事ではありません。

### ❸インフォーマルなリーダー
　事実上、すべてのグループにインフォーマルなリーダーが生まれます。特定分野のスキル、強い個性、特定分野に対する情熱、他人に影響を与え説得する能力、自分の考え方に自信がある人の場合が多いでしょう。
　インフォーマルなリーダーには、人を引き付ける力やカリスマがあります。みんながアドバイスや助け、サポートを求めることはよくあります。
　もしその人が、効果的なリーダーシップのスキルを理解し、他人に対してそれを発揮したら、良いことになり得ます。すべての人がリーダーシップのスキルを学び、練習・実践できる機会をつくれば、インフォーマルなリーダーの数も質も向上します。
　もし、インフォーマルなリーダーが子分（派閥）をつくるために力を使えば、悪いことになり得ます。組織内の分裂は、メンバーの関係性を分裂させ、さまざまな居心地の悪さ、プログラム内での破滅的な力の流れを生み出します。最悪の場合、この分裂はプログラムの安定性や成功を脅かし、壊しかねません。

### ❹メンバーがリーダーになる
　リーダーシップを取る技術を教われば、リーダーになれる人が増え、プログラムにさまざまなリーダーシップのスタイルが登場するというメリットがあります。リーダーシップの技術を学ぶサポートとして、特定のイベントや企画でリーダーを任せるのもひとつの方法です。幸せ講座をやりたい人もいるでしょうし、権利擁護プログラムをやりたい人もいるでしょう。
　このやり方は期間限定で自分の能力を試し、発展させるには良い方法です。

## （3）リーダーシップをサポートする
　ずっと「飾り」の役割だった人もたくさんいます。リーダーになるなんて面倒だし、怖

いと感じるかもしれません。今まで体験したものが、そうだったからという理由で、管理的なリーダーシップのスタイルを採用する人もいます。

　任命されたリーダーは、定期的に組織の目的に戻ってみることで、参加者が正直でオープンに話ができる場をつくりやすくなるかもしれません。プログラムの雰囲気や活動を、その目的に照らして振り返るには、みんなに「今、何が起きているかを確認しましょう」「不満があったら言いましょう」「どうしたら原点に戻れるか話し合いましょう」とお願いするのもひとつです。

## 2 ● 効果的なリーダーの質

　効果的なリーダーの質は、メンバーを勇気付けることができる当事者主動サービスの質とほぼ同じです。セルフ・リフレクション、個人的な責任、誠実さ、人の一番良いところを引き出す、バランスです。

### （1）セルフ・リフレクション

　セルフ・リフレクションとは、今この瞬間から一歩身を引いて、遠くから状況を眺めてみることです。ちょうど「停止ボタン」を押して、行動を一瞬止めることに似ています。
　外からはどう見えているか？　自分の視点は、状況を見るさまざまな方法の単なるひとつに過ぎないのではないか？　他人の視点から何が学べるか？　ここでの自分の役割は何か？　必要とされているものは何か？　それに応えられているかどうかを確認する方法は？　セルフ・リフレクションは自分の視点の由来を検討します。なぜ自分は、そう見たのか？　その場の別の見方やそこでの自分の役割を知るために、信頼できる人にチェックしてもらうとよいです。セルフ・リフレクションで一番重要なのは、自分自身に正直であること、別の物の見方ややり方を考えようとすることです。
　セルフ・リフレクションをすることで、自分だけの世界から一歩引いて、新しいものの見方を考えることができます。すると、狭い見方に反応してしまうだけでなく、可能な方法の中から選択できるようになります。そして、自分の選択、行動、気持ちに責任を取れるようになるのです。

### （2）個人的な責任

　次に紹介するサリーの事例では、サリーはリーダーシップに関する自分の考え方の由来に気付きます。この組織の場合、自分のスタイルは効果的ではないと気付きます。自分の

態度とアプローチを変えることで自分の責任を取ると同時に、みんながリーダーシップについて自分の意見を言えるよう、安心を提供できました。

> **事例から学ぶ　考え方の由来に気付く**（サリーの場合）
>
> サリーは、デパートで数年間、マネージャーをしていました。規則を遵守し、早めに来て遅めに帰り、違うと思ったことでも上司の言うことはそのとおりにすることで、順調に昇進してきました。そして最近、オンザロードセンターの施設長になりました。参加者がいつも規則に異議を唱えたり、サリーが間違っていると横柄に言ったりするので、ショックを受けました。この組織は無秩序で、「船長が多すぎる」と解釈しました。
>
> 数か月働き、他のピアセンターの管理者とこの状況について話し始めると、当事者主動サービスの目的はデパートとは異なること、プログラムの目的を自分はちゃんと理解していなかったことに気付きました。
>
> サリーはミーティングを開き、みんなに自分の過去の経験を話しました。良いリーダーに関する自分の考え方は、デパートでの経験に由来することを話しました。そしてメンバーに、「この組織で良さそうだと思われるリーダーシップとは何か、教えてほしい」と問いかけました。

みんなの行動に対して、自分で責任を取るのは難しいことがあります。自分たちが間違っているとき、ほとんどの人は動揺します。自分たちの決定が他人に悪影響を及ぼしたなら、私たちは不快に感じます。同時に、自分たちの行動や決定に対して自分が責任を取ることは、成功するリーダーにとって重要な要素となります。

新人だろうとベテランだろうとリーダーなら、古い役割から抜け出そうとし、新しいアプローチに挑戦することで、リーダーをやりながらその技術に磨きをかけることができます。リーダーたるものを学ぶことにおいて、ミスすることは大切なことです。誰もがミスしたり、間違えたりするものです。それが普通ですし、そういうものなのです。潔くミスを認めることで、みんながリスクを負うことを受け入れ、間違えることは必ずしも悪いことではないと考えるようになります。

組織の文化と、ミスや間違いに対するリーダーの反応の仕方とが関係します。例えば、リーダーがセルフ・リフレクションを率先して行う場合は、組織に責任を受け入れる雰囲気ができ、責任を受け入れなければならない状況が生じたとき、自分の行動に対して心から謝るという雰囲気になります。

### 事例から学ぶ　うまくいかない場合のリード
（ピーターの場合）

ピーターは、ピアサポートやメンタルヘルスの問題について、警察に説明するプロジェクトのリーダーです。一緒にプレゼンテーションするチームをつくりました。みんな自分が貢献できると興奮していたのですが、ピーター以外は研修を受けた経験がありませんでした。

到着し、自分たちの出番になっても、ピーター以外は黙ったままで、ピーターは孤立しました。やり終える前に、ピーターは警察の人たちに「みんなどうしちゃったんでしょうかね。ここに来る前に準備してきたのですがね」と言いました。

ピアプログラムに戻ると、みんなは「警察の前でピーターは僕たちを侮辱した！」と怒っていました。それからピーターは考え、言い訳しないで責任を取ることにしました。自分は怖かったからあのような行動を取ったことを話し、それは悪かったし、みんなを傷つけたと言いました。そして謝り、次はどうしたいかを尋ねました。

## （3）誠実さ

　他人に対して誠実であることは、ときに難しいものです。特に自分のストレングスや能力を伸ばそうとするときはなおさらです。ポジティブなものだけでないフィードバックを返すとき、攻撃されるのではないか、怒られるのではないか、プログラムを辞めてしまうのではないかと不安になる人もいます。同時に、自分の行動や言語外のメッセージによって、人が言ったり、やったりしたことが、僕らを喜ばせているわけではないということが、その人に伝わってしまうこともあります。

　言うことと伝えることが異なるのは不誠実ですし、他人を混乱させます。そのような混ざったメッセージを発すると、本当のあなたの意見は何なのか疑われることになります。誠実な情報提供がなければ、他人が空白を埋めたり、あなたの心の中を勝手に推測したりします。そうしてつくられた情報が、本当よりネガティブで傷つけやすいものであることも多いのです。

　敬意に満ちた誠実さがなければ、信用を失います。誠実さも信頼もなければ、効果的なリーダーシップを発揮できるわけがありません。誠実さとは、他人がおかしいとか、間違っていると考えるかもしれないことを言う、ということです。

　例えば、あなたがリーダーで、メンバーと何か重要なことを決定するために会議を開いているとします。集団として同意が取れ、あなたの考えとは違う結論に達したとします。リーダーとして、集団が決断したことは予算に深刻な問題を起こし、たぶん予算不足に陥ることだとします。もし、あなたが集団の決断とは反対の決定をするなら、みんなの不安や怒りをあらかじ

め積極的に認めた上で、あなたが結論したことをシェアするというのが一番でしょう。
　メンバーが自分の気持ちを口に出す機会をつくり、言い訳がましくならないようにしましょう。人は自分だけの興味や必要性から物事を見ることがあるということを忘れないようにしましょう。リーダーならば視野を広くし、プログラムの評判、必要な予算、法律、地元の方針等の要素を考慮しなければなりません。上記の例からは、良い決断を下すためには、必要な情報はすべて並べておくことが重要だともいえます。もし集団の選択が予算不足の結果を招くならば、リーダーは話し合いのプロセスで、その危険性についてシェアしなければなりません。

### （4）人の一番良いところを引き出す

　良いリーダーは、みんなの良いところを引き出します。それぞれのもつストレングスや才能を探すなら、みんなが提供してくれることに感謝して、それをプログラムに組み込んでいくほうが簡単です。前に出て話す人もいるし、縁の下で働くのが好きな人もいるでしょう。いろいろなことをするのが好きな人もいるし、絞ったほうが好きな人もいます。メンバーが少しでも自分の方法で組織に貢献できるようにしましょう。人は、自分がもっている「貢献できる価値あるもの」を尊重されたと感じると、組織の所有者であるという感覚やつながりを感じます。すると、お互いがお互いの良いところを引き出し合うことが可能となります。
　ただ単に、自分のストレングスや興味をシェアしましょうと言うだけでは不十分です。私たちの多くは問題や貧困ばかりが続き、うまくいくことに慣れていない人が多いものです。自分たちには、何か良いことなんてできないと考えている人もいます。それぞれが貢献できるよう励まし、サポートしましょう。必要なら、自分の考えを伝えることや、他人が聞いてくれるよう話す方法を学んだりすることもサポートしてみましょう。
　プログラムの一部をつくったり、開発したりする能力が、みんなにあると信じることで、あなたがみんなを信じ、みんなの貢献に価値を見出しているということを示せます。自分たちがやってみたいアイデア、責任と価値の両方を見出せるアイデアに、多くの人は従おうと思うものです。

### （5）バランス

　リーダーの質として見落とされがちなもののひとつが、同時に複数の重要なもののバランスを取る能力です。これには細かいことやプログラムづくりの課題に気を配ること、自分たちを気遣うこと、他人へ与えるだけでなく、受け取ること等が含まれます。適切なバランスを見出すことは、自分の健康や幸せにとっても重要ですが、プログラムの長期的な成功にも大切です。
　当事者主動サービスのリーダーは、プログラムのすべてにおいて責任を感じてしまうこ

とがよくあります。責任をシェアしなかったり、メンバーが重要な任務を担えるよう学ぶことがサポートされていなかったりします。そういうリーダーはバランスを失い、燃え尽きます。効果のないリーダーがいるプログラム、あるいはリーダーのいないプログラムが残されます。メンバーがプログラム運営に責任をもってこなかったため、一部の人しか手綱を引いていないのです。プログラムは崖っぷちです。

リーダーは多くのことができるかもしれませんが、リーダーとしてのスキルは、団体という織物と一体的だということをはっきりさせておくことが大切です。「自分だけが、これをできる人だ」「君は僕を苦労させている」ということを伝えるのは避けてください。

当事者主動サービスをつくるには、時間がかかるかもしれません。だからこそ、自分を活かすことができる活動が見つけられるのです。それに時間をかけてください。つまり、あなたの人生のすべての面を考慮に入れ、自分にとって健康的なものを採用していくということです。これこそまさに、私たちがみんなにやりましょうと教えようとしていることなのです。

もうひとつの視点として、指導的になること（＝アイデアを提供し、サポートすること）と指導される側に立つこと（＝他人からアイデアをもらい、サポートしてもらうこと）とのバランスがあります。このような相互性は、自分がリーダーである人間関係においては、力をもつ立場になるため困難になり、他のメンバーとギブ＆テイクの関係になるのは容易ではありません。しかし、力の違いについて話すことが、それらを透明にします。1人でやろうとしないでサポートやアドバイスを求めるか否かは、あなた次第です。

多くのリーダーたちが、「他の当事者主動サービスのリーダーたちとピアサポートできる関係をつくると良い」と言います。そうすれば力のアンバランスが最小となり、当事者主動サービスのかけがえのない価値と、それをリードする苦労を理解できるピアになれます。

## 3 ● リーダーの責任と機能

当事者主動サービスのリーダーの責任と機能は、基本的には一般的な組織やビジネスのものと同じで、マネジメント、持続可能性と成長、スーパービジョンになります。ただし、ビジネスと仲間づくりとを同時に組み合わせて運営しなければならないため、当事者主動サービスのリーダーが、責任を全うするには注意すべきことがあります。

### （1）プログラムのマネジメント

リーダーシップの発揮とプログラムのマネジメントとを両方行うという仕事は、幅広く多様なものです。

リーダーは、たくさんのことをした上に、プログラムをメンバーにしっかり説明し、同

時に助成元等の他の組織の賛同も得なければならない責任があります。多くの重たい管理責任が1人の肩の上に乗る一方で、責任をみんなとシェアしようと積極的に関わることもできます。ここでは核となる管理技術である、委任、時間管理、コミュニケーションについて取り上げます。

**❶委任**

　委任とは、特定の仕事と責任を他人に割り当てること、その人がその仕事をする資源をもっていることを確認すること、プロセスをサポートすること、仕事がうまくいくと期待すること、のすべてが含まれます。

　当事者主動サービスのリーダーは、みんなを巻き込んだり、みんなが新しいことをする方法を学んだりするのをサポートするために、委任という方法を活用できます。実際、物事を成し遂げるため、責任をシェアしなければなりません。仕事を管理するにあたり、委任も責任のシェアもしないようでは、やり方を知っているのはリーダーだけなんだと言っているようなものです。時間がたてば問題が生じ、当事者主動サービスの考え方に逆行する一方です。

　自分1人で簡単にできてしまう場合でも、他の人に頼んでみましょう。そして、それを無事終えるために助けが必要なら、助けてあげましょう。確かに自分でやってしまったほうが早い場合もあります。しかし、任せるのは自分のためではないのです。みんなの能力や、プログラム内の所有感や所属感を高めるためなのです。

　もし委任するなら、期待することと期限を明確にしましょう。委任後、その人と一緒に任務のために必要なものを本人がもっているか確認しましょう。その人に、やるべきことを理解しているか、見込みはどうかを確認するとよいでしょう。スーザンの事例は、期待していることと理解していたこととが違う場合には、対立や不満につながることを示しています。

---

**事例から学ぶ　期待していることを伝える**
（スーザンの場合）

　スーザンはアナザウェイ・リカバリー・センターの施設長です。職員会議で、遅番の仕事に無断欠勤する人が、何人かいる現実について話しました。「ちょっとイライラしますが、何が起きているのか理解したいのです」と話し始めました。

　無断欠勤していた1人であるメアリーは、「自分の体調が崩れるのが予想できなくて。当事者主動サービスだから、みんなわかってくれると思い込んでいた」と言いました。

　「もし、メアリーの解釈どおりなら、定期的に姿を見せなかったのも当然ですね」と認めました。スーザンは「仕事で期待していることをもっと明確にするから、もし、仕事に来られないなら、少なくとも電話してね」と続けました。

期待していることを明確にする別の方法は、それを文字にして話し合うことです。自分が委任しているつもりのことと、委任された側が考えているものとが異なることがあります。

　一定期限内に終わらせねばならない仕事の場合、実際に先頭に立っている人が、その期待に応えるスキルをもっていないといけません。締め切りが重要な仕事がその良い例で、助成金申請書の記入、外部講師との調整、会議のレポートの作成等です。

　スキルをもった人とチームを組んだり、特に締め切りがない仕事を委任したりして、スキルを身につける機会をつくりましょう。

　ある仕事に必要なスキルをすべてもっているように見えて、委任された後に、実はその一部しかもっていないことがわかる、ということもあります。メンバーとスタッフが得意なところ、苦手なところについて、心地良く話せる環境をつくることが大切です。

　仕事と学校生活との間がずいぶん開いてしまった人、他の人にとっては当たり前のスキルや職場習慣を身につけるチャンスがなかった人もたくさんいます。薬の副作用や精神症状により、就労上の困難が生じている人もいます。一般的な例として、時間管理、手の振え、指示に従うこと、読み書き能力、集中力などの困難があります。

　一旦、プロジェクトを引き受けてしまった以上、助けを求めるのが難しい人もいます。その結果、トラブルになり、期限内に仕事が終わらなかったり、リーダーに言わずに、別の人に仕事を投げたりしてしまうことが起きます。

　このような課題を解決するには、その人に対する実務的、創造的、さらには、一方的に判断しない態度と信念が必要となります。必要なスキルや知識を得るのをサポートするため、さまざまなことができるでしょう（領域4「学び」参照）。

　知識やスキルがあっても、仕事を無事に終わらせるには、サポートや合理的配慮が必要な場合もあります。例としては、理解しやすいよう指示を分解する、図や録音で指示を残す、仲良く協力したり、仕事を完成させるためにメンターを配置したりする、等があります。

　フォローすることも委任の大切な視点です。割り当てた仕事の進捗や生じている問題を本人と一緒に確認することは大切です。単に責任を丸投げすることでは、それが成功する保証は得られません。

　同時に、確認することと、その人が期待に応えられる能力があると信じることとのバランスを見極めましょう。最低限でも、細かいことに口を出さないこと、同時にいつでも質問や相談できるよう窓を開けておくことが必要です。この実践が、相互的責任という考え方に合っています。

### ❷時間管理

　やるべきことがたくさんあって時間が限られているとき、仕事や時間の優先順位を付けると良いです。つまり、どれをすぐにやる必要があり、どれが後回しでもよいか、とても重要な「やらなければならないこと」と、あまり重要でない「やりたいこと」とを判断す

ることです。

　時間管理のひとつに、スティーブン・コビーの時間管理表（Covey, 1989）があります。シンプルな表に「急ぎのもの」と「急ぎでないもの」、さらに「重要なもの」と「重要でないもの」とに分類します。

|  | 急ぎのもの | 急ぎでないもの |
| --- | --- | --- |
| 重要なもの | 1. | 2. |
| 重要でないもの | 3. | 4. |

「仕事の優先順位付け」
　やることリストを分類したら、それに番号をつけましょう。1の欄に書かれた仕事は最初にやるべきで、2がその次という具合です。
　当事者主動サービスを運営していると、急ぎで重要な状況が生じます。例えば、助成の契約は決められた日までにやらなければなりません。コピー機の直し方を他に誰も知らない場合は、コピー機の修理は急ぎだけれど重要でない仕事に入るでしょう。急ぎでも重要でもない仕事は、気晴らしといえます。こまめなメールチェックは、よくある気晴らしの例です。重要だけれど急ぎでない仕事を明確にして、早め早めに処理することで、いつも追われている感じから逃れられます。
　重要な仕事にもかかわらず、それに圧倒されてしまい、始めるのが困難になる人もいます。この気持ちに対処するために、やるべきことを小さく分解し、それぞれに締め切りを設けます。他の人とこのリストや締め切りについて話すことで、自分の責任について説明することができます。
　もうひとつ便利なのは、すべての予定や締め切りについての最新カレンダーを作り続けることです。やろうと言ったことを記録したり、思い出したりするには、とても良いです。小さな紙のカレンダーかダイアリーは手に入れやすく、使いやすいものです。コンピューターでスケジュールやプロジェクトを管理するソフトもあります。携帯電話やスマートフォンのカレンダー機能で、やるべきことを管理するのがうまい人もいます。
　自分のストレングスと停滞しやすい作業とを自覚しましょう。大変な仕事を後回しにしがちなら、それを最初にやる計画を立てましょう。始めるのが困難なときは、単純なものから始めるのがよい場合もあります。
　全部を自分だけでやる必要はないことを忘れないでください。良いリーダーとは、人に任せるのがうまい人です。人の良いところを引き出し、みんなが得意でやりたいことを見出し、能力を育めるよう勇気付ける人です。
　同様に完璧である必要がないことも忘れないでください。ミスすることも学習であり、

リーダーの仕事のうちです。効果的なリーダーは、自分の限界を知り、それを認める人です。もし完璧主義者なら、仕事を成し遂げられない危険があるだけでなく、みんなとの人間関係に支障が出る危険もあるのです。

### ❸コミュニケーション

当事者主動サービスのマネジメントの3要素の中で一番大切なのは、コミュニケーションです。

すべては、コミュニケーション次第です。どんな状況でも明確にコミュニケーションするヒントには、次のようなものがあります。

- ■ 個人だろうと集団だろうと、聞き手の様子に注意を払いましょう。「相手がちゃんと話を聞いてくれている」と、あなたが思える様子を確認できますか？ うなずいていますか？ 居眠りしていますか？ もしちゃんと話を聞いている人がいない場合は、それはコミュニケーションではありません。
- ■ 状況や聞き手に、話し方を合わせましょう。ピアサポートの会議は大人しくて、インフォーマルな感じが好まれるかもしれませんが、複数のグループに対してフォーマルなプレゼンテーションをする場合は、整理され構造化されたものがよいでしょう。
- ■「さまざまな学習スタイル」を思い出してください。聞いて学習する人もいれば、見たり、やってみたりして学習する人もいます。話すだけでなく視覚に訴えたり、相互的な方法で伝えたりしましょう。
- ■ 整理しましょう。会議や集団でファシリテーションをするなら、議題や話すべき項目のリストを用意しましょう。フォーマルな会議では、話そうとしていることを伝えましょう。
- ■ 言うべきことを言いましょう。ポイントにこだわりましょう。聞き手や聴衆のニーズに応じて柔軟に対応するのもよいですが、あまりに切り口が多いとみんなが混乱します。
- ■ 自分の言ったことを聞き手が理解しているか確認しましょう。フォーマルなプレゼンテーションなら、聴衆に受け取ってほしいことを要約しましょう。インフォーマルな会話なら、自分が言ったことを理解しているか誰かに尋ねてみましょう。必要なら、自分の論点を理解できるよう別の方法も試しましょう。ただし、理解したからといって賛同してくれたわけでないので勘違いしないように。
- ■ 質問がないか尋ねて、はっきりさせましょう。インフォーマルな会議なら、質疑応答の時間をつくりましょう。
- ■ 上記に加えて、コミュニケーションが上手な人は、話を聴くのも上手です。

> **話し合ってみよう❶**
>
> ●最近、どんな仕事を委任またはシェアしましたか？ 他にどんな仕事を委任、またはシェアできそうですか？ あなたにとって、重要な仕事をすることを邪魔するものは何ですか？ これをよりうまくコントロールするには、どうしたらよいですか？
> ●必要なこと、期待していることを、敬意をもって他人にはっきり伝えるにはどんな方法がありますか？ 期待していることが、理解されたかどうかを確認するには、どうしたらよいですか？
> ●こちらの期待に応えてもらうには、どんなサポートや合理的配慮が役立ちそうですか？ 良いスーパービジョンを受けた過去を思い出してください。どこが良かったですか？

## (2) プログラムの継続と成長

　アメリカにおいて、精神保健制度の中にフォーマルな当事者主動サービスが登場したのは、比較的最近のことです。これが成長、拡大するには、まず成功の実績をつくり、継続することが大切です。成功する組織をつくることと継続することとは別の活動であり、別のスキルが必要になることもあります。例えば、プログラムを開発・成長させるのは得意な人が、それを手放したり、新しいリーダーに引き継いだりするのは下手なことがあります。

　ここでは、プログラムを長期にわたり継続させるために、リーダーに必要なスキルについて見てみましょう。

### ❶感謝の質問（アプリシエイティブ・インクワイアリー）

　「感謝の質問」（アプリシエイティブ・インクワイアリー）とは、組織がリニューアルしたり、変化、成長したりする過程で、サービスや制度の利用者の意見を取り入れる組織開発技術のひとつです。あらゆる組織の成長や評価アプローチとして採用されるようになっています。当事者主動サービスの考え方や価値観とも一致し、リーダーがメンバーにプログラムの質の改善や将来の計画に目を向けてもらおうとするときに便利な道具になります。

　「感謝の質問」は問題に焦点を当てるのでなく、うまくいっていることに目を向けてみるので、今、起きていることと、その上に成り立っていることに焦点が当たります。現在の一番良いときについて、みんなの考えや話を取り上げ、何ができるかについて、みんなのエネルギーを高めます。基本的な「感謝の質問」には、次のものがあります。

> ■「感謝の質問」の４つの鍵となる質問
> 1. 発見：うまくいっていることは何ですか？
> 2. 夢：将来、良くなりそうなことは何ですか？
> 3. デザイン：そこに到達すると何が得られそうですか？
> 4. 実現：どうやってそれを成し遂げますか？
> （※訳注：4を運命とし、「どのように学び、力づけ、執行し、臨機応変に対応するか」とするものもある。Theodore Kinni「アプリシエイティブ・インクワイアリーの技術」ハーバードビジネススクール仕事の知識ビジネスリーダーのためのニュースレター、2003年9月23日より）

## ❷リーダーの引き継ぎとメンターの養成

　当事者主動サービスの多くは、強力なビジョンとカリスマ的なリーダーによって開始されてきたかもしれません。こういったリーダーはプログラムをつくり、それを生かし続け、サービスとして定着させることは極めて得意です。ただし、見通しをもったリーダーであっても弱点がある人もたくさんいます。自分と交代したり、リーダーを引き継ぐ計画をもっていなかったりします。

　強力なリーダーがいる組織には、文献でも指摘されている「創業者症候群」なるものがあります。組織はリーダー１人のエネルギーとともに発展し、組織がその個性と価値観を大きく反映しているかもしれません。そんな強力なリーダーが去ったら、組織は深刻な混乱と廃業すれすれの闘いを経験することがしばしばあります。創業者症候群は、あらゆる小さなビジネス団体によくあることです。

　組織が生き残ることを心から望むなら、強力なリーダーは引退のための計画を立てなければなりません。誰に引き継げますか？　組織が円滑に移行するには、誰が知識やスキルをもっていますか？

　新しいリーダーのメンター（助言者、伴走者）になることは、当事者主動サービスの機能が継続するためには重要なことであり、それはエンパワメント、相互的関係、ピアサポートという私たちの哲学や価値観を反映したものなのです。

　以下は、リーダーがそれを引き継ぐことについて考え、計画するために役立ちそうなアイデアです。良いリーダーかどうかは、そのリーダーシップが何年も生き残り、繁栄するような組織をつくれるかどうかです。

> ■ 組織と利害関係のない外部の人からのスーパーバイズを受けましょう。すると、自分がリードしてきた方法や引き継ぐ際の自分の気持ちについて考えることができます。
> ■ メンバーに組織の印象、さらに改善できそうなことを尋ねてみましょう。

- ■ 理事会とともに動き、組織の目的やビジョンをもとに、将来に向けた戦略的な計画をつくりましょう。
- ■ 職員とメンバーに組織のすべてについて理解してもらうようにしましょう。
- ■ 時間をかけて、自分がやってきた仕事すべてのやり方を誰かに教えていきましょう。自分の仕事を引き継ぐ職員やメンバーには、特に手厚くサポートしましょう。
- ■ あらゆる利害関係者（メンバー、助成元、連携機関等）とともに作業し、新しいことに挑戦しましょう。価値観や目的の観点から結果を考察しましょう。
- ■ 理事会で、リーダーが去った後の組織の運営方法について考え始めるよう促しましょう。
- ■ 自分が急に辞めなくてはならなくなった場合のために、まったく知らない人でも運営方法がわかるよう、すべてのことについて詳細な文書を作っておきましょう。

### 話し合ってみよう❷

- ●プログラム責任者が明日、突然いなくなったら、どんなこと起こりそうですか？
- ●成功した、あるいはカリスマ的なリーダーの後を引き継ぐとはどんなことですか？
- ●組織が将来も継続できるようにするために、今、何をしていますか？

**❸対立を乗り越え、それを教える技術**

　リーダーだけができる、プログラムで最も重要なことは、参加者に安心な場を提供しながらも、対立を「抱える」ことです。そのような構造がなければ、対立により派閥やうわさ話が生まれたり、さらに悪い場合は、プログラムを去ったり、壊されそうになったりすることになります。

　対立を「抱える」とはどういう意味でしょうか？　とにかくリーダーとして、居心地の悪い状況に耐えるということを学ばないといけません。何かを正そうとしたり、反応したりしてはいけません。その代わりに、みんなに自分が対立の存在を認識しており、それぞれの視点をシェアする余地を残そうとしていることを知ってもらいましょう。

　すぐに解決したがる生まれつきの問題解決型リーダーもいます。そうすると、リーダーから問題は遠のきますが、対立に対処するみんなの能力はほとんど伸びません。対立する派閥に、単に退去を命ずるリーダーもいます。これが必要なときもありますが、裏で派閥をつくり、結局は対立が続きます。

　リーダーは次のような行動を取り、ポジティブに対立を和解するモデルを示しましょう。

- 成功に目を向け、感謝しましょう。
- うまくいかなかったときからこそ、学びましょう。
- 言い訳がましくならず、言葉になっているかいないかにかかわらず、他人のニーズによく耳を傾けましょう。
- あらゆる関係者に、ニーズを明確にする質問を投げかけましょう。
- みんなが「話を聴いてもらえている」「受け入れてもらえている」と感じるようにしましょう。
- 場に対する自分の気持ちや見方を、みんなに出してもらいましょう。
- 自分たちのニーズを自覚し、具体的に動こうとしましょう。

### 事例から学ぶ　コインの表裏（ラナとフレッドの場合）

ラナとフレッドは、プログラム管理者のルーシーに、自分たちの対立について相談しに来ました。ラナが言うには、フレッドはみんなに対しあまりに偉そうにし過ぎています。フレッドが言うには、ラナはメンバーのことをあまりに気にし過ぎます。

両者ともルーシーが、自分の相手に対して説教してくれることを望んでいます。そうする以外にルーシーには、次のようなことができます。

- それぞれに、自分の感じ方は自分にとっては真実であり、そのとおりだということを思い起こさせる
- 話を中断したり攻撃したりすることなしに、相手の感じ方をシェアする時間を取る
- 「相手から言われたことを言ってみてください」とお願いし、それぞれの感じ方をシェアするようお願いする
- 和解に至らなければ「対立と同居することはできませんか？」と尋ねる

### （3）スーパービジョン

　どんな組織であってもスーパービジョンは有益です。学びやスキルが深まり、サービスがプログラムの目的や考え方に合った方法で提供されるようになり、建設的なフィードバックを受けたり、説明責任を果たしたりする機会となります。

　当事者主動サービスのスーパービジョンによって、一方的に判断されない機会が得られ、

お互いの相互関係を支えている考え方や気持ちを観察します。そして、ピアサポートの考え方に合致しているかを振り返り、ピアサポートの人間関係の中で選んだ、選択肢の提示方法について考える機会となります。この観点からして、給与の有無にかかわらず、すべてのピアサポーターにスーパービジョンは必要です。

　スーパービジョンは集団でも、一対一の面接でも可能です。ピアならば、お互いに定期的なピア・スーパービジョンや同時スーパービジョンが可能です。順番に語り、フィードバックを与えたり、受け取ったりできます。リーダーがプログラムの外部から良いスーパービジョンを受ければ、プログラム内でのスーパービジョンが有意義になります。

　スーパービジョンは人でなく、行動に焦点を当てます。例えば、「あなたはここでの努力が足りませんね」と言わずに、「つながりが切れたと感じるのはどこですか？　それに役立つことは何だと思いますか？」と尋ねます。

　会話の始めは、「うまくいっていることは何ですか？」「本当につながりができていると感じるときのことを教えてください」がよいでしょう。

　2つの成功を振り返った後に初めて「何がうまくいかないのですか？」「つながりが切れたと感じるのは、どんなときですか？」と尋ねてみましょう。

　あるいは、「よりうまくいっていたとしたら、どんな方法ですか？」と尋ね合っていきます。スーパーバイザーによれば、問いはひとつか2つ程度に絞り、次のスーパービジョンのときに、そのことについて議論すると効果的だとのことです。

　スーパービジョンとは、たくさん助言することではなく、学び、成長できる環境を提供するということです。良いスーパービジョンとは、職員に権力を使ったり、命令したりすることではありません。自分の意思決定プロセスを経て、自分なりの結論を出せるようにするものです。

　いつも答えがあるとは限りません。自分の経験を通して学び、より効果的な方法に挑戦できるようサポートするものです。

　良いスーパービジョンは難しいものです。コミュニケーションや人間関係のスキルを学ぼうとする気持ちが求められます。そのようなスキルとは、次のようなことができる能力を含みます。

- ■ 内省して、自己点検しましょう。スーパーバイズされる人が、そのやり方に関することを表明したときは、特に重要になります。
- ■ アドバイスしようとしてはいけません。スーパーバイザーが指導的でなければないほど、自分の実践を振り返り責任をもつ機会が増えます。
- ■ 脅しや批判的でエンパワメントに逆行する方法でなく、モチベーションを高め、エンパワメントを育む方法でフィードバックし、サポートしましょう。

- 思いやりと信頼をもって、スーパーバイズされる人が気付いたことを受け取りましょう。
- ピアサポートは、個人的感情を高めることができますが、スーパービジョンとカウンセリングは違います。仕事に関係する問題だけを取り上げましょう。
- 個人的なことについて助けを求められたら、適切な相談先を伝えましょう。個人的な問題に配慮すべきならば、利用できるピアサポート等を提案しましょう。

　良いリーダーシップとは、旅や目的地のようなものです。学ぶこと、実践すること、振り返ることという循環の連続です。危険を冒す勇気、自分たちのストレングスや弱点を認める謙虚さが求められます。

　生まれながらにして良いリーダーはいません。学んで、経験して、良いリーダーになるのです。だから自分に紳士的であってください。みんなへの感謝を忘れず、みんながリーダーになれるようサポートしてください。

 話し合ってみよう❸

- 良いスーパービジョンを受けた過去を思い出してください。どこが良かったですか？
- 自分の仕事をより良くするために、どんなスーパービジョンが必要ですか？

## グループ演習Ⓐ：派閥

　パストゥ・リカバリーセンターのメンバーであるソフィーは、管理者であるローラが権力を使い、一部の人が有給のポジションになれないのだと確信しています。ソフィーはメンバーを集め、ローラに隠れて理事会に文句を言いに行きました。理事会はローラの意見に従いましたが、ローラはみんなが自分に直接言わなかったことに怒っています。

1. ローラなら、ソフィーの見方をどう考えるでしょうか？
2. ローラは、みんなと対話するにはどうすべきでしょうか？

## グループ演習B：方向決め

1. 自分で考えてみよう

　自分が運営または参加するプログラムに関する次の質問について、まず自分だけの考えを書いてみてください。

> ①参加者にとって、最も重要なニーズは何でしょうか？
> ②自分たちが最も行いたいのは、どんな活動でしょうか？
> ③将来、私たちはどうなりたいのでしょうか？
> ④地域で、自分たちはどんな役割を果たしたいのでしょうか？
> ⑤地域に対し、どんな影響を私たちは与えたいのでしょうか？

2. みんなでシェアしよう

　書き終わったら、それぞれ自分の答えを声に出して読み、お互いを比較しましょう。次の視点から、読み上げられたことについて話し合いましょう。

> ①重なったものは？
> ②大きく違う点は？
> ③どうやってシェアしたビジョンに向かっていきますか？

## 個人演習A：リーダーシップを支える

> ①自分のプログラムで、どんなタイプのリーダーシップをもった経験がありますか？
> 　あなたにとって、誰が一番強いリーダーですか？ それはなぜですか？
> ②プログラム参加者が任命されたリーダーを評価すると、どうですか？ 批評されて、みんなは安心を感じていますか？
> ③理事たちがプログラムの目的を理解しているかどうかについて、どう思いますか？
> 　理事たちはプログラムにおける自分たちの役割をどう考えていますか？ プログラムの参加者と接点はありますか？
> ④あなたのプログラムで、インフォーマルなリーダーは誰だと考えていますか？
> 　そのリーダーシップの質はどうですか？ 力は乱用されていますか？
> ⑤参加者がリードするプログラムで、どんなプロジェクトや任務を任されたことがありますか？
> ⑥プログラム参加者のリーダーシップを育むプロセスは、どうなっていますか？

## 個人演習B：リーダーシップの質

1. 次の場面を想像してください。あなたはどうしても発作的にひとつの方法だけを取ろうとしましたが、一歩下がる時間を取り、そうなってしまう理由を考えてみました。

   ①そのとき、自分自身から学んだことは何でしょうか？
   ②それが自分の行動の選択に与える影響は、何でしょうか？

2. 次は、逆に今までやったことがなく、そうすると何か悪いことをしている気がするけれど、やりたかったことをしている場面を想像してください。

   ①それについて、どう思っていましたか？
   ②今、それについて、どう思いますか？

3. あなたにとって、プログラムで正直に話すのが難しいことがあるときを想像してください。

   ①今まで正直に話してこなかったとき、あなたに何が起きましたか？ 他の人には何が起きましたか？（例えば、この状況なら怒りが一般的です）
   ②他の人が間違っている（例えば、失敗、イライラさせること）と考えることは、どれくらいの頻度でありますか？ この考えが、その人に言いたいことに、どのような影響がありますか（例えば、その人を変化させたい等）？
   ③自分たちのプログラムの考え方や目的について、お互いにフィードバックし合えるのは、どんな場面ですか？

## グループ演習C：仕事の優先順位を付ける

　数日、数週間あるいは数か月のうちに、しなければならないすべてのことを挙げてください。組織がやらなければならないことも書いてもいいです。

　それぞれすぐにやらなければならないか、多少はゆっくりできるのかを判断してください。一番急ぎの用件に、「緊急」と書いてください。

　同様に、それぞれの用件が絶対やらなければならない重要なものか、そうでないものかを判断してください。最重要なものには「重要」と書いてください。

そのリストを下記の表に整理してください。

|  | 急ぎのもの | 急ぎでないもの |
|---|---|---|
| 重要なもの | 1. | 2. |
| 重要でないもの | 3. | 4. |

### グループ演習D：案内する

　クリアビューピアセンターのマーサは、初めて有給職員となりました。頑張りたかったので、管理者のハロルドに「パンフレットを作って」と頼まれると、「わかりました」と答えました。しかし、残念ながらマーサはパソコンで字が書けず、作業は遅れてしまいました。ある日、ハロルドはセンターについてプレゼンする準備をしていて、パンフレットが必要になりました。そして、パンフレット作りが開始されていないことを知ると、慌てました。

1. ハロルドは、こうならないように何ができたでしょうか？
2. 今、ハロルドがすべきことは何でしょうか？

■ 忘れないでおこう
　助けを求めるのは大変なことです。もし、リーダーが堂々と助けを求めたら、他の人も同じことをしやすくなります。任務が期限内に終わっていなければ、その任務を任された人に、次に改善するためにどうしたらよいか尋ねましょう。
たとえ任務を無事に終わらせるために、援助や合理的配慮が必要だとしても、その人がそれをできると信じましょう。

### グループ演習E：非難と感謝

　オークブリッジピアサポートセンターは最近、混乱しています。常に対立があり、お互いが非難し合っています。問題解決型のリーダーなら集団に向かって「対立の原因は何ですか？」と言うでしょう。感謝の質問型のリーダーなら一人ひとりに向かって「このコミュニティの質に、ポジティブな違いをもたらしているものは何ですか？　あなたがしている貢献で、特に自慢できるものは何ですか？」と聞くでしょう。

1. この2種類の質問で、会話はどう変化しますか？
2. それぞれの質問により、どんな反応や結果が得られると思いますか？

## グループ演習F：効果的なスーパービジョン

次の4つのシナリオについて、効果的なスーパービジョンを提供するロールプレイをしてください。

1. 先週のことです。あなたはジョーが同僚に、「ちゃんと薬を飲んだほうがいいよ。じゃないと入院になっちゃうよ」と言うのを聞きました。
2. スーパービジョン会議でのことです。ポーラは自分の仕事で以前あった問題について、スーパーバイザーに「助けてほしい」と言いました。あなたはポーラと一緒に仕事をしたことはないものの、先週に自分も似た状況になり、それについてとても強い想いがあります。
3. グループでのスーパービジョン会議でのことです。ある人たちが「困難事例がある」と話しているのを、あなたは耳にしました。
4. 先週の仕事のことです。2人の同僚が地元の精神保健センター利用者のことについて話しているのを耳にしました。2人とも以前からその人を知っているとのことですが、2人ともその人のことが好きでないと話しているのが聞こえました。

PEER SUPPORT

# 領域 6
# アドボカシー

　この領域では、当事者主動サービスの中心であり、共通要素であるアドボカシー（権利擁護）を取り上げます。

　**「話し合ってみよう」** は項目ごとに、グループ演習は前半と後半にまとめて掲載しました。この領域では「ジョージの場合」という事例を通じて、さまざまなアドボカシーを学ぶ構成になっています。

---

**本領域の学習項目**

1　アドボカシーとは
2　セルフ・アドボカシー
　　グループ演習A：問題を分析する
　　グループ演習B：行動計画
　　グループ演習C：自分の状況を説明する
　　グループ演習D：フォローアップ
3　ピア・アドボカシー
4　システム・アドボカシー
　　グループ演習E：ピア・アドボカシー
　　グループ演習F：システム・アドボカシー

---

## 1 ● アドボカシーとは

　アドボカシーとは何でしょうか？　辞書を引くと複数の意味があります。

> - 声を上げる
> - 他人の利益のために話す
> - 主張を守る、サポートする

　どの意味であっても当事者主動サービスを通じて、アドボカシーを実践できます。
　ピアサポートによって成長と幸せが育まれる場は心地良いため、当事者主動サービスは、プレッシャーから解放された環境を提供でき、そこでアドボカシーについて学ぶこと、実践することが可能となります。私たちは自分たちの声に耳を澄まし、自分たちの問題に取り組み、自分たちが求めるものを手に入れる方法を学びながら、お互いを助けることができるのです。私たちの多くは、精神科医療や障害福祉サービス等の精神保健システムを経験しており、そこでは話を聞いてもらえず、願いは無視されました。そこでは、ものごとが私たちとともに行われるのでなく、一方的に行われるのでした。効果的なアドボカシーを学ぶことで、自分たちが本当に求めるものを手に入れること、不満やエネルギーを物事の改善に注ぐこと、生活のさまざまな場面で新たなスキルを手に入れることが容易になります。

## （1）アドボカシーの種類

　アドボカシーには、2種類あります。

> - 一人ひとりのアドボカシーは、特定の個人のニーズや必要性、問題について話し合い、そこへ近づくために必要なプロセスに関することです。
> - システム・アドボカシーは、集団に影響している制度、政治、システム、法律等の改善を扱うものです。

　一人ひとりのアドボカシーは自分で行うことも可能ですし、ピア、友人、家族、ソーシャルワーカーや法律家等と一緒に行うことも可能です。
　その中からここでは、セルフ・アドボカシーとピア・アドボカシーの2種類について見てみましょう。

### ❶セルフ・アドボカシー
　セルフ・アドボカシーとは、自分のニーズや期待と異なる状況に出くわしたとき、自分が本当に求めるものを確実にするために、自分のことについて述べるということです。
　単純なことのようですが、私たちの多くは精神保健システムを経験しており、特に自分が話したいことを説明しようとして、冷静さを失って困ってしまう場合は、自分の心に浮

かんだことを述べること、自分の欲するものを求めること、自分の問題に注意を向けてもらうこと等にためらいがちになるものです。基本的なセルフ・アドボカシーの技術を学べば、自信がつき、自分の求めるものが手に入りやすくなります。

セルフ・アドボカシーとは、それを1人でやらなければならないという意味ではないことを忘れないでください。当事者主動サービスや経験豊富なピアが案内やサポートを提供し、効果的に自己主張し自分の権利を守ることを援助できます。

### ❷ピア・アドボカシー

ピア・アドボカシーとは、ピアが別のピアのために、あるいは別のピアと一緒に、行われるものです。ピア・アドボカシーを担う人の役割とは、要求が効果的に表現されること、満足な結果を得るための交渉に確実に至るよう一緒に作業することです。

これを担う人は、給与の有無にかかわらず、アドボカシーの技術について研修を受けることが必要です。同時に、精神保健システム、社会資源、社会保障制度、不動産業界等、多くの人に関係するルールや政治、制度上の課題について詳しくないといけません。

研修プログラムが増えることで、当事者たちはアドボカシーのスキルをもつようになり、自分の住む自治体が抱える課題に関する知識をもつようになります。これはピアが自分たちをアドボカシーする上で、とても役立ちます。

しばしば研修を受けていない人が、ピア・アドボカシーを担おうとしますが、理想的とは言えません。自分も制度上の影響を受けるため、他人では生じ得ないような個人的で組織的なバリアを、ピア・アドボカシーの担い手は理解する必要があります。

## (2) 自分たちの権利を理解する

精神保健システムを経験したことがある人は、基本的人権を含めて自分たちの権利に無自覚になっているかもしれません。自分たちの権利を理解したら、それを守るために、このテキストで学び実行してください。

### ❶日本国憲法で保障された権利

わが国では、障害の有無にかかわらず、人は尊重されなければならないため、憲法が国民に人権を保障しています。人権とは、特に重要な利益である権利のうち、国との関係で国民に認められるものです。憲法では、人権の包括的な基本的権利として、幸福追求権（生命、自由及び幸福追求に対する国民の権利）と平等権（法の下の平等）を定めています。

また、人権には、国民の意思決定は国家権力によって介入されないという自由権、社会的・経済的弱者になったときに、個人が国家による積極的な措置を取るよう請求できる社会権という二つの側面があります。

自由権には、精神的自由権（思想及び良心の自由、信教の自由、学問の自由や表現の自由）や経済的自由権（財産権、居住・移転の自由、職業選択の自由）、人身の自由（奴隷的拘束の禁止、適正手続きの保障、被疑者・刑事被告人の権利）があります。社会権には、生存権、教育を受ける権利、労働基本権、参政権や国務請求権（国家賠償権など）があります。

具体的には、精神症状があったとしても次のことができるのです。

- 投票する
- 結婚する
- 契約する
- 財産をもつ
- 自分のことを自分でする
- 運転免許や資格、ライセンスを取る
- 裁判を起こす
- 遺言を残す

住居、雇用、教育において、精神疾患の履歴をもとに差別することは法に違反します。どんなことでも差別されたと感じたり、市民としての権利が無視されていると感じたりしたら、自分の権利を求めて、本書に掲載されたアドボカシーのプロセスを実行に移してもよいのです。

## ❷基本的人権

基本的人権という概念は、市民権より広いものです。国連総会で1948年に採択された世界人権宣言は、すべての人には尊厳があり、尊厳から派生し「否定しようがない人権」があるのだという考え方に基づいています。

第二次世界大戦後、ほぼ世界中で基本的人権の概念は採用されましたが、多くの国では守られることはありませんでした。自由、平等と同様に、基本的人権には社会的な、そして経済的な正義の問題が含まれます。

2006年12月、国連総会は障害者権利条約を採択しました。この条約は、精神障害を含む70以上の障害者権利団体が協力して準備してきました。この条約の目標は、すべての障害者がその基本的人権と自由を享受し、その尊厳が尊重されることを保障することです。各国は本条約に署名すべく手続きを進めており、障害者の権利を主張してきた団体にとっては画期的な勝利を意味します。

> すべての人には、衣食住や医療、社会保障等の自分と家族の健康と幸せに必要な生活水準を得る権利があります。失業、病気、障害、配偶者との死別、高齢等の自分ではどうしようもできない状況で生計を立てられなくなった場合でも保障される権利があります。すべての人には、社会保障、尊厳には欠かせない経済的で社会的、文化的な権利、個性を追求する自由があります。それにもかかわらず、多くの人にとって基本的人権は現実のものというより、目指すべき理想に留まっています。
> 　　　　　　　　　　　1948年国連総会で採択した世界人権宣言より

## 2 ● セルフ・アドボカシー

　セルフ・アドボカシーとは、自分が望むこと、変化に必要なことを見定め、それを導くために上手にコミュニケーションすることです。

### （1）準備する

　アドボカシーを成功させるための秘訣は準備にあります。変化すべきことや代わりに得たいことを明確にできていれば、不安は少なくなるでしょう。自分のアドボカシーのために準備するステップは、次のとおりです。

#### ❶問題を特定する

　自分独自の視点で問題やニーズをはっきりと語りつつ、他人の視点も大切にしましょう。問題を簡単に説明できない場合は、問題を分解すると理解しやすくなり、さまざまな視点から語ることが可能になります。しばしば、プロセスを分解することで、責任を負っている人や物ごと、結果や解決の可能性が見えてくることもあります。

　問題を分析するにあたり、自分に問いかけると役立つ質問は、次のとおりです。

■ 自分はどんな変化を望んでいるのだろうか？
■ この問題や状況は、自分にどんな影響を与えているのだろうか？　他人には、どんな影響を与えているのだろうか？
■ どんな結果や解決策なら自分は満足するのだろうか？　どんな和解や譲歩を自分は望んでいるのだろうか？　どんな和解や譲歩を望んでいないのだろうか？

#### ❷問題を調査する

　調査することにより、重要な質問に答えたり、問題を明確にできたり、さらに自分に有利な情報が得られることにつながります。調査すべきことは次のとおりです。

■ プログラム参加者として、自分の権利を明記した書類はあるのだろうか？　プログラムが提供するもの、不満があった場合の説明書はもらったのだろうか？　規則、ルールは破られていないのだろうか？
■ どんな情報や社会資源があったらよいのだろうか？　そこへ到達するには、どうしたらよいのだろうか？
■ この状況を変える、あるいは問題を修正する影響力をもっているのは誰だろうか？　もし変化に影響を与える人がわからなければ、どうしたらそれがわかるの

だろうか？
■ 満足した結果を得ることを阻害するものは何だろうか？　その壁を乗り越える方法は何だろうか？

### ❸自分の考えをまとめる

　問題に対する自分の見解、好ましい解決策を、５つのポイントか１ページ以内に簡潔にまとめて説明できるようにしておきましょう。その際、感情ではなく、事実に焦点を当ててください。問題に対する不満や怒りは正当なものかもしれませんが、たんたんと情報をプレゼンテーションしたほうが、それを聴いて判断する人に対して強力な印象を与えるものです。

### ❹行動計画を立てる

　問題やその成り立ちを分析し、どんな解決策なら自分が満足するのかを明確にできたら、次は行動計画を立てる時期です。計画を立てるにあたり必要なステップには、次のようなものがあります。

■ 問題がひとつなのか、複数なのかを見極めてください。もし複数ならば優先順位をつけ、まず取りかかるべきものを選ぶとともに、他の問題を今、扱うに値するかどうかを判断してください。
■ まず誰にアプローチすべきか決めてください。最初に関わってもらうべき人は、スタートを切るにあたり最善の場所にいるはずです。その人が解決策を与えてくれなくても、さらに決定権がある人へ自分の考えを説明しに行くことも可能です。
■ 問題と自分が望む結論を説明するために最善の方法は何でしょうか？　会う、電話する、書く等の方法を選択するに際して、自分を表現するにあたり最も心地良い方法を選ぶことも大切です。口頭で自分を表現することが一番、自信をもてるという人もいますし、書いたほうが効果的にコミュニケーションできると感じる人もいます。状況、人においては、効果的なコミュニケーションの方法が異なることもあります。
■ 口頭でのプレゼンテーションを計画するなら、自分が望むポイントを書き出しておき、議論の際に参考にしましょう。口頭で結論が出なければ、文書で補ってもよいのです。
■ 最初にアプローチする人が解決策を出してくれないならば、どんな段階を踏めばよいでしょうか？　もし、その人がピアスタッフならば、スーパーバイザーは誰でしょうか？　プログラムには、不満の投書箱やオンブズマンはありますか？　もしあるなら、どうしたら、それを利用できますか？　もし事業所内で解決でき

ない場合は、外部機関へ訴えることは可能ですか？
- この問題の解決に賛成することで得られる他のメリット、それをポジティブに表現する方法を考えてみましょう。
- 計画書を書いてみて、行動した記録も残しましょう。会話や同意事項の記録は紛争に発展した場合、経過や結果を確認したい場合に役立ちます。最初のアプローチが対面あるいは電話だった場合でも、会話の日付と概要を記録しておきましょう。この問題を大きな次元へともっていくにあたり、最初はあなたがこの問題を解決しようと努力してきた証となります。

## （2）自分をプレゼンテーションする

　問題を分析し行動計画を作成したならば、セルフ・アドボカシーの準備はできています。問題提示の方法が口頭であろうと文書であろうと、次の点を心に留めておきましょう。

- 問題と望んだ解決策の表現方法は、結果に大きく影響します。もし、自信なさそうにおどおどしていたら、アプローチした人に後回しにされてしまうか、問題を調査するにあたり、はっきりした確信が得られないままになります。とはいえ、攻撃的で無礼な態度で臨めば怒りを呼ぶ危険性があり、信頼を失いかねないため、望んだ結論が得られない可能性があります。相手が問題を修正しないばかりか、さらなる問題を生み出す方向へ傾きかねません。
- 対面であろうと文書であろうと、礼儀正しくしてください。事実を率直かつ感情的にならずに述べ、どんなことが生じることを望んでいるのか明確にしてください。
- 会話の場合、「相手が理解していること」と「自分が理解していること」とを一致させるため、相手の言ったことを復唱してください。わからない略語や専門用語があった場合、質問しましょう。
- 横柄で強引にならず、根気強く、穏やかにいきましょう。最初にアプローチした人に「それは私の担当ではない」と言われたら、担当を確認しましょう。「力になれないんだ」と言われたら、誰なら力になってもらえそうか尋ねてみましょう。
- 問題解決に資する自分の権利や過去の約束を示すような書類があるならば、コピーを持参するか、文書に添付しましょう。

## （3）その後のフォロー

　すぐに望んだ結果が得られなくとも、アプローチした人と継続して連絡を取るのがよい

でしょう。その人が口頭で賛同してくれた行動があるなら、感謝の手紙を書き、賛同してくれた結論に対する自分の理解や問題解決の時期の見通しに触れるとよいでしょう。約束した期日までに結果が得られなければ、その人に会い、理由を確認しましょう。

その人が何らかの理由で協力できないのであれば、時間を取ってくれたことに感謝を伝え、問題解決に向けた計画の次のステップやコンタクトを取ろうとしている人を報告するとよいでしょう。送った手紙はすべてコピーを取り、電話や対面で話した記録を残すことは忘れないでください。

## グループ演習A：問題を分析する

【期待することを伝える】

ジョージは2か月前に県立の精神科病院から退院してきました。今も多剤を服薬中で、意識がもうろうとしており、鎮静させられているため生活機能に障害が出ています。外来クリニックの精神科医に相談しても、現在、安定しており、服薬量や薬剤の変更は無理だと言われました。

ジョージは地域移行用の大規模施設に移されましたが、バス路線はなく住んでいた町から32km以上離れています。住む場所について、選択肢はありませんでした。退院促進の相談員からは、「これが唯一の方法です。一応、グループホームの待機リストには入れておきます」と言われました。

ジョージはバスルームを7人の共同で使用しています。バスルームは不衛生で、配管は水漏れしており、シャワー室はカビだらけです。床のあちこちのタイルがはがれており、腐っています。

部屋のエアコンは壊れており、蒸し暑くなっています。3週間前に職員に言ったので、修理リストには入れてくれたかもしれませんが、そのままです。

何よりもジョージは孤独で、家族や友達が恋しくなっていました。この居住環境が不満でつらいものの、どうしたらよいのかわからないのでした。

1. この事例を読んで、あなたはどうですか？　まず、何を感じましたか？
2. ジョージの事例は複雑です。もし課題を分解するとしたら、どうなりますか？
3. 分解した各課題について、下記に沿って、自由にアイデアを出し合ってください。

①問題の原因は何でしょうか？
②それぞれの問題は、ジョージにどのように影響していますか？
③問題解決のキーになる人は誰でしょうか？
④どんなハードルがありますか？　それはどうやったら乗り越えられますか？

⑤ジョージの問題を、明確かつ感情的ではなく説明するとしたら、どのようになりますか？
⑥どんな解決策をジョージなら望むと思いますか？

### グループ演習B：行動計画

　先の事例についてジョージは問題を分析しました。問題は複数にわたり、いろいろな人に関わることを理解しました。最大の問題は、彼は自分の家族や友人が近くに住むアパートに、ひとり暮らししたいができていないことです。緊急の課題には、多剤処方、部屋にエアコンがないこと、バスルームが汚くて安心して使えないことがあります。

　ジョージは、まず多剤処方の問題から取り組むことにしました。この問題が片付くまで他の問題に手を付けるエネルギーが湧かないだろうと考えたのです。ジョージは可能な限り選択肢を出し、行動計画を立てました。自己判断で服薬量を減らす、主治医を説得して服薬量を減らす、主治医を変える、という方法があると考えました。

　過去に自己判断で服薬量を減らして苦しんだことがあり危険なため、これは止めました。主治医の変更は、田舎のため自立支援医療を利用できる精神科医がほとんどおらず、不可能に近いものでした。ジョージは主治医を説得し、服薬量を減らしてもらうのが一番可能性がある、と判断しました。

　ジョージは、主治医に自分の希望をどのように効果的にプレゼンテーションすべきか決めないといけません。すでに主治医には、処方内容は変更できないと言われています。ジョージは新たな処方内容の参考になるよう観察記録をつけ、それで服薬量が多すぎるため機能障害が生じていることを証明しようと考えました。

　小さなノートを買い、信頼できる施設職員に2週間、自分の午前・午後の様子を記録してほしいと頼みました。自分でも毎日、午前と午後の気分の様子を記録しました。2週間後、ジョージは記録を読み返しました。記録からは午前も午後も自分は過鎮静で疲れているように見え、座ってばかりいることがわかりました。自分をセルフ・アドボカシーする必要があることを示す資料になります。

　翌日、主治医に会う予約を入れました。この資料だけでなく、自分が求めることについて手紙を書きました。

(手紙)

　　薬により眠くなりすぎ、ぼうっとします。薬物療法は私のリカバリーをサポートすべきであり、私の障害となるべきではありません。私は毎日、30分は歩いても平気である必要がありますが、ぼうっとするので歩けません。

　　この記録は私の施設職員が2週間、毎日、付けたもので、私が午前も午後もぼうっとしている様子が書かれています。こんなに意識がもうろうとしているようでは、リカバリーに向けて動けません。先生のもと、処方量を減らすか、処方内容を変更していただき、ぼうっとせず毎日、歩けるようになりたいのです。

　ジョージは主治医の前でこれを読み上げました。主治医に記録も渡しました。主治医はジョージが取り組んだセルフ・アドボカシーの内容や考えに感銘を受け、減薬に向けたスケジュールが立てられました。彼のセルフ・アドボカシーは成功したのです。

　ジョージはセルフ・アドボカシーの大きな一歩を踏み出し、次の課題に挑む準備ができました。施設のバスルームは不衛生で、部屋のエアコンは壊れています。ジョージは、日中の施設管理者であるスーザンが、この問題を最も相談できる人だと考えました。食堂に貼られた掲示には、清潔で快適、安心できる場所に住む権利があると書かれていましたが、不満を申し出る手続きについて書かれていませんでした。

■ 各グループで、ジョージが取るべき次のセルフ・アドボカシーのステップについて話し合ってください。
1. ジョージの行動計画には、どんなステップがあるべきでしょうか？
2. 自由にアイデアを出し合い、簡単な次のような計画を書いてみてください。
　①ジョージが、スーザンに問題を説明する際に取り上げるべきポイント
　②ジョージが求めるものが実現した結果、それがジョージ、スーザン、施設へもたらすだろうメリット
　③スーザンが、この問題を解決できない場合に準備すべき次のステップ

## グループ演習C：自分の状況を説明する

　ジョージは行動計画を立て、日中の施設管理者であるスーザンにエアコンの故障、自分の棟の不衛生なバスルームについて話すこととしました。施設の利用者の権利に関する文書、バスルームの問題とそれを確認した日のリスト、3回にわたり職員にエアコンの修理をお願いした経過を書いた文書を持って、スーザンがいる事務所へ行きました。スーザン

の上司はオルテガ氏であり、施設運営機関の管理者で、事務室は別の建物にあり、その上司は法人幹部のメイビー氏であることを知りました。

■ ジョージとスーザンとのロールプレイをしてください。
　ジョージは自分の状況を説明します。
　スーザンは「エアコンの買い替え手続きを取ろうとしますが、それには1か月かかりそうです。バスルームは好ましい状態ではありませんが、健康被害が出るほどではないでしょう。それに、バスルームを清潔にするのは入所者の仕事です」と言います。

■ ロールプレイした後に、次について話し合ってください。
1. ロールプレイは簡単でしたか？　難しかった点はどこですか？　どう感じましたか？
2. ジョージ役は率直に、感情的にならずに事実を伝えられましたか？　どうしてほしいか明確に話せましたか？　文書は活用できていましたか？
3. 全体にしろ一部にしろ、スーザン役の対応はジョージ役に受け入れられるものでしたか？　そうでないなら、次にジョージ役が取るべきステップは何ですか？

### グループ演習D：フォローアップ

　ジョージは、スーザンとの面会で問題が解決しなかったものの、時間を取ってくれたことに感謝しました。そして、スーザンの上司のオルテガ氏にコンタクトを取りたいこと、「エアコンの買い替えとバスルームを修理してもらいたい」と話したいことを申し出ました。
　スーザンは「私の電話からオルテガ氏に電話したらどうですか」と提案しました。ジョージは問題を詳細に説明し、エアコンの買い替えをお願いすると、オルテガ氏は「緊急に1台エアコンを買い替える」と言ってくれて、翌日の午後には届いたのでした。さらに、「バスルームについても調査する」と言ってくれました。
　ついにジョージは自分の部屋の新しいエアコンを手に入れ、安心しました。
　オルテガ氏に手紙を書きました。

---

（手紙）
　2008年6月18日
　　県立精神保健福祉センター　地域移行プログラム長

　　　　　　　　　　　　　　　　　　　　　　　　ルイス・オルテガ様

本日は、モチャマナー生活寮の問題について話す時間をくださり、感謝申し上げます。また、壊れたエアコンの買い替えにご理解いただき、翌日に搬入いただいたこと、感謝いたします。
　さらに、4階男子棟のバスルームを調査する工事会社の社員を派遣いただき、今月中に修理が必要な部分のリストを作ると言ってくださいました。バスルームがきれいになり修理されたら、フロアのみんなで喜ぶでしょう。
　エアコンの件、重ねてお礼を申し上げます。
　バスルームの修理も期待しております。

ジョージ・ジュジョンより

---

 **話し合ってみよう**

●この態度（姿勢）で適切でしょうか？
●ジョージが活用している戦略とは、どんなものでしょうか？

## 3 ● ピア・アドボカシー

　すでに述べたように、ピア・アドボカシーを担う人とは、給与の有無に関係なく、ピアのために、あるいはピアとともにアドボケイトする人のことです。研修プログラムを一通り履修していることが重要で、その内容としては、「交渉とアドボカシー技術」「障害者差別解消法と権利」「ピア（当事者）に関係する各種制度」「組織における課題・政策・手続き」等が考えられるでしょう。

### (1) 研修

　ピア・アドボカシーを担う人が、いろいろな制度に関する情報をより多く手に入れれば、問題を解決すべき場がわかるようになってきます。例えばニューヨークでは、ピア・アドボカシーを担う人は、サービス提供前に次のような科目の研修を受けなければなりません。

■ 精神保健に関する法律
■ 倫理と守秘義務
■ 交渉技術

- ■ セルフヘルプとピアサポート
- ■ システム・アドボカシー
- ■ 警察とアドボカシー・プログラム
- ■ 患者の権利
- ■ 精神保健制度の仕組み
- ■ 利益と権利
- ■ 地域の精神保健および対人援助サービス
- ■ 異文化の理解
- ■ セクシュアルハラスメントと差別解消
- ■ 身体拘束と隔離

　当事者主動サービスでは、このような研修の主催者や日時、場所の情報を収集しておくべきです。プログラムにおいてメンバーに参加を促しましょう。

## （2）ピア・アドボカシーを担う人の役割

　ピア・アドボカシーでは、次のようなことを行います。

- ■ 助けを要する人の問題や考えによく耳を傾ける
- ■ 行動の選択肢と得られるだろう結果を説明する
- ■ 一緒に行動計画を立てて、各ステージにおける担当を明確にする
- ■ 自分の希望を表現するための社会資源や援助を確保する
- ■ その人の希望を聞いてもらえるようにする
- ■ ピアとスタッフの橋渡しでなく、ピアのために交渉する
- ■ 患者らしさがエンパワメントを阻害することを理解し、人は自分のことを述べる力やスキル、自信があるということを実現するために動く
- ■ 人種、性別、性的志向、精神障害、文化的背景、その他患者としての経験の違いによる影響が出ていないか等に敏感になり、責任をもつ
- ■ 法の範囲内で、人の望みをとことん追求する
- ■ 自分の限界を知り、弁護士等の他の援助を求めるタイミングを理解する

　ピア・アドボカシーを担う人の仕事に、次が含まれる場合もあります。

- ■ 人の権利について情報提供する
- ■ サービス計画を立てる会議で援助する、あるいは会議に同席する

- 望ましい結果を得るため、サービス提供者や管理者、スタッフ、大家等とともにピアのために交渉する
- 不満について裁判を起こすようサポートして、そこへ出席する
- ピアが自分のカルテ（精神症状の記録）を取り寄せ、確認するサポートを提供する

　ピア・アドボカシーでは、「たとえアドボカシーを担う人が、本人が表明した願いと反対の意見をもっていても、それを代弁する」と考えます。ピアとして、自分で決断し、自分自身の声に耳を澄ませることの大切さを知っています。私たちの多くは、自分が賛同していないのにもかかわらず、「君のためだ」と物事がなされ、「君の興味に最も近い」と重要事項が決定されるのを経験してきました。

　ピア・アドボカシーを担う人といえども、本人になり代わって、本人が求めるものを判断することはできません。ピア・アドボカシーを担う人は「本人が出席する場合のみ会議に参加」すべきです。この原則の例外は、本人が身体拘束されていて、すぐにそれを解除する必要がある場合の会議のように、緊急事態に限定して設けられるべきです。

## （3）アドボカシーに役立つ社会資源リストの作成

　当事者主動サービスにおいて、各地域の社会資源のファイルを作成しておくことで、セルフ・アドボカシーやピア・アドボカシーを応援することができます。リスト作りを始めるにあたり、次のような機関の情報収集を検討してください。

- 国、都道府県、市区町村の精神保健担当部署
- 国、都道府県、市区町村の医療・健康および福祉担当部署
- 生活保護、障害年金、自立支援医療、フードバンク
- 公営住宅、居住に関するプログラム・制度、家やシェルター、DVプログラムをもつNPO団体
- 労働局等の雇用担当部署、就労支援サービス
- 法テラスや市区町村等の法律相談などの法律相談サービス
- 都道府県庁、市区町村役場、地域選出の国会議員や都道府県・市区町村議会議員やその事務所の場所

> ●自分の地域で利用できるピア・アドボカシー研修プログラムには、どんなものがあるでしょうか？
> ●ピア・アドボカシーを提供したり、提供されたことはありましたか？　どんなピア・アドボカシーが役立ちましたか？
> ●自分たちの団体にとって、どんな社会資源（人、機関、ホットラインの電話番号など）をリストに入れておくことが重要だと思いますか？

## 4 ● システム・アドボカシー

　制度の構造として組み込まれ、多くの人に影響を及ぼしている課題を発見した場合、その現場や政策、法律を変えるために集い、努力を結集することもできます。これをシステム・アドボカシーと呼び、主義・主張を守り、支えるものとなります。

　ジョージの事例として、彼が直面している状況について話し合いましょう。システム・アドボカシーならば、彼に何ができるでしょうか。ジョージの事例を読んで、この問題を分析する方法について考えてください。次のことは可能でしょうか？

- ■ いくつかに分解することはできますか？
- ■ 問題の原因となる人や物を特定できますか？
- ■ 関係者のための解決策を新たに思いつきそうですか？

### 事例から学ぶ　システム・アドボカシーにできること
（ジョージの場合）

　ジョージが住む国では、各地域の精神保健機関が設置した大規模生活施設の多くは、公共交通機関では行けない場所にあります。これは多くの人に影響し、セルフ・アドボカシーやピア・アドボカシーによって代替する住宅を探しても見つからなくなっています。

　しかし、このプログラムの対象地域に住む人が問題解決のために集い、セルフ・アドボカシーやピア・アドボカシーの章で学んだプロセスを活用し、問題解決に向けた行動計画をみんなでつくることもできるのです。

## （1）的確なターゲットを選定する

　ジョージの事例で住宅を提供する機関に対してアドボカシーを検討するには、実際に条例や法律上に課題があるのか、あるいは単に精神保健機関の監督不行き届きによるものか等がよくわかりません。

　ジョージが住む地域では、問題の背景がすぐにはわかりません。単に偶然、居住プログラムが提供する施設・居住系サービスがバス路線のない田舎に集中しているだけかもしれません。その辺りの家賃が安いのでしょうか。都市計画で複合施設が制限されているのかもしれません。精神保健機関が住宅提供者との契約の中で、「住宅は公共交通機関から一定程度、距離を離す」よう定めているのかもしれません。だとしたら、行政はその遵守をチェックしているのでしょうか？

　アドボカシー団体のメンバーは、ジョージの住む地域の課題は、地域移行用の大規模施設やグループホームはたくさんあるものの、ひとり暮らしするための一般のアパートや家賃助成、現金給付が足りていないと感じていました。

　この問題の根本を理解するために、団体は地域の住宅関連予算を誰が握っているのかをはっきりさせる必要があるでしょう。精神保健機関のトップでしょうか。地方自治体でしょうか。地方議会でしょうか。地域の精神保健機関でしょうか。都道府県の精神保健機関でしょうか。

　このように、次々と起こる疑問に対する答えを見つければ、問題の部分ごとの責任者がわかり、アドボカシーの標的とすべき組織がより明確になります。

## （2）システム・アドボカシーのためのツール

　システム・アドボカシーを成功させるアプローチには、さまざまなものがあります。一般的には、シンプルで単純な方法、つまり、その問題を管轄する担当者と面会するなどから始めるのが一番良いでしょう。もし最初のステップに効果がなければ、より公式なアプローチを取り、プレッシャーを与えることもできます。

　どんなアプローチを採用するかは、問題や望む解決策の性質によりますが、それだけでなくターゲットに最も効果的なアプローチかどうかも考慮されるべきです。

　小さいプレッシャーで主張を始め、必要に応じて徐々に大きくしていきましょう。

　与えるプレッシャーを大きくする方法として、次のようなものがあります。

- ■ 上司や管理者と面会する
- ■ 所管する行政職員と面会する

- 手紙、ファックス、電話、電子メールを送る
- 覚書や事実経過の記録を作り、配布する
- 関係する委員会や専門調査団に参加する
- 自立支援協議会等で証言する
- メディアに訴える
- 集会を立ち上げ、デモ行進する
- 最終的には、訴訟を起こす

### グループ演習E：ピア・アドボカシー

【計画を立てる】

　ついにジョージは、自分の部屋の新しいエアコンを手に入れ、安心しました。ジョージはオルテガ氏に手紙を書いて、問題を解決してくれたことに感謝し、バスルームが修理される時期を尋ねました。２週間たっても連絡がなかったため、オルテガ氏に再び電話しました。すると、未解決とのことです。ジョージは返事がいつになるか尋ねましたが、オルテガ氏によれば、「自分には大規模修繕を判断する権限はない」「法人の理事じゃないと決められないが、１か月の休暇に入っている」とのことでした。

　数日後、ジョージはピアセンターを訪ね、そこで週２日の午後、ボランティアでピア・アドボカシーをやっているゲイルに会いました。ゲイルにセルフ・アドボカシーによって、主治医の減薬処方やエアコンを勝ち取ってきたことを説明しました。

　ジョージはゲイルに、「バスルームを修理させる方法を見つけるために手伝ってもらえませんか？」と尋ねました。さらに、地域移行用の大規模施設に住むのがつらいこと、自分が住んでいた町の援助付きアパートの待機リストに載せてほしいが、その方法がわからないことを話しました。ゲイルはジョージがひとり暮らしできる状態にあるのかわかりませんでしたが、自分の仕事はジョージが求めるものを手に入れられるよう手伝うことであり、自分の考えを押し付けるものではないことだと理解していました。

　ジョージがバスルームを修理してもらうための行動計画を立てることを手伝うため、ゲイルがジョージに尋ねるべき質問のアイデアを自由に出してください。
- ポイントは次のとおりです。
    - バスルームの様子を写した写真はあるでしょうか？
    - 責任者がいない間、修理の権限は誰がもっているのでしょうか？
    - 健康被害が出ている可能性、入所プログラムの規則違反の可能性はありますか？その情報は、誰に確認すればわかりますか？

【意思決定を支援する】
　会話からゲイルは、ジョージが入所施設では孤独で嫌だと感じており、友人や家族のそばでひとり暮らししたいと願っていることを知ります。

---

　ジョージとゲイルになってロールプレイしてください。ゲイルからはジョージがどんな家に住みたいのかを尋ね、可能性のある居住形態を教え、どうしたいか決断することを支援してください。
■ 次の状況を設定してからロールプレイを始めるとよいかもしれません。
　・ジョージは公営住宅や家賃助成に申し込む資格はあるのでしょうか？
　・それらの待機者リストはあるのでしょうか？　ないとしたら、どうしたら、それを手に入れられるのでしょうか？
　・ピアセンターには施設・居住系サービスの全リストがあるのでしょうか？
　・ジョージにとって他の住宅の選択肢はないのでしょうか？

---

### グループ演習F：システム・アドボカシー

　ジョージやゲイル、さらに住宅問題に興味があるピアセンターの職員たちは、次の情報を手に入れました。

---

■ 公共交通機関を利用できるかどうかは、精神保健機関と住宅提供者との契約の問題でも、各施設に掲示された権利に関するお知らせの問題でもない。
■ 精神疾患患者の住宅施策の予算は県議会で決定される。企画財政委員会長のデービス、精神保健委員会長のワシントンが住宅施策予算に対する影響力をもっている。
■ 地域の精神保健機関のトップであるウェス氏が、どのタイプの住宅に住宅関連予算をつけるべきかを決定している。その補佐であるブラウン氏は住宅契約を全体的に把握し、住宅施策についてウェス氏に助言している。また、県の障害者自立支援協議会もウェス氏に施策と予算について助言している。条例で、委員会には2名以上の当事者が含まれていなければならないが、最近は1人もいない。

これらの情報をもとに、グループで次のことを含めた行動計画を立ててください。

1. アドボカシーの対象となる法人、機関、人は誰でしょうか？
2. グループが望む解決策には、どんなものがありますか？
3. 問題解決には、どんなステップが考えられますか？
4. 各ステージでは、どんなアプローチが考えられますか？
5. 成功していることは、どのように確認できますか？

# Part.3
## 当事者主動サービスの
## エビデンス

## はじめに

　かなり昔から、ピアサポートは人が健康に、そして幸せになるよう貢献してきました。当事者主動サービスというピアサポートは今や、国内外に知れ渡っています。メンタルヘルスの新自由委員会最終報告書の達成目標：アメリカの精神保健改革（2003）には、次のように書かれています。「リカバリー志向のサービスや援助をうまく提供してきた人の多くは、当事者運営機関のコンシューマー（いわゆる当事者のこと）たちでした。研究で示されたように、当事者主導サービスやコンシューマープロバイダーはピアサポートを普及させ、一般的な精神保健サービスを利用している人と接点をもち（いわゆるピアスタッフのこと）、精神障害のリカバリーの道を歩む人として、サービスの提供に貢献できます」（p.37）。

　財政部門は、プログラムが役に立つというエビデンスを求める傾向にあります。それに応え、当事者主動サービスは、リカバリーを援助するという役割を果たし続けなければなりません。

　Part.3は当事者主動サービスに関する文献のレビューです。歴史、原則、プログラムのタイプから効果の調査研究までを扱います。Part.3では、当事者主動サービスを「精神保健のコンシューマーにより管理運営され、運営方法としてセルフヘルプが尊重されているプログラムやサービス」（アメリカ合衆国保健福祉省、1998）と定義します。

　当事者主動サービスは、管理、予算、人事、方針、プログラム内容の監督や決定の権限および責任について、他の精神保健機関から分離、独立、自立しています（Zinman, 1987; Solomon, 2004; Van Tosh & del Vecchio, 2001; Holter, Mowbray, Bellamy, MacFarlane, & Dukarski, 2004）。

　当事者主動サービスの職員の多くは、精神保健サービスの利用者です（Mowbray & Moxley, 1997; Goldstrom et al., 2004, 2006）。本書でコンシューマーとは、「精神障害と診断されたことがある人、あるいは精神保健サービスを利用している、または過去に利用していた人」（Solomon, 2004）とシンプルに定義します。

## 方　法

　データベースのキーワード検索や本プロジェクトに参加する人の資料提供から、当事者主動サービス研究論文および補足資料に関する包括リスト144を作成しました。しかし、出典が複数となる可能性、複数の電子データベースにおける記事の複写、研究分類の矛盾による予備的文献への不適切記事の混入等があり得るため、引用の特定および分類について厳密性が一部欠けています。

　コンピューターを使った図書文献の一時調査により、公表されている文献の中から記事

201件、本の一部の章、報告書を絞り込みました。社会科学のデータベース7台での検索は、1970年〜2005年に絞りました。いずれも「メンタルヘルス、研究、評価」と「ピア、コンシューマープログラムサービス、相互サポート」とでクロス検索しました。

二次調査では、「調査、評価」と「セルフヘルプ」とでクロス検索し、606の研究を引用できました。115件の論文が登録された文献データベースが作成され、研究（38件）、理論（10件）、記述（23件）、歴史（19件）、その他（17件）、一般（8件）と分類しました。

さらに、メンバーや同僚が私物の資料、参考文献、その他さまざまな報告書や文書などを手作業で確認し、66件の出版物が登録の候補に挙がりました。信頼性や妥当性、適性、質を検証した上で適切だと判断し、登録しました。

# 1 当事者主動サービス開発の歴史

当事者主動サービスの物語は、人、つまりその生活や精神障害、意見、そして、一人ひとりのリカバリーとともに始まります。今までやってきたこと、より良くしようとしてきたこと、助けてきたこと、助けられてきたこととともに始まります。威圧的で非人間的な治療という歴史から、ピア運営サービスは「リカバリーの原動力は、人々の心と身体、つまり一人ひとりの希望、ニーズ、好み、選択に根ざしているのだ」（Campbell, 2005）という理念のもとに誕生しました。

## ❶ ピアサポートの遺産

ピアサポートの遺産は、元患者たちの手記や言い伝え、セルフヘルプグループ等のエンパワメントを推進した団体が刻んできた記録に眠っています。

英語で出版されている昔の精神病の人の伝記の数は、300以上にわたります（Hornstein, 2002）。これらは、精神疾患を経験した本人による、本当にあった目撃談と証言であり、ピアサポートの遺産の一部として重要です（Deegan, 2004）。

改革を求めた元入院患者の伝記の最古のものは、18世紀初頭のイギリスのものです（Defoe, 1728）。アメリカで同様な人物としては、Elizabeth Stone（1842）、Isaac Hunt（1851）、Elizabeth Packard（1879）、Clifford Beers（1907）が挙げられます。これら伝記のほとんどは、本人の関心ごとだけでなく、元患者、一般の人、議員、行政、そして

専門職にさえ支持され、精神疾患と診断されたすべての人に対するサービス改善へとつながりました。初期の頃からピアサポートは、自分を助けることは他人を助けることなのだという信念に根ざしていることを、これらの例は実証しています。

　ピアサポートの遺産は、語り継がれることによってバトンが渡されてきました。例えば、黒人女性のJenni Fulghamは、バージニア州のズニという小さな町で生活していました。1947年、彼女は、バージニア州のピーターバラにある人種隔離された州央病院に入院し、妄想型統合失調症と診断されます。退院した後にニューヨークで20年間、電話会社で働き、精神疾患患者という過去は忘れられました。1961年に他の元患者たちとトラックを手に入れ、ニューヨークの精神科病院にいる患者たちを訪問し、励ますことを始めます。1978年に故郷バージニア州に戻り、ズニ精神保健連盟を立ち上げます。シャベルと手押し車で3エーカーの土地を開き、元患者を無料で受け入れる静養所を作りました。

　Jenniの話は、新聞にも専門雑誌にも掲載されていません。精神保健システムにおける黒人等の口頭伝承を、元患者が収集したから知ることができました（Jackson, 2003）。おそらく似たような話は数百ないしは数千あり、あらゆる人種や民族に見られるでしょう。

　こういった記録されていない遺産を、エビデンスのかけらとして寄せ集めるべきです。いわば、患者のカバンに眠っていた文化遺産が、100年後に元患者によって発見されたのです（Gonnerman, 2004）。口頭伝承プロジェクト、精神病者ネットワークニュース第三世界問題等の発行（Teish, 1976; Sen, 1976）、臨床記録に残された患者のコメント（Reaume, 2000）、元患者によるラジオ放送（Dain, 1989）等の文化遺産を通じて、私たちはインフォーマルで縛りのない、共感的、自発的な精神を垣間見ることができ、それはピアサポートの遺産の一部です。

　元患者同士が語り合い、支え合うために集ったのは、1838年のイギリスが最初です。閉鎖病棟に閉じ込められた経験をしたRichard Paternosterは、閉鎖病棟システムを改革すべく同じ経験をした者たちに向けロンドンタイムスに広告を出します。彼は4人の仲間とともに、1845年に「精神病者友の会」を始めます。そして、20年間活動を続け、会員は最大で60人に達しました。団体の目的は、閉鎖病棟経験者の訪問、彼らの権利擁護、基本的権利の促進とそのための法整備、閉鎖病棟システムを改革するためのロビー活動です（Hervey, 1986）。会員の大半は元患者でしたが、法律家や家族もパートナーとして会員になれました。

　一方、アメリカでのピアサポートグループの発達は偶然の重なりによるもので、さまざまな理念や運動の影響を受けながら、同時に複数、立ち上がりました。
　ピアサポートの専門家たちは、新しいアイデアを取り入れては現場で効果を証明し続け、

未確認の情報や社会・文化の変化に対応できるよう進化させてきました。

　多様なピアサポートグループの一部分は、元患者Clifford Beersの手によるものです。20世紀最初の10年で精神衛生運動の未来を想定しましたが、自分たちのために元患者たちが主張する能力に限界を感じ、先駆的な専門職や市民が、精神科病院に収容される人々を代弁し、改革を推進すると考えました（Dain, 1980）。

　1937年、イリノイ州精神医学研究所の医師A. A. Lowの提案で、30人の元患者からなるリカバリー連盟がシカゴで結成されます。Lowを代表としリカバリー連盟は、差別的だった市民サービスの利用や同意手続きを変えようとします。1939年に会員は200人に達し、コミュニティ会議に参加したり、ラジオに出演したりします。独自のニュースレターを1500部も発行していましたが、1940年には州立病院との連携を失い、活動を停止します（Dain, 1980）。医療専門家が主導したものでしたが、リカバリー連盟はピアサポートを一歩前進させました。

　1960年代後半に一部の元患者たちが治療的な目標を達成するため、急進的なセラピスト集団に合流します。そして、立場の違いから2つのグループに分かれます。専門職との協働派と、オルタナティブの創造派という2つのグループです。これもピアサポートの遺産のひとつです。

## ❷ セルフヘルプの力の発見

　セルフヘルプ運動は、世界恐慌の頃にアルコール依存症者が、別の患者の断酒の成功を助けたことに始まります。2人はアルコホーリクス・アノニマス：AA（無名のアルコール依存症者たち）を立ち上げます。AAのメンバーはお互いの「経験、ストレングス、希望」をシェアし、回復／リカバリーします。この基本的な手法が成功したことにより、セルフヘルプ運動が広まり、全米で推定50万のグループ、750万人に広がりました（Lieberman & Snowden, 1994）。セルフヘルプグループは病気・障害・体調不良と付き合い、立ち直ることを助けます。

　精神保健運動の中で、コンシューマーたちは次々とグループを結成し、自分たちやコミュニティに復帰する仲間たちのニーズを満たしていきました。例えば、元患者たちにより、1950年代にクラブハウス運動が起き、ピアサポートが提供されました（Beard, Propst & Malamud, 1982; Beard, 1976）。研究によれば、精神疾患がある人を含め多くの人が、セルフヘルプの取り組みに参加することで明らかに生活を改善できています。行政もピアサポートの有益性を理解し、ケアシステムの中で新しいプログラムを開発し、予算を付けています（Medvene, 1986; Grusky et al., 1985; Gartner & Riessman, 1982）。

## ③ 専門職による精神科リハビリテーションプログラムが提供する交流の場

　元患者や他の重度精神疾患の経験者が社会的に連帯し、自立することの必要性が理解され、そこに初期のセルフヘルプの教訓が重なったため、精神保健機関はリハビリテーションの一部として「交流すること」を勧め評価し始めました（Campbell, 2005）。

　専門家たちは少なくとも間接的に、クラブハウスモデルを開発した元患者たちを真似しました。これらのリハビリテーションプログラムでは、クラブハウスのように参加者が人間関係をつくり、より自立した生活を送るために必要な自信を獲得するチャンスを提供しました（Breier & Strauss, 1984）。

## ④ 患者の権利を主張する団体の増加

　1960年代初頭、コンシューマーたちが主張した考えは、多くの社会的逸脱者にとって新鮮でした。つまり、自分たちにも一般人同様に権利があるというわけです。今まで臨床的な問題と片付けられてきたことが、基本的な自己決定の問題だと整理し直されました。これは、市民権、フェミニスト等の権利を奪われ、エンパワメントを要求していた運動から学んだことをヒントにしたものです（Chamberlin, 1979, 1997; Van Tosh, Ralph, & Campbell, 2000）。

　ニューヨークやポートランド（オレガノ州）など、さまざまな地域ごとに患者の権利グループができ、緩やかなネットワークをつくりました。

## ⑤ 精神疾患患者の脱施設化の必要性への対応

　権利を奪われていた人々のエンパワメントを目指して、さまざまな運動が活発となり、1970年代には精神科治療の脱施設化に向けた舞台が整います。多くの人が自分たちの取り組みで、あるいは訴訟や法制度、その他の改革によって退院していきました（Chamberlin, 1997）。同じ頃、身体障害や知的障害等の人々も施設を退所しています。

　退院した人の多くは、カルチャーショックを受けます。それは自分ではどうしようもできない環境によってつくられたものでした。例えば、戻る地域は郊外化が進んで、徒歩圏内にご近所付き合いができる人がいなかったり、店やサービス、簡単に利用できるバスや電車がないために、学校や会社、病院に行けなかったりするのでした。

　さらに、新しい環境で自立して生活するのが難しいだけでなく、社会的偏見や「自分は生きる価値がない」という感覚とも闘わなければならないのです。その結果、多くの元患者たちはスティグマ、孤独、拒絶された感じをもつのでした（Baker & Intagliata, 1984;

Campbell & Schraiber, 1989; Reidy, 1994; Zinman, 1987)。

　1971年にカナダのバンクーバーのピアたちが、当事者主動によるドロップインセンターと住宅というスタイルでセルフヘルプサービスをつくり、問題に取り組みました。アメリカの元患者たちもこれを真似ました。セルフヘルプのサービスは、単独でも一般的なサービスと組み合わせても、利用できるようつくられました（Chamberlin, 1997; Chamberlin, Rogers & Sneed, 1989）。

### 6 変化の勢い

　患者の権利とセルフヘルプ運動のおかげで、コンシューマーは治療場面で説明に基づき自ら決断し、主体的な役割をもつことになりました（Chamberlin, 1997）。あるコンシューマーが、幸福プロジェクト（Campbell & Schraiber, 1989）で次のように語ります。「私たちは、自分たちが地域の中で価値ある成人だと感じ、社会に貢献する一員であると感じるようなサービスを選択できる自由があると考えています。そのためには、私たち自身の選択を認めてもらうことが、一番良い方法だと考えています」。

　時はたち、国とこの分野の専門職たちの一部は、当事者が意思決定することの重要性を理解し、取り入れます。1977年に国立精神衛生研究所は地域サポートプログラムを立ち上げ、長期にわたる精神疾患患者のニーズに焦点を当てます。その後、SAMHSA（p.3参照）所管の地域サポートプログラム事業で、1985年に第1回全米コンシューマー・オルタナティブ会議が、1988年〜1991年にわたり、全米のさまざまな地域で14の連邦プロジェクトが実施されました。地域サポートプログラムは同様に、フィラデルフィア、ローレンス（マサチューセッツ州）等の当事者主動センターによるセルフヘルプ研究やコンサルティングに資金提供しました。

### 7 代替プログラムから治療システムの一部へ

　各地域の元患者のグループは施設を訪ねて、施設の外での生活に必要な準備をサポートし、患者のリカバリーを支援し始めました。現在も残る例として、「ピアの架け橋プログラム」があり、全米で運営されています。

　1969年には、元患者でありコンシューマーの権利活動家として尊敬されているHowie the Harpが最初のサポート付き一般住居を開発し、「まず住まいを！」と主張する権利の先駆けとなりました（Howie the Harp, 1993）。当事者は、安心して住まう権利があるという哲学、基本的な安全が満たされて初めて治療が進むという考え方に基づいたものです。

　当事者のセルフヘルププログラムが数・質ともに成長するにつれ、認知が広がりました。次第に重要な計画、特に州や各地域の治療プロジェクトの選択肢として、仲間入りしてい

きました。当事者たちもモデルやアウトカムの開発、サービスの評価に参加し、支援機関や政府がピアプログラムを提供することに貢献しました。さまざまなピアプログラムが次々と主要サービスの仲間入りをしていったため、これらの活動は重要になりました（Van Tosh, Ralph & Campbell, 2000; McCabe and Unzicker, 1995; Chamberlin, Rogers & Ellison, 1996）。

1990年代の初頭、当事者たちは「私たち抜きに私たちのことを決めるな」というモットーのもと、エンパワメントを求めて組織をつくりました（Chamberlin, 1997）。彼らは精神保健サービスにおいて新たな役割を求め、それを手に入れ、新マネジメントケアシステムの共同開発者となる機会を予期せず得ることになります（McCabe & Unzicker, 1995; Beisecker & Beisecker, 1993）。

このマネジメントケアを機会に、一般的なサービスの提供者たちは、当事者を雇用したりピアグループとともに働いたりして、ケースマネジメントやクライシス介入等のサービスを提供しました（Solomon & Draine, 2001）。患者と元患者たちは会議や作業部会を立ち上げ、全米規模でコンシューマー事務所の職員として配置されました。

## ⑧ ピアサービスの拡大と差別化

当事者がリカバリーのビジョンを明確にしたおかげで、全米規模でリハビリテーションが形になり始めました。ビジョンのコンセプトは、次のとおりです。

- 人は、たとえ重度の精神疾患であってもリカバリーできる
- リカバリーは、人のストレングスに基づくべきである
 (DeSisto et al., 1995; Harding et al., 1987; Rapp, 1998)

すべてのピアプログラムの目標は、次のように定められました。

① 安心・安全で支持的な環境を用意して受け入れ学ぶ場を提供する
② A.Aの12のステップグループで確立されたモデルを活用しながら、一人ひとりの物語をシェアすることを励ます

セルフヘルプの対等という方法論は、この目標に達するためによく利用されます。それは集団としての到達点を維持・拡大するために、たとえピアが職員、メンター、先生等のフォーマルな役割をもつ場合においても同じです（Salzer & Liptzin-Shear, 2002）。ピアプログラムは「進化の作業」であり、参加者の経験と達成度を確認しながら進化を続けます。

## ⑨ 自己決定と障害種別を超えたピアサポート

　精神疾患患者のためのエンパワメント運動は、幅広い文脈の中で起こりました。19世紀および20世紀において、何十万人にも及ぶさまざまな障害者が施設ケアという社会的施策に飲み込まれ、一生涯にわたって州立病院や州立学校等の管理された環境に閉じ込められている人もいるとわかりました。今では、身体障害、知覚障害、認知機能障害、精神障害等の多様な障害者グループに所属する人には、自分たちに共通したものがあることを認識している人もいます。

　最終的には、さまざまな障害別のグループが集い合うことで、診断による分断を許しませんでした。機能障害によってではなく、利用できる家、仕事、交通、教育、地域生活がないから自分たちに能力障害が生じているのだと知りました。彼らは自分たちの生活が医療化していくことに抗議し、自己決定を求めました。

　1970年代、障害種別を超えたセルフヘルプ運動が高まり、多様な障害者グループが障害種別を超えたピア運営組織を立ち上げます。それは自立生活センターと名付けられ、最終的には全米に広がりました。センターの基本はピアサポート、スキル構築、アドボカシーであり、歴史的には精神障害を含んだものとなっています（DeJong, 1979; Deegan, 1992）。

　精神障害者を含めて障害者たちが、全米障害協議会（2000）の委員に任命され、各地域、州レベル、全米レベルで組織をつくりました。1980年代には障害種別を超えた権利運動が全米を変え始め、障害者を迎え入れるようになってきました。

　歴史的な出来事としては、障害者への市民権を保障した「障害のあるアメリカ人（ADA）法」の成立：1990年、障害者が施設ではなく地域で生活し、サービスを利用する権利があることを認めたオルムステッド最高裁判所の判決：1999年、があります（Fleischer & Zarnes, 2001）。この判決は、ADA法の下で、精神疾患患者の地域生活とインクルージョンを促進することに引用されてきました（Bazelon, n.d.）。

　障害種別を超えた権利運動によって、自己決定型のケアのようなタイプのサービスが進化を続けています。この考え方では、障害者は地域で自分が必要とするものを自分で決定し、そのサポートのために必要な資金を管理することとなります（Center for Mental Health Services, 2005）。

## 2 当事者主動サービスにできること

当事者主動サービスには、次の役割があります。

| 相互サポートの提供 | コミュニティづくり | サービス提供 | アドボカシー活動 |

これらは単独で行われることも、組み合わせて行われることもあります。

### ① 相互サポート

　共通した生活経験がある人には、かけがえのない可能性があります。それは、絆の共有や深い理解を土台に、お互いに助け合えるという可能性であり、そういう人間関係がない人にはできないことです（Carpinello, Knight, & Jantulis, 1992; Zinman, 1987）。ピアが可能とする支え合いは、対等を基調に行われ、「援助する人」「援助される人」が固定されることはありません（Constantino & Nelson, 1995; Riessman, 1990）。

　さらに、役割は人間関係の中で行ったり来たりし、あるいは、それが同時に発生し、両者ともに恩恵をこうむる当事者となります（Roberts et al., 1999; Mowbray & Moxley, 1997; Solomon, 2004; Clay, 2005）。セルフヘルプや相互サポートにおいて人は、自分の経験、ストレングス、希望をピアに差し出し、そのことで個人的な成長、幸福感の増大、そしてリカバリーが自然と進んでいくことが可能となります（Carpinello et al., 1992; Schubert & Borkman, 1994）。

### ② コミュニティづくり

　当事者主動サービスは、参加者が新たな社会や人とのネットワークをつくり、コミュニティの一員となる機会をつくります（Hardiman & Segal, 2003; Hardiman, 2004; Yanos, Primavera, & Knight, 2001）。

　こうしてつくられた（地域に代わる）コミュニティや仲間によって、自分の体験に対

する新たな考え方や問題への実践的な対処方法が得られます（Mead, Hilton, & Curtis, 2001; Campbell, 2005; Carpinello et al., 1991）。

## ③ サービス提供

　当事者主動サービスの多くは、シェルター等の具体的なサービス、居住、就労、就学等の基本的なニーズに基づいた支援を提供します。また、クライシス期対応サービス、社会資源への橋渡し、社会参加やレクリエーションの場づくり、情報提供／教育（学習会）、アウトリーチ等が提供される場合が多々あります（Clay, 2005; Goldstrom et al., 2006; Campbell & Leaver, 2003; Zinman, 1987）。

　サービスを直接提供するだけではなく、技術的助言、調査研究、研修、市民教育の実施、さらには健康管理の団体へ参加するプログラムもあります（Potter & Mulkern, 2004; Van Tosh & del Vecchio, 2001）。

## ④ アドボカシー活動

　当事者主動サービスは、2つの次元でアドボカシーを提供します。一人ひとりに対して自分の権利を行使し、一般的サービス、あるいは、もっと広範なコミュニティにある社会資源を利用し、不満を言えるよう援助します。

　当事者が当事者を助けるというもうひとつの目的は、メンバーの声を大きくし、社会変革、さらに社会正義を実現するアドボカシーの協議体を形成していくことにあります（Zinman, 1987; Chamberlin, 1988; Harp &Zinman, 1994; Roberts & Rappaport, 1989）。このソーシャルアクションという目的は、当事者によるセルフヘルプ運動開始当初からの基本的要素です。

　当事者は今や、アメリカ合衆国および各地域の精神保健施策やサービス開発に、積極的かつ有効に参加しています（New Freedom Commission on Mental Health, 2003; U.S. Department of Health and Human Services, 1999）。

# 3 共通要素

　当事者主動サービスの提供事業所は、さまざまなアプローチでサービスを提供しますが、そこには共通した要素がありました。この要素が複数の研究によって抽出、分類され（Solomon, 2004; Holter et al., 2004; Mowbray et al., 2005; Clay, 2005; Johnsen, Teague, & MocDonnel-Herr, 2005）、ベストプラクティス（いわゆる一番良い取り組みのこと）、アウトカム（いわゆる数で表せる結果のこと）、基準が考案されています（MacNeil & Mead, 2005; Salzer, 2002）。

　共通要素の抽出とともに、他のサービスと異なっている当事者主動サービスの構造、プロセス、価値観がわかってきました。これらの要素やサポートは、開発、管理、予算作成、普及（複製）、評価、質の定義を計測するための重要な目印（ベンチマーク）となります（Hardiman, 2005; Infusing Recovery, 2002; Davidson, 1999）。

　Holterら（2004）は、本質的な要素を、構造とプロセスという2つのカテゴリーに分けました。それは、次のとおりです。

## ❶ 構　造

　構造はプログラムの形成、運営方法に関係します。当事者主動サービスが効果を上げるために必須となる構造的要素とは、当事者によるコントロール、メンバーによる活動、参加型リーダーシップ、自主的な参加です。

### （1）当事者によるコントロール

　本来の当事者主動サービスの提供事業所は自立し、当事者によりコントロールされています。当事者が役員の過半数（51％以上）を占め、プログラムの管理運営権をもちます。これには方針、予算、人事およびプログラムの決定が含まれます。

　通常、当事者主動サービスはNPO法人であると同時に、何らかの援助団体からの財政援助のもとに成立し、現在の立場を徐々に築いてきたものです（Mowbray et al., 2005; Clay, 2005; Van Tosh & del Vecchio, 2001; Davidson et al., 1999）。

　構造的に自立していますが、一般的に当事者主動サービスは、地域の他機関、援助、社会資源と関係をもっています（Johnsen, Teague, & McDonnel-Herr, 2005）。

## （2）メンバーによる活動

　当事者主動サービスはメンバーに、組織内で例えば、有償、ないしは無償のスタッフ、広報担当、事務担当等の担当になる機会を提供します（Johnson, Teague, & McDonnel-Herr, 2005; Mowbray et al., 2005）。

　運営の土台をメンバーに頼るプログラムばかりです。こうして参加者が新しいスキルを学び、実践する機会が創られ、選択することや意思決定する責任を負い、リーダーシップの役割を考えることにつながります。プログラムのメンバーは精神保健の利用者だった人が多く、組織により創出された地位により、給与を得ているのが一般的です（Mowbray & Tan, 1992）。

## （3）参加型リーダーシップ

　プログラムにおけるリーダーシップのタイプにはさまざまあり、当事者以外が運営する組織で見られるタイプもあります（Van Tosh & del Vecchio, 2001）。どのタイプにも利点と欠点があり、それがプログラムの特徴になります。

　当事者主動サービスは、階層構造をもたない参加型で、リーダーシップがシェアされる構造となることを目指します。これにより組織内の管理者、職員、メンバー間の力関係が流動的になり、分配できます（Mowbray et al., 2005; Zinman, 1987; MacNeil & Mead, 2005）。

　プログラムは、さまざまな方法で参加者のニーズや好みに対応します。具体的には、民主的な手続きを踏み、当事者が満足しているか否かを表現するプロセスを用意し、管理者が参加者の好み、ニーズ、興味に基づきプログラムを変更していきます（Clay, 2005; Mowbray et al., 2005）。

## （4）自主的な参加

　当事者主動サービスへの参加は自主的なものです。メンバーは自分のニーズや好みに合わせて、好きなものを好きなだけ選択します（Holter et al., 2004; Mowbray et al., 2005; Van Tosh & del Vecchio, 2000; Carpinello, Knight, & Jatulis, 1991）。

　当事者主動サービス多機関研究（1998 ～ 2002）において、自主的な参加は、環境における「情緒的安心感」の一種だとわかりました。精神保健の利用者にとって「強制されない環境とは、過去のトラウマ、ないしは、精神保健制度によって受けたトラウマから癒やされること」であり、「自傷他害の恐れがある場合を除き、約束させられることや、臨床的に診断されること、望まないのに治療されることの恐怖」がなくなるということを意味します（Clay, 2005, p.10）。

## 2 プロセス

プロセスは、機関内におけるサービス提供の方法に関係します。Solomon（2004）は、当事者主動サービスを一般的な精神保健サービスと識別する基本プロセスとして5つの要素を抽出しました。それは、当事者によるコントロール、自主的な参加、相互的なメリット、ナチュラルな（例えばピアの）サポート、経験学習です。

Holterら（2004）はプロセスについて、後に議論する原則や哲学と整合性がある、重要な要素一式を紹介しました。

- 信念体系：エンパワメント、リカバリーを信じること、リカバリーの実践
- 以下の機会を尊重する役割構造：グループのエンパワメント、アドボカシー、対等な人間関係、メンバーの活動、メンバーの参加、選択と意思決定の機会、スキル改善の練習、積極的なロールモデル
- 次のような市民活動：相互的な人間関係、ソーシャルネットワークや機会、コミュニティ感覚、セルフヘルプ、ピアのロールモデル、人に内在するストレングスと価値観

## 3 フィデリティ

これら共通要素は、計測したり、研究したりできないのでしょうか。フィデリティとは、プログラムに重要な可変要素を確定した努力の成果であり、実施者がどの程度それに準拠しているかを明確にするものです。好ましいアウトカムを生み出す鍵となります。当事者主動サービスに共通する構造、およびプロセスの特徴を確定しようとする研究が行われてきました。

例えばMowbrayら（2005）は、当事者が運営する31のドロップインサービス（いわゆる「居場所」プログラム）を分析し、鍵となる要素を同定しています。研究により当事者主動ドロップインセンターフィデリティ尺度（FRC-CRDI）が開発され、これらのサービスが研究、分析されています。

1998年〜2002年にかけてSAMHSAによって期待がもてる研究が行われました。当事者主動サービスおよびプログラム多機関研究によって、研究に参加した7つの当事者主動多機能サービス機関に共通する要素が確定されました。その要素は、5つに分類されました。

- プログラムの構造
- プログラムの環境
- 信念体系
- ピアサポート
- 教育／アドボカシー

これらの要素や分類は、後に紹介する共通要素フィデリティ評価尺度（FACIT）の土台となっています（Johnsen, Teague, & McDonnel-Herr, 2005）。

当事者主動サービスの提供事業所の共通要素として、信念体系と価値観との両方が最も重要です。これらの信念が哲学と原則となり、ピアサポートプログラムをかけがえのないものにしています。

# 4 当事者主動サービスの原則と考え方

当事者主動サービスは、セルフヘルプ全般が引き継いできた独特の価値観や伝統、さらに最近では、精神保健の当事者によるセルフヘルプ運動に基づいたものです。

基本原則とは、「ピアを基調としたサポート、専門家に頼らないこと、自主的なメンバーシップ、平等主義・非官僚制・インフォーマルな構造、利用しやすいこと、秘密が守られること、一方的な判断をしない支援」を信じることです（Van Tosh & del Vecchio, 2001, p.11）。その他の核となる価値観には、エンパワメント、自立、責任、選択、敬意と尊厳、ソーシャルアクションが挙げられます（Zinman, 1987; Chamberlin et al., 1996）。

これら原則は、解放志向（エンパワメント）機能とケア機能の2つの領域に分けられてきました（Campbell, 2005）。

## ① 解放志向（エンパワメント）機能

解放志向機能によって当事者主動サービスの参加者は、自分自身のリカバリーに沿った選択が可能となります。この機能は個人のエンパワメント、組織のエンパワメント、市民活動によるエンパワメント、意識の高まり、自主性からなります。

個人、プログラム、制度、政策といった各次元でのエンパワメントにより、プログラムが開発、管理され、それが定義・計測可能なアウトカムとなります（Chamberlin, 1997; Rogers, Chamberlin, Ellison, & Crean, 1997; Segal, Silverman, & Tempkin, 1995a）。

## （1）個人のエンパワメント

　個人のエンパワメント、選択、自己決定に関連する概念等は、当事者主動サービスで頻繁に用いられる単語です（Mowbray, Holter, & Stark, 2005）。精神保健の利用者は、「敬意、尊厳、選択が必要であり、これが自分の幸せとリカバリーに最も重要だ」と言い続けてきました（Campbell & Schraiber, 1989）。

　個人のエンパワメントについては、Chamberlin（1997）が「意思決定力、情報の利用、幅広い選択肢、自己主張、他人と違ってよい感覚、批判的思考、怒りの学習・表現、所属感、自分の権利を知ること、影響している変化、自分が重要だと感じるスキルを学ぶこと、認知の変化、秘密のカミングアウト、成長と変化、ポジティブな自己イメージの増幅」（p.44）を定義しました。

　これらの質次第で自立や回復（リカバリー）が可能となり、ほとんどの当事者主動サービスに採用されています。

## （2）集団のエンパワメント

　エンパワメントは個人的なものと考えられがちですが、うまくいっている当事者主動サービスの構造の特徴や運営方法でもあります。エンパワメントが行き届いた集団の特徴には、意思決定の共有と相互的責任があります（MacNeil & Mead, 2005; Carley, 1994; Segal et al., 1993）。

## （3）ソーシャルアクションを通じたエンパワメント

　エンパワメントはソーシャルアクションを通じても起きます。精神保健のコンシューマー運動における社会的正義や市民権のルーツからして、当事者主動サービスはしばしば、他のセルフヘルプ団体より強めの政治的行動原則を採用します（Mead & MacNeil, 2005; Zinman, 1987; Chamberlin, 1979; McLean, 1995）。

　1990年にRiessmanは、エンパワメントとは個人的かつ政治的なプロセスであり、それを通じて人は自分を知り成長し、自分だけでなく他の当事者にも影響を及ぼしている、より広い社会的問題に気付いていくのだと指摘しています。

## （4）意識の高まり

　個人の選択やエンパワメントが意味をもつためには、「自分の経験の解釈にもいろいろな選択肢がある」ことを含めて、一人ひとりが利用できる選択肢やチャンスを知らなければなりません。これには意識の高まりが必要で、それには教育、探求、オルタナティブ（代替方法）の存在が前提となります。

### （5）自主性

　自主性とは、サービスへの出席や参加が、要求・義務・強制ではなく、本当に選択されているのかどうかという、程度に反映されます。

　当事者主動組織では、「参加は完全に自主的なものであり、……プログラムが有益だとか、他と違うからと感じて利用者が決めたときだけ参加します」（Strouhl, 1986, p.50）。

　当事者主動サービスは、一般的なサービスが行き届いていない人や公的制度からドロップアウトした人にしばしば提供されます。正式な登録制度がないので、本当の参加が促されるのです（Segal, Hardiman, & Hodges, 2002）。

## 2 ケア機能

　当事者主動サービスに参加したとき、ケア機能によって自分に適切なサポートが見つかります。ケア機能とは、下記のとおりです。

- リカバリー志向
- 友好的で共感的なピアサポート、ヘルパーおよびピアの原則の実践
- 互助や相互的責任を生み出す、認め合うコミュニティ
- 安心で、一方的に判断されないサービス
- 文化的包容力
- 「失敗する権利」を含めた経験的知識
- 人間性

### （1）リカバリー志向

　リカバリー志向の根底には、どんな人であっても自分のリカバリーと幸せを実現することは可能なのだという信念があります（Clay, 2005）。人の可能性に関するこの信念が、幸せ、健康、生活、選択に焦点を当てる人間関係を生み出します（Mead et al., 2001; Ralph, 2000; Diehl & Baxter, 1999）。

　リカバリーという考えに立ってみることで、一般的な精神保健サービス制度以外のサポートを利用することを含めて、メンバーにとって役立つものとは何かを明確にできます（Copeland and Mead, 2004）。

### （2）友好的で共感的なピアサポート、ヘルパーおよびピアの原則の実践

　当事者主動サービスはインフォーマルな関係をつくり、そこで人間関係が対等に育まれ、それぞれに内在する価値を評価し合えるようになります（Mowbray & Tan, 1992; Clay, 2005）。このピアな人間関係は経験を共有するだけに留まらず、対等で受容的、相互的な

人間関係となっていきます（Clay）。

　ピアサポートは友好的で共感的ですが、セラピーと混同してはなりません。Budd（1987）は、「サポートにおいてゴールは、心地良いこと、ケアする友人として役立てること、聴くこと、共通の経験から学んだことをシェアすることです。自然な人間関係において友人が、たくさんの選択肢からいくつか提案してくれたり、他人の困りごとを聞いてくれたり、励ましてくれたり、共感を示されて心地良かったり、利用できる社会資源に関する共通の経験や知っていることをシェアするのは、当たり前のことです」（p.43）と書いています。

　ピアは「ともにいること」「わきを歩むこと」のもつ癒やしの効果を知り、互いに提供し合うのです。ピアサポートにおける人間関係が、一人ひとりのリカバリーに良い影響を与えているということは何度も確認されてきました（Breier & Strauss, 1984; Neighbors & Jackson, 1984; Powell, 1988; Davidson et al., 1999）。

　コミュニケーション、心遣い、個人的な信頼関係が援助関係に重要だと一貫して確認されています（Campbell, 2005; Asay & Lambert, 1999; Seligman, 1995）。

　治療について数値化が可能なアウトカムは、援助関係に対する患者の主観や信頼関係の強さ（両者が同じ目標に向かう連帯感）が大きく影響します。これは研究、プログラム、サービスのアプローチ、患者の種別を超えて言えます（Kozart, 2002; Bachelor & Horvath, 1999; Horvath & Luborsky, 1993; Hartley & Strupp, 1983）。

　ピアサポートの人間関係は、ピアの原則とヘルパー原則を具体化したものです（Gartner & Riessman, 1984; Carpinello, Knight, & Jatulis, 1991）。ピアの原則では、「ピアのメンバーは、お互いをかけがえのない存在だと理解し合います」（Riessman, undated）とします。

　ヘルパー原則では、「癒やしの効果、つまり「同じ課題をもつ人を助け、助けられること」を理解することが、セルフヘルプの鍵となるストレングスのひとつとなります」と認められています（Riessman, undated）。

## （3）コミュニティに貢献し互助や相互的責任を育む

　当事者主動サービスに特有な視点として、コミュニティに参加し、それを受け入れることを経験する機会をつくることが挙げられます。人をケアするネットワークの一部となることで、自分がもつ固有の価値を土台にしながらも一体的で受け入れられたような感覚がもてるようになります（Hardiman, 2005; Lieberman, Gowdy, & Knutson, 1991）。

　コミュニティへの参加、ピアサポート、意思決定の共有によって、参加者にグループの幸せに対する共同責任の感覚（Zinman, 1987）が芽生え、孤立を乗り越えられるようになります（Mead & MacNeil, 2005; Lieberman, Gowdy, & Knutson, 1991; Kurtz, 1988）。

## （4）安心で一方的な判断をしないサービス

当事者主動サービスは、一人ひとりの成長に必要な安心、一方的に判断しない環境を提供します。当事者主動サービスにおける「安心」とは、人が心地良く「自分らしさ」を感じられるかどうかによります。この無条件の受け入れによって、考え、信念、行動を大きく変えるために必要なストレングスや安全の感覚が可能となります（Clay, 2005）。

## （5）文化的包容力

文化的包容力とは、あらゆる援助関係に必須な要素です。援助が必要な異文化体験について気付き、知識を得ると、人により異なるニーズを尊重すべきことに気付きます。

他のエビデンスに基づくサービス同様に、環境・状況・文化に適応することで、当事者主動サービスは価値に関する評価尺度（フィデリティ）を維持し、それぞれが置かれた状況に敏感であることを保てます。

しかし、ただ単に文化的包容力を、民族とか文化といった点だけで考えるのは不十分であり、「自分が知る物事をいかにして人は知るようになったか」（Mead & MacNeil, 2005）という点から考えるべきです。精神保健用語の文化に馴染まされてしまった人は、当然ながら、経験を医学的に解釈しがちです。この現象によってしばしば、私たちはトラウマや被虐待の影響を忘れがちです（Jennings, 1994）。

精神保健システムのサービスを利用する大勢の人は、トラウマや虐待経験があります（Jennings, 2004; Mueser et al., 1998）。一般的なサービス制度としてトラウマ情報サービスが登場し始めており、文化的包容力に関する方法という特別なニーズに対応しています（Harris & Fallot, 2001）。

当事者主動サービスにある課題は、トラウマが人に及ぼしてきた影響と同じくらい大きなものを個人、人間関係、そして組織に投げかけるでしょう。リーダーシップ、コンフリクト（葛藤）、役割、バウンダリー（いわゆる心の境界線のこと）、安心といったテーマはピアの価値観と原則に特別に配慮するだけでなく、トラウマや虐待の影響を深く考慮して取り上げ、評価されるべきです。

## （6）「失敗する権利」を含めた経験的知識

当事者主動サービスは経験的知識に価値を置きます（Schubert & Borkman, 1994）。メンバーは、自分たちは自分たちの問題や課題に対して、具体的で代替的な解決方法を学べるはずで、それは自分たちの失敗を含めた体験をシェアすることで可能となるはずだと考えます。経験から学ぶ際、メンバーは「失敗する権利」を価値ある方法だと実

際に考えます。

　精神疾患がある人の多くは、リスクがあることをしようとすると反対されてきました。そして、「自分は壊れやすく、依存するしかない」という考え方を学習してきました。当事者主動サービスの参加者は、リスクの高いことをすることは失敗にも、それに続く成功にも関与できると考えます。たとえそうであっても、リスクをもつことは体験から学ぶことであり、成長とチャンスの旅を前に進めるものだと見なされます（Chamberlin, 1979; DeJong, 1979）。

### （7）人間性

　解放志向機能とケア機能を総動員することで、当事者主動サービスは、メンバーが人間性を育んでいくことを助けます（Copeland & Mead, 2004; Mowbray & Tan 1992）。メンバーは幅広い役割、選択、機会をもち、自分たちのストレングス、幸せ、リカバリーを通じてお互いに関わり合うのです。

## 5 当事者主動サービスの参加者

### ① 当事者主動サービスへの参加者の内訳

　統計的データに不完全な部分もありますが、当事者主動サービスに参加している人がたくさんいることがわかっています。Goldstromら（2005）が、精神保健機関の利用者が自ら運営する相互サポートグループや、自ら運営するセルフヘルプ機関を調査したところ、その数は全米の専門職主動の精神保健機関の数を上回っていたことがわかりました。調査の前年度においてサポートグループの利用者は100万人以上、当事者主動サービスの利用者は53万4千人以上でした。

　1996年、Chamberlinらは全米で代表的な6つの当事者主動サービスを調査しました。利用者の基礎情報について、セルフヘルプ利用者と専門職主動の機関が提供する地域サポートプログラム利用者とで比較しました。両者とも年齢と婚姻率は似ていた一方で、セルフヘルプ利用者には、男性、アフリカ系アメリカ人、高学歴者が多く、精神科入院率は低いものでした。とある都会のピアプログラムが、この結果に関係していると記されています。

Segalら（1995）が行った、都会のセルフヘルプ利用者を対象にした長期研究で高い割合を示したのは、ホームレス、精神疾患と薬物依存の重複障害患者でした。「基礎情報データから、専門職主動の地域精神保健機関を利用しながらセルフヘルプ機関を利用しているのは、アフリカ系アメリカ人やホームレス等の貧困層で、精神保健制度において、今までサービスが行き届いていなかった人が多いのではないかと考えられます」（p.274）。さらに最近、HolterとMowbray（2005）は、ミシガン州のドロップインセンター32か所を調査しましたが、結果は同様でした。利用者の大半は男性で、都会で入院していたアフリカ系アメリカ人でした。利用者の8割は他の精神保健プログラムの利用者でもありました。

### 2 当事者主動サービスを選択する理由

　MowbrayとTan（1992）の調査から、当事者主動サービスを利用するのは、社会的な理由によるものが多いことがわかっています。「友人がいること」「家族あるいはコミュニティの感覚が味わえること」「やることがあること」「考え方を交換したり、支え合うチャンスがあること」等です。「食事や軽食がとれること」「外出する場所をもてる」等も挙がりました。
　Segalら（2002）の最近の研究では、セルフヘルプ、あるいは専門職主動のサービスの援助を求めようとする判断要因が分析され、「セルフヘルプ機関に行く理由の第1位は、『セルフヘルプサービスや社会とつながる機会を求めるため』、地域精神保健機関に行く理由の第1位は『薬物療法やカウンセリングを受けに行くため』でした」（p.246）。「ニーズの感じ方」「自分が役立てると感じているかどうか」「強制されることの不安」「利用しやすさ」等が複雑かつダイナミックに絡み合い、判断につながっていると記されています。

# 6 当事者主動サービス実施の典型例

　当事者主動サービスに共通要素はありますが、さまざまな機能をもったプログラムが存在します。例えば、相互サポートグループ、多機能サービス機関、自立生活センター、ピアによるドロップインプログラム、さらには、特定の援助サービス等です（Campbell & Leaver, 2003）。

## 1 相互サポートグループ

　セルフヘルプは最近では、互助、あるいは相互サポートグループと表記され、伝統的で自然発生的なサポートとは区別されます。目的が明確で構造化されており、一定のプロセスやルーチンに従い、問題や課題に向かう際の特別なアプローチをもっています（Davidson et al., 1999）。近年、メンタルヘルスに焦点を当てた相互サポートグループは増えています（Budd, 1987; Carpinello et al., 1992; Goldstrom et al., 2005）。

　相互サポートグループで一般に尊重されるのは、匿名性、自主性、メンバーによるリーダーシップとグループ進行、非営利です（Mowbray & Tan, 1992; Budd, 1987; Chamberlin et al., 1996; Mead et al., 2001; MacNeil & Mead, 2005; Kennedy & Humphreys, 1994）。

　メンバーは、「精神症状に関連すること、偏見、差別、仕事、住居、人間関係等の個人的な関心ごとをやりくりできるよう、お互いを助けます」（Campbell, 2005, p.29）。

　目標は、「セルフエスティームの向上」「精神疾患への実践的な対処スキルの学習あるいは教えること」「一方的な判断をしない安心できる環境を提供し、それぞれの物語を共有すること」です（Clay, 2005; Ridgway, 2001; Whitecraft et al., 2005）。

　相互サポートグループに参加することで報告されているアウトカムには、セルフエスティームや有用感の向上、リカバリーの道を先行く人（ロールモデル）に触れる機会の増加、エンパワメント感覚の増幅、自分のストレングスの再認識、価値観やアイデンティティの拡大、権利や社会正義の問題に気付くことなどがあります（Chamberlin, 1995; Van Tosh & del Vecchio, 2001）。

　さらに援助の受け手から成り手に換わることで、これらのグループが、一般的なサービスへの過度な依存を減らせる相互サポートグループになります（Roberts et al., 1999）。相互サポートグループは小さく、さまざまなコミュニティの草の根グループであるか、GROWのような構造化されたネットワークの一部であることが多いです（Keck & Mussey, 2005）。

## 2 多機能サービス提供事業所

　多機能サービス提供事業所の中でも、ピアサポートは看板プログラムとなりますが、他のサービスも提供します。考えられるプログラムは相互サポートグループ、ドロップインプログラム、居住サービス、就労・修学支援、クライシス対応やレスパイト等多岐にわたります。

　このような事業所でよく提供されているプログラムの例として、サービスが行き届いていない人やサービスの必要性がある人へのアウトリーチ（Leiberman et al., 1991）、ケー

スマネジメント（Nikkel et al., 1992）、研修を受けたピアによるアドボケイト（Trainor et al., 1997）、地域の社会資源の活用援助（Campbell, 2005）等があります。

### ③ 自立生活センター

　自立生活センターでは、精神症状がある人に限定せず、障害種別を超えたプログラムやサービスを提供します。さまざまなサービスを提供しますが、アドボカシー、個別支援、セルフヘルプが尊重されます（DeJong, 1979）。

### ④ ピアによるドロップインプログラム

　ドロップインセンター（日本の地域活動支援センターのような「居場所」を提供する機関）は、地理的に中心部となる場に設置されます。出席の義務はなく、自分の意思で参加し、くつろげるよう迎え入れてくれるコミュニティとなる場所です（Kaufmann, Ward-Colasante, & Farmer, 1993; LeDoux, 1997; Meek, 1994; Silverman, 1997）。他のサービスが休みでも、ここは開所している場合が多いです。

　ドロップインセンターを好むのは、権利を侵害されてきた人、従来の精神保健サービスを嫌う人という傾向があります。センターは利用しやすく、安全で一方的に判断されないインフォーマルな環境を提供し、逆に利用者が求められるものはほとんどありません（Chamberlin, 1979, Zinman, 1987）。

　ドロップインセンターの多くは多機能サービス提供事業所でもあり、必要とされるさまざまなサービスのための場を提供します（Holter & Mowbray, 2005）。その援助内容の例としては、電話、コンピューター、シャワー、洗濯機等の利用、資格取得や居住の支援、交通機関のパス、メールやアドレス（貸出）サービス、衣類、食事、芸術、その他の創作表現活動等があります（Chamberlin et al., 1996; Clay, 2005; Campbell, 2005; Schell, 2005）。

　他に利用できるサービスとして、セルフヘルプに関する情報図書館（Elkanich, 2005）、対処・問題解決スキル、リカバリー、幸せ（Copeland, 1997）、あるいは健康、薬物療法、薬物依存（Vogel et al., 1998）に関する構造化された教育プログラムがあり、そこではコンシューマーの権利、セルフ・アドボカシー、リーダーシップ開発（Silverman, 1997）や財産管理、テナントの借り方についても学べます。

　ピアによるドロップインセンターはたくさんあり、提供するサービスの種類も多岐にわたっていますが、社会化、エンパワメント、アドボカシーという要素が常に入っています。

## 5 特定の援助サービス

当事者主動サービスが、居住、就労、援助付き教育、クライシス（急性期）対応やレスパイト等の特定の援助サービスに付随する場合もあります。

### （1）居住

居住には、ホームレスに住む家を見つけること、住む家を作り、運営すること、住宅共同組合を運営することまでを含みます（Swarbrick & Duffy, 2000; Campbell & Leaver, 2003）。当事者による居住支援サービスの場合は例外なく、地域で生活することを援助し（Besio & Mahler, 1993）、当事者主動サービスが提供する別のプログラムを利用するよう促します。

### （2）援助付き雇用

援助付き雇用とは、一般労働市場で働くために必要なスキルや自信を身に付けるよう援助するプログラムです。独立の援助付き雇用機関（Miller & Miller, 1997）や当事者運営ビジネスの取り組み（Trainor et al., 1997）で提供されることもあります。

より多くみられるのは、援助付き雇用サービスが、非公式ながら当事者主動サービスの一部となり、メンバーはボランティア、スタッフ、リーダー等として特定の業務の責任や役割を負う場合です（Minth, 2005; Schell & Erwin, 2005）。プログラム内で利用できる研修、教育、援助によって、さらに大きなコミュニティでの就労・就学へとつながります。

### （3）クライシス対応とレスパイト

当事者主動によるクライシス対応プログラムは、従来のクライシス対応サービスや精神科病院で経験されてきた強制的で虐待のようなサービスに代わるものとしてつくられました。ピアカウンセリングに基づくインフォーマルで非臨床的なアプローチにより、サービスが提供されます。

研究で、このプログラムは入院率の減少と有意な相関関係が示されています（Mead & Hilton, 2003; Dumont & Jones, 2002; Burns-Lynch & Salzer, 2001）。

### （4）薬物乱用

薬物（物質）乱用は、多くのコンシューマーに見られる重複障害です。ピアサポートは、特に従来の精神保健治療と一緒に提供された場合、アウトカムやQOLを改善することが研究でわかっています（Klein et al., 1998; Whitecraft et al., 2005; Magura et al., 2002; Campbell & Leaver, 2003）。

重複障害がある人は、ピアに対して良い反応を示すことが多く、生産的で薬物から離れた社会活動に参加できるようピアを支えることができます。例えば、「リカバリー二重問題

（DTR）」は精神疾患と薬物依存という二重の症状がある成人のための相互援助グループですが、調査の末（Vogel et al., 1998）、2008年にSAMHSAの全米認定の科学的根拠に基づいたプログラム（NREPP）に登録されました。

### （5）特定集団対象のプログラム

当事者主動サービスは、一人ひとりのニーズや経験に耳を澄ませてきたので、そのニーズや一定の特徴をもった人々、例えば、トラウマや虐待された経験のある人（MacNeil & Mead, 2005）、文化的背景が異なる人（Harp & Zinman, 1994）の希望に応じようと特別な戦略を立てることがあります。当事者主動サービスの利用が広がるにつれ、オーダーメイドのプログラムが重要になっています。

### （6）教育とアドボカシー

当事者が運営する教育とアドボカシープログラムは、授業形式の構造化されたカリキュラムにより行われます。カリキュラムは多様ですが、プログラムで強調されるのは「精神疾患や精神科サービスだけでなく、幸せをサポートする方法に関して、適確かつ包括的な知識を得たときに、当事者こそが最も自分のリカバリーのニーズに目を向け、精神保健制度の変化を主張できます」（Campbell, 2005, p.30）ということです。

アドボカシープログラムにより提供される研修には、サービスの選び方、制度案内、セルフ・アドボカシー講座、一般的なサービスでの就労講座、社会政策の下での働き方講座等があります（Sangster, 2005）。教育のカリキュラムの例としては、体系的元気回復プラン（Copeland, 1997; Diehl & Baxter, 1999）、治療とリカバリーの選択肢に関する情報提供（Hix, 2005）、各自のリカバリーに必要なスキルや選択肢を提供するコース等があります。

# 7 当事者主動サービスのエビデンスの確立

アメリカ、カナダ、西欧では、障害につながる病気の上位に、精神疾患があります。しかし多くのアメリカ国民は、精神疾患を経験した人にとって唯一にして最重要となる目標：希望とリカバリーを目指したサービスを利用できていません。1970年代以来の精神保健

分野における脱施設化以降、当事者主動サービスは発展および多様化し、数も増えました。

地域精神保健サービス制度と当事者主動サービスとを正式に統合するにあたっては、治療上のアウトカムの改善、幸福感の促進、制度の柔軟性が必要となります。これらプログラムによって、ニーズに合致し、ピア志向のサービスが全米の精神保健に提供され、制度の土台はリカバリーへと移行していくこととなります。

最近になるまで、当事者主動サービスに関する調査は科学的な比較対照、実現可能性の検証、予備的調査に欠けた研究ばかりでした。こういった研究から、当事者主動サービスはさまざまな領域で効果がある（Davidsonet al., 1999; Solomon & Draine, 2001）とされましたが、任意抽出による臨床試験と相関する、より定義が明確な知見を証明してきませんでした。

精神保健の当事者から見たセルフヘルプの利点を扱ったSurgeon General（1999）報告が出されて以来、精神保健領域において、当事者主動サービスにおけるピアサービスの効果を実証する比較対照試験に基づいた研究が増えています。

精神保健の新自由委員会最終報告書の達成目標：アメリカの精神保健改革（2003）には、当事者は「精神保健サービスの提供環境を広げ、リカバリー志向のシステムをつくるにあたり重要な役割をもっています」（p.37）とあります。さらに、「当事者はあらゆるサービスやサポートの環境に関与すべきです。特に、エビデンスに基づいた当事者主動サービスは推進されるべきです」（p.37）と提案されています。

## ❶ エビデンスの順位

精神保健サービス施策は、専門家の意見や経験だけに基づいたものから、実証研究によるエビデンスに基づいたものに変化しています（West al., 2002）。

政策立案者は、研究結果と科学的知見の質を理解した上で、多くの人に効果的な当事者主動サービスのモデルを見極め、さまざまなアウトカムと相関してくるコストを特定しなければなりません。そこで、さまざまな研究結果から挙がった科学的なエビデンスの質を政策立案者が理解できるよう、研究順位付システムが開発されました。

本レビュー文献でも保健治療施策研究機関（AHCPR, 1992; Leff, Conley, & Elmore, 2005; West et al., 2002）が開発した研究順位付システムを採用し、「研究デザインや方法、分析がもつ、選択肢の幅、計測程度、バイアスの混入具合」（West et al., p.1）を決定した上で、エビデンスに基づいた当事者主動サービスの効果や質を確定しました。本レビューでは過去27年間に行われた25の研究を取り上げたところ、最高位のレベル1を筆頭にレベル3までが含まれました。また、エビデンスの質としては最下位であるレベル4に位置付けられる複数の報告書の結果も掲載します。

以下に、エビデンスとしての質が低いものから順に、要約して紹介します。

## ❷ 専門家による報告：エビデンスレベル 4

　エビデンスレベルの最も低いものとして、専門委員や有識者によるレポートがあります。例えば、次のようなものです。

> ● Stroulは1986年の地域サポートモデルに関するレビューで、「セルフヘルプは精神保健分野で急速に重要なものとなっており、痛み、課題、そして解決を分かち合うために集う当事者の数は増えています。他のセルフヘルプグループ同様に、精神保健の当事者も似た経験や課題があるため、お互いに助けることができます。……セルフヘルプグループは孤独感、疎外感、被差別感、フラストレーションに対し、相互サポート、交流、共感、分かち合いで対抗します」（p.49）と報告しています。
> ● 1989年に全米各州精神保健プログラム責任者連盟（NASMHPD）の施策方針において、精神保健の元患者／利用者が他にない方法でサービス提供に貢献していることが認められました。

　当事者主動サービスに関する専門家の知識はほとんど、精神疾患当事者が書いたピアサポートに関する出版物に基づいています（Zinman, 1986; Zinman, Harp, & Budd, 1987; Chamberlin, 1979; Campbell & Schraiber, 1989）。すでに触れた人もいます。本書では、その後に行われた幸福感、希望、エンパワメント、リカバリーの量的研究という地道な作業の上に、当事者の価値に基づいたプロセスや幸福促進を示すアウトカムを記載します。

　Zinman（1987）は、「セルフヘルプグループは感情が伴う私たちの生活をわかりやすく説明し、自分たちを助ける知識や道具を取り戻してくれます。感情の伴う生活は、もはや医療職等の他人が専門とするものではないのです。私たちが専門家なのです。」（p.11）と書いています。Budd（1987）は、相互サポートグループとは「与えると同様に受け取る場所で、自分が役に立てると感じ自尊心を肯定してくれる場所です。相互サポートグループはそれゆえ、自己定義を育み、ピアのロールモデルとなることを援助できます。これがエンパワメントを可能とします」（p.43）と表現しています。

　幸福プロジェクト（Campbell & Schraiber, 1989）のひとつとして語り継がれてきた歴史が収集されました。そこで多くの当事者のリーダーが、精神症状の軽減、エンパワメント・人間性・社会との接点の構築という点からピア運営プログラムの価値について述べていました。

　次がその例です。

- 私はセルフヘルプグループのおかげで、病院の外でたくさん過ごすことができました。(Harp, p.43)
- 私に最もエンパワメントの感覚をもたらしたものは、(当事者主動サービスである) CAPABLEの一員になったことです。(Pierce, p.51)
- Spiritmenders(患者セルフヘルプセンター)のメンバーが劇的に成長するのを見てきました。みんなセンターに来ては、ピア、そして友人を見つけます。ここにいると、ああ人間だなぁと感じられます。(Kaplan, p.45)
- 方向性は間違っていません。人はみんな、私たちには何もできないと考えています。しかし、不思議なことにセルフヘルプはうまくいくのです。(Price, p.53)

## ❸ 記述研究：エビデンスレベル3

　エビデンスのレベル3は、比較、相関、症例対照研究といった、適切にデザインされた非実証記述研究になります。

　一般的にこのレベルの研究は、当事者主動サービスの開発初期において実施され、サービス参加を選択する人の特徴、変化にいたるプロセス、利用者の視点によるドロップインセンター、またはフォーマルな相互サポートグループ参加のメリット、の確認が目的です。

　メンバーからは、QOL (Chamberlin, Rogers, & Ellison, 1996)、問題解決能力、満足感、ソーシャルサポート、対処スキル (Silverman, Blank & Taylor, 1997; Lewis, 2001)に良い影響があったと報告されています。さらに、入院率の削減 (Mowbray & Tan, 1993)、躁うつ症状の軽減、一般的なサービス利用の減少 (Lewis, 2001)も報告されています。

　ここでは、ドロップインセンターと相互サポートグループに関する次の13の研究者の記述研究の概要を紹介します。

1) Raiff (1984)
2) Mowbray, Wellwood, & Chamberlain (1988)
3) Kurtz (1988)
4) Mowbray & Tan (1993)
5) Kaufmann, Ward-Colasante, & Farmer (1993)
6) Luke, Roberts, & Rappaport (1994)
7) Chamberlin, Rogers, & Ellison (1996)
8) Carpinello, Knight, Videka-Sherman, Sofka, & Markowitz (1996)
9) Trainor, Shepherd, Boydell, Leff, & Crawford (1997)

10）DeMasi, Carpinello, Knight, Videka-Sherman, Solka, & Markowitz（1997）
11）Van Tosh & del Vecchio（2001）
12）Lewis（2001）
13）Segal, Hardiman, & Hodges（2002）

### （1）ドロップインセンター

　ペンシルバニア州全体で当事者の参加を促そうと、州の精神保健事務所が9か所のドロップインセンターの開発と評価を始めました（Kaufmann, Ward-Colasante, & Farmer, 1993）。

　6か月の調査期間において、一日平均478人が各ドロップインセンターの28サービスを利用しました。利用者はドロップインセンターに高い満足度を示しましたが、有給職員の数、運営時間、管理、交通手段について、さらなる改善を希望していました。研究者は、「当事者主動センターに充分な財源と技術的援助があれば、地域援助サービスの一部として実現可能だ（p.678）」と結論を出しました。

　ミシガン州ではMowbrayとTan（1993）が、合計1,445人が利用する、開所2年以上のドロップインセンター6か所を調査しました。6か月以上120人の参加者に対して行った構造化面接から、プログラムの予算獲得時の目標（1）重度精神疾患患者へのサービス提供、（2）ソーシャルサポートの促進と問題解決の共有に資する環境づくりは、目標を達成していることがわかりました。

　ソーシャルサポートが改善した主な理由は、ドロップインセンターを利用したためでした。センターに来る理由として過半数（53.3%）が、「友達がいるから」「家族みたいだから」「考え方を社会化、交換、変化させる機会になるから」等の"人"に関連した理由を挙げました。その他は、「何かするため」（25%）、「他に行く場所がないため」（23.3%）、「センターでボランティアないし働く責任があるため」（19.1%）、「リラックスするため」（14.2%）、「コーヒーやドーナツがあるから」（13.3%）、「援助や励ましを求めて」（6.7%）でした。

　センターが生活の変化に役立ったかの質問に対しては、良い効果が見られました。「友達が増えた」（79%）、「就職、学校、住環境、人間関係、治療、その他生活の変化について決定する自信がついた」（53%）と答えがあり、72%が「自信がついたのはセンターのおかげだ」、68%が「センターは病院の外で過ごせるよう助けてくれたと感じた」と答えました。満足度はセンターを問わず、高いものでした。

　回答者の77%が、今まで経験した精神保健プログラムとセンターは、良い意味で異なると認識していました。その違いとは、「より自由」（29.2%）、「より支えて配慮してくれる」（21.7%）、「しばりが少ない」（11.7%）でした。

　Chamberlin、RogersとEllison（1996）は、全米の当事者主動のドロップインサービス6か所に参加する171人からデータを取り、メンバーシップ、プログラム満足度、QOL

への主観的影響度を確認しました。

研究代表者の報告から紹介します。「全体的に言って回答者は、セルフヘルプ活動に参加することは、人生への満足感等のQOLに有益だと答えていました」(p.40)。セルフヘルプに参加して、ほぼ全員の92％が「自分を肯定するようになった」、87.5％が「自分は役に立てると感じるようになった」と回答しました。社会生活の面では、50％が「家族との関係の質が好ましい方へ変化した」、53％が「友人との関係の質が好ましい方へ変化した」と回答しています。住居、収入、その他社会環境にセルフヘルプは影響したかについて、77％が何らかの良い影響があったと答えました。

Segal、HardimanとHodges（2002）によれば、「コスト意識の点から精神保健行政は、セルフヘルプ実施機関が提供する社会的関係に焦点を当てた介入サービスに注目しつつあり、臨床的介入ばかりに焦点を当てる地域の精神保健機関から離れていく状況にあります」(p.1、146) としています。

両機関の援助を求める者にとって、この役割分担の影響を確認するため、同じ地域のセルフヘルプ機関と地域の精神保健機関との10組の両方を利用する673人の患者について、基礎情報、臨床データ、社会特性データ、サービス利用歴が比較研究されました。

研究結果では、調査時の直近30日以内において、セルフヘルプ機関より地域精神保健機関の利用者の方が、急性症状とストレス源が多く、社会的機能は低くなっていました。同時に、セルフヘルプ機関の患者はセルフエスティーム、LOC（自己統制感）、将来に対する希望が高いものでした。これらの知見に基づき研究では、「地域精神保健機関に来る患者はより急性期に近く、セルフヘルプ機関に来る患者は、主に心理社会的援助を求めて来ている」と結論を出しています。

さらに、研究者は次のように推奨しました。（1）地域精神保健機関はさまざまなサービスの視点をもって急性期に対応すること、（2）セルフヘルプ機関は、精神保健の課題を長期間もつ患者に対して、サービス提供と権利擁護を行うこと。さらに精神保健機関は、セルフヘルプ機関の役割を強化するため、ネットワークを形成すべきだとも述べています。

### （2）相互サポートグループ

Raiff（1984）はセルフヘルプ活動への参加者の健康に関するアウトカムを調査するにあたり、サンプルとして、集団ミーティングがしっかり形成されている国際的な相互サポート機関：リカバリー連盟を採用しました。

リカバリー連盟のリーダー520人に、23ページの匿名アンケートを郵送しました。リーダーにあたるかどうかは、セルフヘルプ経験、抽選や順番制で決まる管理責任の程度によります。

対象者はみんな、医療の利用率について改善が見られました。一時199人が入院したものの、グループに参加した後の入院率は17.6％のみでした。さらに、125人が電気ショック療法を受けましたが、グループ参加後は3.3％のみでした。

　対象者全体では、医師の利用や薬物療法の減少を示す数値が得られました。健康満足度や心配事の程度に関する自己評価が高い水準を示し、メンタルヘルス全体で高い満足度でした。92％が相対的幸福感や満足感に関する質問にポジティブに答えていました。点数が低い回答者と、参加して2年以下の回答者とが相関していました。

　全米うつ・躁うつ協会設立大会の出席者を調査すると、188人がグループに参加したことで、自分の病気を受け入れ、症状に対処し、医療を利用することが上手になったと答えています。

　さらに、入院率の減少も報告されています（Kurtz, 1988）。これは、最近のうつ・躁うつ連盟（DBSA）に参加する1,000人以上の調査分析でも再現されています。メンバーは当事者が運営する相互サポートグループに参加する理由として、医師とのコミュニケーション、指示に従う動機、服薬の意思、薬の副作用への対処法獲得に関する助けを得るためだと語ります。さらに、うつ症状や入院率の減少は、当事者主動サービスへの参加期間と相関していました（Lewis, 2001）。

## ❹ 準実証研究：エビデンスレベル2

　エビデンスレベル2は、デザインおよび管理が十分になされた研究から任意抽出準実証研究等を除いたものです。

　任意抽出によらない対照群、もしくは介入前のスコアと比較した7つの研究があります。

1) Nelson, Ochocka, Janzen, Trainor, Goering, & Lomotey（2007）
2) Galanter（1988）
3) Hodges & Segal（2002）
4) Kennedy（1990）
5) Magura, Laudet, Mahmood, Rosenblum, & Knight（2002）
6) Roberts, Salem, Rappaport, Toro, Luke, & Seidman（1999）
7) Yanos, Primavera, & Knight（2001）

　当事者主動サービスに参加することで、精神症状や入院率の軽減（Kennedy, 1990; Galanter, 1988）、心理・社会的な適応力の改善（Roberts et al., 1999; Yanos et al., 2001）、目標の到達の促進（Hodges & Segal, 2002）につながることが研究でわかりました。慢性精神疾患と薬物依存の重複障害に特化された12ステップのセルフヘルプグループへの参加者の研究では、ミーティングへの参加継続と薬物療法のアドヒアランスに相関

が確認されました（Magura et al., 2002）。

　当事者主動サービスの長期的な利点の研究（Nelson et al., 2007）では、アウトカムに改善が見られるのは積極的に参加した人のみであることがわかっています。その結果から、積極的に参加しないときにメリット（例えば、QOLや就労・就学率）が低下する理由は、サポートされる環境にいないからだと研究者たちは推測しました。

　「当事者主動サービスのプロセス」「リカバリーを示すアウトカムへと仲介する要因」が次の調査に基づいてわかってきました。
①ピアが援助を提供し、さらに利用するという関係性
②リカバリーしていくピアと関わることの心理的影響
③参加者の2年以上の長期追跡研究

## （1）援助の提供と利用とによる相互の人間関係

　調査から導かれた理論によれば、集団のミーティングで生じる人と人との間における援助の交換が、セルフヘルプグループにおいては重要な治療的プロセスといわれています。Robertsら（1999）の仮説によれば、GROWという重度精神疾患患者の相互サポートグループにおいて、援助を提供し利用することと心理・社会的適応力とは関係します。

　27か月間、イリノイ州中央の15のGROWから186人の参加者について、2回、心理社会的適応力をアセスメントしました。いずれも自己報告方式だけでなく、インタビュアーが参加者の機能を点数化する方式も取り入れ、毎週のミーティングで観察可能な527のコードを使い、援助行動を測定しました。援助行動の頻度を、最初の適応力を対照とした後の2回の適応力を示すものとして活用されました。

　ヘルパーセラピー原則と一致し、他者を援助することで心理・社会的適応力の改善が示されました。援助の総利用量は心理・社会的適応力に相関していなかったものの、認知再構成の援助の利用量と、心理・社会的適応力とは相関していました。介入前後の関係を分析したところ、援助の利用が機能改善に結びつくのは、メンバーが参加するグループが高度に一体化しているときだと考察されました。

## （2）リカバリー途上のピアと関わる影響

　Yanosら（2001）の研究でリカバリー途上のピアと関わることの心理的影響が検証され、当事者主動サービスへの参加と、重度精神疾患患者の社会的機能回復程度との関係が研究されました。自己効力感、希望充足度、社会的機能とリカバリー度合とを関連付けるスキルに関するインフォーマルな学習が検証されました。過去ないし現在、精神症状があり、過去に1回以上の精神科入院経験がある患者60人を、地域精神保健センターおよび当事者主動サービス2か所から募集しました。

　研究からわかったのは次のことです。（1）当事者主動サービスの参加者は、専門職主導

の精神保健サービスだけの利用者より、社会的機能が良好であった。（2）心理的変数は社会的機能と有意に相関していた。（3）当事者主動サービスへの参加と社会的機能とは、問題対処スキルの活用が部分的に仲介していた。疾病および基礎情報によって心理的変数と社会的機能との関係を説明することはできませんでしたが、教育（学ぶこと）が社会的機能に有意に影響することがわかりました。

### （3）当事者主動サービスとその参加者の機能向上との関係に関する長期研究

カナダのオンタリオ州にあるCSIs（コンシューマー/サバイバー主導センター）のNelsonら（2007）の研究は、長期間デザインおよび対照群をもつセルフヘルプグループ研究として貴重です。さらに本研究は、2年以上の追跡研究としては初めてのものです。

CSIsに長期間参加することの影響を評価するため、非対等対照群デザインを用い、CSIsに積極的に参加する25人とそうでない77人を、スタート時、9～18か月の中間期、36か月の追跡期に比較しました。

スタート時は精神症状の自己報告、利用しているサービス、その他測定されたアウトカム等の幅広い変数で2グループを比較したところ、同等でした。しかし36か月後では、CSIsの参加積極群は非積極群と比べて、地域統合度、生活の質、雇用や教育等の役割獲得において、有意に高いものでした。

さらに積極群の精神症状の苦痛度は、有意に低いものでした。研究結果では、積極群、非積極群の両方ともに精神科入院日数の軽減があったことが示されています。これらの知見から、当事者主動サービスは、メンバーが長い期間にわたり参加し続けるための方法を見出す必要があると考察しています。

## 5 ランダム化比較対照試験（RCTs）：エビデンスレベル1

政策立案者が精神保健サービスを改革する場合には今や、その効果が立証されている必要があります。その結果、研究者がエビデンスの伴う当事者主動サービスを開発するようになりました。

本文献レビューでは、治療および幸福に関するアウトカムとサービスにかかるコストとの両方に関する5つのランダム化比較対照試験（RCTs）について概要を紹介します。その研究者は次のとおりです。

1）Campbell et al.（2006）
2）Dumont & Jones（2002）
3）Gordon, Edmundson, Bedell, & Goldstein（1979）
4）Kaufmann, Schulberg, & Schooler（1994）
5）Kaufmann（1995）

当事者主動サービスの効果のエビデンスの質は、RCTsによって順調に改善してきましたが、方法論的な問題や研究の手順分析が複雑過ぎるという問題も生じます。例えば、参加者のエンゲージメントが低いこと、選別のバイアス（Campbell et al. 2006; Kaufmannら1994）、多次元モデルの必要性等です。

しかし、少なくともひとつRCTsが無事、完了しており、当事者主動サービスのエビデンスレベルは、サービスとして第2位にあたる1bを付けられます。なお1aに達するには、多機関によるRCTsのメタ分析が必要となります。

### （1）セルフヘルプ参加者研究における参加の選択の効果

Kaufmannら（1994）は実証デザインを開発し、実験群と対照群それぞれについて、任意に選ばれた90人のデータからセルフヘルプグループの効果を検証しました。ピアサービスへの参加という「選択」に価値があるため、任意に選ばれた対象者が、セルフヘルプグループに参加するかどうかは強制（割当）ではなく、訪問して参加を提案する招待という手段が取られました。その結果、実験群も対照群もセルフヘルプグループへの参加率は17%と低調で、統計的に分析するにはサンプルが少なすぎたため、研究は終了しました。

セルフヘルプに参加した15人、参加しなかった75人、対照群としてすでにセルフヘルプグループに参加していた90人の事後分析から、研究参加者は、参加しなかった人やメンバーたちより、精神症状が重たかったことがわかりました。研究者は、セルフヘルプグループの多機関研究が必要だと結論を出しました。

### （2）スキル訓練とピアサポートを一体化した精神科臨床

フロリダ地域ネットワーク開発プロジェクトの予備研究でGordonら（1979）は、患者の安定や地域での自立は、スキル向上と支持的な環境変化とが一緒に提供されたときに促される、という仮説を立てました。

早期介入プロジェクト（EIP）を卒業した後に、地域ネットワーク開発プロジェクト（CND）、あるいは、それ以外の対照群に進む80人が任意に選ばれました。EIPは、患者が在宅にて早期に集中的なスキル訓練を行い、本人の対処スキル獲得と自立を目指すプログラムです。

CNDはピアサポートのシステムを育ててきており、それは同じ地域に住む患者で構成され、日常生活についてお互いに情緒的あるいは技術的なサポートをしたり、レクリエーションをしたりするものです。両グループとも地域の精神保健センター等による計画相談を平等に利用し終えたものです。

10か月の追跡後、再入院が必要だったのはCND参加者が17.5%、対照群が35%でした。さらに、入院日数の平均も対照群が24.6日だったのに対し、CND参加者は7.0日と短いものでした。

さらに、精神保健システムを利用せずに済む機能をもった患者は、CND参加者のほうが有意に多いものでした（CND：52.5％、対照群：26.0％）。

報告書では事例が引用され、CNDの効果を最も表すものは、参加者が利用できる社会的、あるいは技術的な援助の増加にあると指摘しました。結論では、友情が育まれる中でCND参加者はお互いに影響し、支え合えるようになりますが、その方法は他の発症後プログラムと異なる、とされました。お互いを助け合いたいという当事者の願望を活かし、プログラムにかかるような特別なコストがなくとも、メンバーが利用できるサポートやサービスを大きく増加させることができました。

### （3）セルフヘルプ雇用センター

セルフヘルプ雇用センタープロジェクト（Kaufmann, 1995）は、セルフヘルプサービスの雇用に関するアウトカムに特化した先駆的な研究です。

この全米実証研究費プロジェクトは、SAMHSAの精神保健サービスセンターが立ち上げ、職業リハビリテーション専門家と連携して相互サポートの雇用効果を検証するものです。

重度精神疾患がある161人が任意に選ばれ、セルフヘルプ雇用センターが提供するサービスを利用する介入群と、一般的な地域サービスを利用する対照群とに割り当てられました。

研究対象に指定されたオークランド州セルフヘルプ雇用センターは、当事者主動機関ではありませんが、当事者の興味や意向を強く反映させていました。日々、センターは当事者が運営や管理に参加することを尊重しています。スタッフと当事者がプログラムを共有し、質を評価し、修正が必要な部分を判断します。

初年度はMann-Whitney Uテストを利用し、2群の違いをランク付けしました。介入群の参加者に有意な改善が見られました。セルフヘルプ雇用センターの失業者は16％に留まったのに対し、対照群は25％に至りました。

さらに、雇用センター群の22％が週16時間以上の有給労働に就いたのに対し、対照群では15％に留まりました。加えて、週16時間未満の有給労働に就いた割合も、雇用センター群では19％に至ったのに対し、対照群では7％に留まりました。

### （4）クライシス寮プロジェクト

SAMHSAの精神保健サービスセンターが立ち上げた別の全米実証研究費プロジェクトで、クライシス期対応に特化したセルフヘルプサービスの効果が調査されました（Dumont & Jones, 2002）。調査チームはニューヨーク州トンプキンス郡に、精神科入院の代替居住サービスとして5床のクライシス寮を作り、運営しました。

チームは、「ピアサポートが土台にあり、当事者が運営するボランティアで、非医療的なクライシス対応サービスが利用できると、寮および精神科病院いずれにおいてもクライシス期の利用頻度や滞在期間が短くなるだろう」と仮説を立てました。そして、「クライシス

寮が利用できる人はできない人より、癒やしやリカバリーに向かう動き、エンパワメントの感覚、サービスへの満足感を経験するだろう」と予測しました。さらに、「クライシス対応が必要となる入院患者の減少により、現行サービス体系より精神保健サービスの総コストが削減できる」と考えました。

　2年間、寮は運営されました。分析結果から、介入6か月後および12か月後のベースラインにおいて、介入群に癒やしを示すアウトカムが観測されました。しかしながら、両群とも調査期間全体においては、有給、あるいは有償ボランティアに費やされる時間は、同じものと報告されるに至りました。

　当然のことながら介入群の対象者たちは、「クライシス寮は一般的なクライシス対応サービスより、より適切なタイミングで、（当事者の権利を尊重する優秀なスタッフにより）より役立つサービスを提供してくれた」と答えました。対照群に比べ介入群は、癒やしおよびセルフケアの改善について高いレベルを観測し、サービスの満足度も高いものが報告されました。

　研究参加前の6か月以内に精神科病院に入院した人の割合は、介入群のほうが高いものでした（介入群24.7％、対照群12.6％）。にもかかわらず、介入後最初の6か月では両群ともほぼ同じ割合で推移し（介入群11.9％、対照群12.6％）、次の6か月では介入群の入院率は7.7％まで下がった一方で、対照群は13.2％でした。ただし、この変化に統計的な有意差は確認できませんでした。

　介入群で入院した人の入院期間は、対照群よりも短いものでした。その平均入院日数は介入群が10.7日、対照群が15.15日でした。母数が小さいため、この違いに統計的な有意差は確認できません。しかしながら、サンプル全体を対象に何回も計測すれば、入院期間の平均の違いについて統計的有意差が確認できるだろうと考えられます。

　コストを比較すると介入群のほうが、精神科入院のコスト、クライシス期対応サービスのコスト、精神保健サービス全体のコストについて、より低いものでした。精神科病院のコスト（入院および緊急対応部屋のコストで計測）の平均について、介入群が1,057ドル、対照群が3,187ドルでした。クライシス寮のコストが他のクライシス期対応サービスのコストと一体化した場合は、介入群のコストは対照群よりも低くなる傾向があります。専門の精神保健サービスの全体、つまりクライシス期対応サービスはもとより、地域精神保健サービスや援助付き住居プログラムの費用を含めると、介入群のほうが対照群よりコストは抑えられます。

　本研究のクライシス寮を利用した人は、コストだけでなくほぼ全領域のアウトカムも良いものが見られています。介入群への参加者と、高いレベルの癒やし、エンパワメント、満足度とが相関しています。介入群には、就労経験の中断が少ないことも確認されています。

## （5）当事者主動サービス多機関研究

　研究者や援助者の声を受け、精神保健サービスセンターは当事者主動サービスについて、多機関研究アプローチを採用した研究を企画しました。それは標準化された方法で、効果について厳密にエビデンスを蓄積するものです。綿密な計画を立て、関係者と調整した後、精神保健サービスセンターは1997年に研究費を公募申請しました。

　当事者主動サービス多機関研究企画（1998〜2006）によって、この分野の研究デザインは前進し、当事者が運営し、その幸福感を促進するようなプログラムやサービスについて、精神疾患患者と研究者の理解が進みました。

　Campbellらが2006年に行った研究が、今のところ最大かつ一番厳密な研究で、全米8か所（ドロップインセンター4か所、相互サポートプログラム2か所、教育／アドボケイトプログラム2か所）および各対照となる一般的な精神保健サービス機関から延べ1,827人を対象者としました。全員、一般的な精神保健サービスの利用者です。

　一般的な精神保健サービスの上乗せとして当事者主動サービスが提供された人々を介入群とし、任意に抽出された人がそれを利用するかどうかは義務としませんでした。

　第一の仮説では、「一般的な精神保健サービスに上乗せして当事者主動サービスが提供された人は、そうでない人より幸福感の獲得が大きいだろう」と推測されました。しかし、追跡期間が比較的短期間の1年だったため2群の間に有意差は見られませんでした。

　当事者主動サービスの参加率が実際には低く、また、上乗せなしの群として抽出された人が、当事者主動サービスを利用する事態も起き、介入効果として表された数値は低く出た可能性がありました。にもかかわらず、より介入群全体に、幸福感の増幅が確認されました。

　サービスの利用実態を踏まえて分析し直すと、少しでも当事者主動サービスを利用した人は、利用しなかった人よりも幸福感の増幅の平均値は高いものでした。また、同様にサービスをよく利用した人は、あまり利用しなかった人より、幸福感の増幅の平均値は高いものでした。

　エンパワメントの程度について、一般、主観、客観の3つが測定されました。2群を比較したところ、一般エンパワメントに統計的有意差が確認されました。行動の主観的変化の測定結果は機関をまたいで評定されました。

　当事者主動サービスを割り当てられた人は、一般的な精神保健サービスだけを利用した人に比べ、全体的に客観的アウトカムが良好でした。さらに、当事者主動サービスをたくさん利用すると、よりエンパワメントの測定結果が良くなるという相関が見られました。機関により効果の強さが異なるのは参加程度が異なるためであり、サービスのあり方の違いではありませんでした。

　要するに、当事者主動サービス多機関研究の結果から、当事者主動サービスを利用することで、一般的な精神保健サービスだけのときと比べて、幸福感および客観的エンパワメ

ントが有意に増幅するといえます。

　この効果は、一定の当事者主動サービスだけに当てはまるわけではありません。また、一般的な精神保健サービスだけでは効果が小さかった場合に、当事者主動サービスでは比較的大きな効果が見られていたことから、効果の表れ方は添加的、補完的なものです。

　この効果をさらに理解するため、特定のプログラムの特徴と幸福感の増幅との相関関係が分析されました。FACIT尺度（「付録」参照）を分析すると、どの当事者主動サービスも一般的な精神保健機関のプログラムより信念体系領域の得点が高いことがわかりました（Johnsen, Teague, & McDonnel-Herr, 2005）。この領域の項目は、ピアと援助者の原則、エンパワメント、選択、リカバリー、多様性の受け入れと尊重、精神的成長からなります。

　環境領域の一部の項目も、幸福感の変化と有意義といえるレベルで関連していました。その項目は、利用料の無料、コミュニティ感覚、強制しないことです。その他の環境領域の項目に、身体的安全の約束、メンバーとスタッフ間は階層ではなく自由と温かみの関係、という当事者によりつくられたプログラムのルールがあります。

　ピアサポート領域の自己表現に関する項目もまた、幸福感の改善と有意に相関していました。それは、芸術的表現、生活経験や物語のシェアの機会、フォーマルなピアサポート活動、です。

　FACIT尺度を対照群に適用した場合、構造領域のすべて、信念体系領域のピアのイデオロギー、選択／尊重、が幸福感の変化と関連しており、FACITの全領域が幸福感の変化と関連していることとなります。

　FACITを用いた研究から、当事者主動サービスが効果を発揮するには、抽出された要素が必須であることがわかりました。

# 8
# エビデンスに基づいたサービスへ

　続いて、当事者主動サービスがEBP（科学的根拠に基づいたプログラム）として成立するに至ったことに焦点を当てましょう。本章では、効果的なサービスとは何かを理解する際に役立つ研究について提案して、終えたいと思います。

## ❶ 表舞台へ：EBPとしての当事者主動サービスの確立

　30年間にわたって当事者主動サービスは、エビデンスに基づき実践されてきましたが、最近までEBPの確立では専門職主導の精神保健サービスばかりに焦点を当られ、当事者主動サービスの要素、治療、またはサービスを選択する人の価値観に基づくアウトカム等が考慮されることはありませんでした。そのため、当事者主動サービスおよびEBP開発の研究の質、量、内容に深刻な影響が出ていました。

　1970年～80年代には、精神保健の管理者が数値等を計測しサービスの価値や質を判断し、サービスに応じ予算配分しました。効果が研究されることは滅多になく、研究者は自分が良いと考えたアウトカムの指標をつくり、適用するばかりでした（Campbell, 1998）。

　希望、リカバリー、市民としてコミュニティで生活を続ける能力等といったアウトカムに基づいた研究が科学的に行われることはありませんでした。このような中、精神保健分野全般でポジティブ心理学機能や当事者主動サービスの効果を厳密に測定・研究しようという関心やサポートは皆無でした。

　当事者主動サービスの研究で、薬物療法へのコンプライアンスや症状、入院率の低下等の医学的なアウトカムの改善を測定しようとした研究がわずかに存在します（Edmundson, Bedell, Archer, & Gordon, 1982; Galanter, 1988; Kurtz, 1988）。

　1993年に米国精神保健センターは全米の当事者のリーダーたちから成る選抜チームが提供するプログラムに予算をつけ、サービス利用者の視点から治療の価値を評価する仕組みを開始しました。プログラムの参加者は、「従来の精神保健システムによって日常生活は病理学化され、当事者の可能性は低く見積もられ、パターナリズムな対応となり、選択肢は制限され、怒りは病理や疾病と定義されてきました」と言いました。逆にこの選抜チームは、精神保健プログラムに最も関係が深いアウトカムとして、リカバリー、人間性、幸福感、選択を選びました（Trochim, Dumont, & Campbell, 1993）。

　米国精神保健センターの選抜チームと全米精神保健統計改善プログラム（MHSIP）の当事者志向報告書では、プログラム効果を測定するにあたっての重要な要素のひとつに「当事者の価値観」を採用しました（Teague, Ganju, Hornik, Johnson & McKinney, 1997）。

　精神保健の専門家たちと対話しながら当事者たちは、リカバリーやエンパワメントの測定の追加、ピアサポート研究への予算追加、研究プロセスへの当事者の加入を求めました（Campbell & Johnson, 1995; Loder & Glover, 1992）。ニューヨークでは専門職と当事者によりフォーラムが開催され、考え方の変革、リカバリーに向けたビジョンの共有、治療関係がより協働的になる方法が検討されました（Blanch, Fisher, Tucker, Walsh, & Chassman, 1993）。

　精神保健分野で、入院させられていた人の経験や視点が価値あるものとして認識されて

いくにつれ、精神保健サービスの受け手の役割は、サービスのデザイン、供給、調査研究のパートナーとして見直されるに至りました（Campbell, 1996; McCabe & Unzicker, 1995; NASMHPD, 1989）。

特に当事者の価値を重視し、アウトカムの測定範囲を広げようとすることで、調査や評価方法は参加型になってきました（Leff, Campbell, Gagne, & Woocher, 1997）。研究者として訓練を受けた当事者と管理者や援助者とが共同し、公共施策のデータベース、ピアサービス、研究企画に基づいて、素晴らしいデータや健康関連情報を提供しました（Campbell, 1997b; Scott, 1993）。

エビデンスに基づく当事者主動サービスの開発において国による援助は重要で、そのおかげでセルフヘルプは、患者のセルフ・アドボカシーによる精神科医療改革という取り組みへと広がりました。

精神保健サービスに当事者が関わることは法で義務付けられ、国や州の計画で積極的に推進されています（Parrish, 1989; National Institute of Mental Health, 1991）。

最も有名なのは米国精神保健センターの地域サポートプログラムが14のプロジェクトに資金提供し、1988年〜1991年に当事者主動サービスを導入・評価したことです。プロジェクトにはFurlong-Norman（1988）、Galanter（1988）、Heine, Hasemann, Mangine, Dearborn-Morris と Royse（1993）、Kaufmann, Ward-Colasante と Farmer（1993）が協力しました。

プロジェクトには、ドロップインセンター、アウトリーチプログラム、企業、雇用および居住プログラム、クライシス対応サービスが参加しました（Van Tosh & del Vecchio, 2001; Long & Van Tosh, 1988）。地域サポートプログラムはその他にセルフヘルプ研究センターやセルフヘルプ技術支援センターへの援助、さらに年一回のオルタナティブ会議を主催しました。

包括補助金や実証研究等への国庫補助等の国や州の援助により、当事者主動サービスの数は1990年代に拡大し、さまざまなタイプの当事者主動サービスが提供されるようになりました（Campbell & Leaver, 2003）。これらのプログラム評価により、ピア運営プログラムの記述的ないし、準実証研究的なデータがたくさん収集できました。当事者のアドボケイトたちは、セルフヘルプの原則としてエンパワメントを採用するため、当事者主動サービスの評価にはエンパワメントを測定することとしました（Rogers, Chamberlin, Ellison, & Crean, 1997; Segal, Silverman, & Temkin, 1995b）。

初期調査や能力開発に続いて、エンパワメント、希望、セルフエスティーム、幸福感、癒やし／リカバリー等の測定も行う、さらに厳密な研究が企画されるようになりました。

相互サポートグループとドロップインセンターにおけるポジティブ心理学関連尺度と参加者との関係の調査研究では、当事者主動サービスは、主観的自己、社会的機能、意思決定を改善することがわかりました（Roberts et al., 1999; Yanos et al., 2001）。Dumont

とJones（2002）は、病院での一般的なサービスと比較すると、クライシス寮プログラムの利用により、癒やし／リカバリー感覚およびエンパワメントの感覚が生じることを証明しました。

当事者主動サービス多機関研究で、当事者主動サービス要素とポジティブ心理学尺度との相関（Campbell et al., 2006）が確認されました。このことで、地域精神保健システムの中身や性格を、幸せを導くリカバリー志向へと転換させるには、コンシューマープロバイダー（いわゆるピアスタッフのこと）の声が重要であると示されました。

### ❷ さらなる研究と実践の必要性

当事者主動サービスは、一人ひとりの幸せとリカバリーを支えるだけでなく、精神保健システム全体に貢献しているというエビデンスが確認されています。この分野の将来に必要なことは、当事者主動サービスの哲学や価値についてよく考え、プログラムがそれらを達成できるよう厳密な実施基準やサービスがもつ効果を明確にし、当事者主動サービスのエビデンスを具体化する研究がデザインされ、実施されることです（Fixsen, Naoom, Blase, Friedman, & Wallace, 2005）。そういった研究により、次のようなことが可能となるでしょう。

■ 例えば、就労の定着や安定した居住につながった等の、長期的アウトカムの改善によって示されるような、当事者主動サービスの可能性のアセスメント
■ プログラムの要素やメンバーの特徴と、広範にわたる好ましいアウトカムとの相関関係

この両者を測定した研究結果が得られれば、当事者主動サービス実施に必要なことがわかり、実践的な土台が得られることでサービス、公的精神保健機関、ケアマネジメント事業所のよりよい関係をつくることができるでしょう。

得られた成果は、開所してすぐの機関の当事者主動サービスやプログラム開発にも貴重なものとなるでしょうし、そこで働く人の資格、評価、質を改善するためのさまざまな取り組みにも関係します。

● サービスの基準や機能の明確化

サービスの基準や機能を明確にする研究を増やすことで、そういった分野を創設し、エビデンスを蓄積できるでしょう。当事者主動サービスがさらに確立され、それがもつ効果が明確になるにつれて、ピアサポートや効果的な運営方法に必須となる態度、知識、スキルの確定が必要になってきます。サービスの機能が明確になると、当事者主動サービスの

提供者がスキルを教えたり実践したりする能力が高まり、高い質の価値あるサービスがより確実に提供されるでしょう（Curtis et al. 2002）。

　複数の州、団体、学会が資格認定プログラムをもち、働く当事者の質および倫理を担保しようとしています（Center for Mental Health Serivces, Fricks, 2005; Sabin & Daniels, 2003）。さらに、ピアサポートに特有な効果や基準を明確にすることで、プログラムの価値が一般的なサービスの特徴なるものに取り込まれるのを防ぐことに役立つでしょう（Harp & Zinman, 1994；Campbell, Dumont & Einspahr, 1999; Salzer, 2002; MacNeil & Mead, 2005）。

　しかし同様に大切なのは、プログラムの適応や進化を認めるという柔軟性を持ち続けることです。当事者主動サービス多機関研究等で必須要素が抽出され、確定されましたが、新たな取り組みは常に行われています。当事者主動サービスが果たす役割が制度内で大きくなるにつれて、実践が広がっては成長し、新たな視点がもたらせることにより、別のアウトカムを示すかもしれません。

　この小さな変化の兆しを見逃さないよう、評価や研究の方向性として質的なアプローチを採用し、当事者主動サービスがもたらす独特なものを理解し、それを育むべきと言えるでしょう。

## 当事者主動サービス研修テキストを用いた取り組みについて

ひきこもり当事者グループ「ひき桜」in 横浜　代表　割田大悟

### 1　当事者主動サービスとの出会い

　自分が当事者主動サービスを初めて知ったのは、2015年度に開催された「当事者主動サービス連続学習会（主催：ピアスタッフネットワーク）」でした。当事者主体のピアサポートが海外で積極的に行われていること、そしてピアサポートの考え方・理論が体系化されていることに驚きました。日本ではピアサポートという概念や知識が十分に普及していない中で、ピアサポートの理論体系を学べる貴重な機会となりました。

　自分は連続学習会で学んだ内容をもとに、自身の活動領域であるひきこもり関係にピアサポートの概念を取り入れることができないかと考え、当事者主動サービス研修テキストを用いた連続学習会「ひきこもりピアサポートゼミナール」を開催しています。

### 2　「ひきこもりピアサポートゼミナール」の開催

ゼミナール演習の様子

　自分たちはまず「（ひきこもり関係において）ピアサポートが本当に必要か？」を議論することが重要だと考えました。そのため、ひきこもりピアサポートゼミナールでは、一方的に学習会を開催して終わるのではなく、全員参加型で議論をし、学習会の最終回で「（一通り学んできたことを踏まえて）ピアサポートは本当に必要か？」を話し合うプログラムにしました。

　また「ひきこもり当事者同士が議論すること」、さらに「自分のひきこもり経験やライフストーリーを安心して話しながらピアサポートについて学ぶこと」が重要だと考え、当事者・経験者のみで学び合う場としました。

　そして、地域の方へピアサポートの普及啓発のために「ひきこもり大学ピアサポートゼミナール活動報告会」を開催し、さまざまな立場の方にピアサポートを知ってもらう取り組みを行いました。

ゼミナール活動報告会の様子

### 3　どのような形式で学習会を開催したか

　自分たちが重視したことは「対等性」と「相互性」です。つまり、一方的な上下関係にならないこと、そして相互にやり取りのできる関係であることに重点を置きました。その結果、ゼミナールを以下の方法・形式で開催することに

しました。
① 講義形式ではなく、1グループ4～5名の少人数演習形式で学び合う
② 演習中心で、ゼミナールの約半分の時間を演習に充てる
③ ピア同士（当事者同士）のみで学び合う場にする
④ 模造紙＋付箋を活用し、話し合った内容を可視化し、運営者・参加者の垣根を極力減らす
⑤ 自由に歓談できる時間をつくり、参加者同士の密なコミュニケーションを取る時間を設ける
⑥ 研修会ではなく、あくまで学習会という位置付けにし、学びによって得られたことを今後どのように活用するかについては個々に任せる。必ずしもピアサポーターを目指さなくてもよい

このような形式により、一方的ではない、相互のやり取りが生まれやすい環境で学習ができるようにしました。

ゼミナール内での自由時間の様子

### ④ 本学習会の取り組みから得られたこと

2016年度より開催しているひきこもりピアサポートゼミナールを通して、以下のことが得られました。
① ゼミナールの場でピアサポートが実際に行われている
② ゼミナールの場がひとつの居場所になっている
③ ピアサポートによって共感・癒やしを得ることができ、参加者のリカバリーが促進されている
④ ゼミナール運営者のリカバリーが促進されている

まず、互いの経験を語る中で、共感だけでなく「自分はこうやって乗り越えた」「自分はこんなことを考えていた」といった多様な経験・視点・意見を得られます。似た経験をした人同士で、自らの経験をもとにした意見交換を活発にできたからこそ、ゼミナールの場でピアサポートが自然発生していたと考えられます。

また、ゼミナールに継続して参加することにより、参加者同士による密なコミュニケーションが生まれ、ゼミナールの場自体がひとつの居場所になっていました。居場所があることで参加者同士が活き活きとしてきて、徐々に自分の考えていること・やりたいこと・目標を見出し、個々のリカバリーが促進していきました。

そして、主催した運営者自身もリカバリーが促進しました。運営に携わることで役割ができ、徐々にモチベーションが上がっていきました。このように、学習会の開催によって、双方にメリットが生じたことは特筆すべき内容だと考えています。

詳しくは2017年度報告書「ひきこもり当事者主体によるピアサポート学習プログラムのモデル事業実施報告書」をご参照ください。学習内容・年間の取り組みについて詳細にまとめているほか「ピアサポート学習会開催の手引書」

「ひき桜」が発刊した報告書

### 5 ピアサポートを当事者同士で学び合ったことによる手応え

ピアサポートを学ぶことで「自分自身の振り返り」「多様な視点の入手」「当事者同士ならではの共感」「自身のリカバリー観の変化」「自分らしい道の模索」「似た経験をした人同士のつながりの重要性」を実感できました。一人ひとりが安心して自らの経験を話せること、それに対して共感と良質なアドバイスを得られること、それらが積み重なって各々のもつ価値観に良い影響を与え、個々のリカバリー観が育まれていきました。

当事者同士でピアサポートを学ぶメリットは、「対等性と相互性の実感」だと考えています。似た経験をした人同士のつながりによって、対等性を保ちながら相互のやりとりが活発になります。そういった関係性を、学習会を通して得られました。

ゼミナールの開催を通して、ピアサポートという考え方は、知識だけでなく、良い意味で自分の内面に大きく影響を及ぼしていることがわかりました。

### 6 ピアサポートや主要概念を学ぶことの重要性

ピアサポートを学ぶにあたっての重要な概念として「リカバリー」「ヘルパーセラピー原則」「限界と領域」の3つを紹介します。

リカバリーは「失ったものを元に戻す」という考えではなく、「今ある状態からいかに自分らしい生活・人生を自ら選択し歩んでいくか」といった考え方に基づいています。既存の支援では、社会復帰するための段階的な支援が行われる傾向にあります。一方でリカバリーは、今の状況から自分の可能性を信じてどこまで歩んでいけるかという「個人に焦点を置いた考え方」に基づいています。

リカバリーの要素の中にピアサポートが含まれていることから、ピアサポートには個々のリカバリーを促す効果があると考えられます。

ヘルパーセラピー原則はピアサポートの相互関係の鍵となる重要な概念です。相手をサポートしているようで自分自身も癒やされ、自尊心の向上・社会的有用感の向上が得られる原則のことですが、似た経験をした人同士が「持ちつ持たれつ」の関係で、ときに相手をサポートし、ときにサポートされながら双方がリカバリーしていくといった循環が生まれます。

限界と領域ですが、自分はどこまでできて、どこからはできないのか、その範囲を自分で決めておくことが重要です。相手のためを考えて過剰に適応したり期待に応えようとすると、限界に達し容易に燃え尽きます。ピアサポートを行うにあたっては「心の境界線」を設定した上で、限界と領域を把握しておくことが重要だと考えています。

このほかCOSP研修テキストは「アドボカシー」「環境」「リーダーシップ」など、さまざまな視点からピアサポートを学ぶことのできるプログラムになっています。

### ⑦ ピアサポート学習会開催のススメ

　当事者主動サービス研修テキストを用いた学習会により、ピアサポートを体系的に理解でき、今後のピア活動をする上での基本的な心構え・姿勢・知識を身につけることができます。それだけでなく、ピアサポート学習会を通して、精神的・人間的な成長ができたと実感しています。

　ピアサポートの考え方は、日常生活に活かせる部分が多々あります。相手との距離感・自分のできる限界を知ること、そして自分の考えの特徴・傾向を知ることなどを、ゼミナールを通し理解することができたので本当に良かったです。ピアサポートの考え方は、「良好な人間関係を築くためのツール」としても活用できると考えています。

　さらにゼミナールの場が居場所となり、一緒に学び合う仲間ができること、ピアサポートを学ぶという共通の目標をもつ人と一緒に過ごせること、その大切な時間を共有することで、対等で相互的なピアサポートを肌で実感することができました。

　ピアサポートの学習会は当事者同士で行う形式、そして多様な立場の方が参加する形式の両方が必要だと感じています。COSP研修テキストを用いて、体系的なピアサポートを多くの方に知っていただきたいと思います。

### ⑧ 今後の抱負

　当事者主動サービス研修テキストを用いた学習会は今後も継続して開催していきます。今後も当事者・経験者が「ピアサポートは必要か？」というテーマを議論していくことで、ピアサポートの重要性・必要性を再確認していきたいと思います。ピアである当事者・経験者同士がじっくりとピアサポートについて学び、ピアサポートを肌で実感しながら、ピアサポートの必要性について議論することで、どのような結論に達するのかが楽しみです。

### ⑨ みなさんへのメッセージ

　ピアサポートは当事者同士だけでなく、さまざまな立場の方に学んでいただきたい考えですし、今後地域でピアサポーターとして活動したい人には特にお勧めです。体系的にピアサポートを学べる機会はまだまだ少ないことから、自分の関心のある範囲で学習会の場に参加されると良いでしょう。

　また、ピアサポートとリカバリーという考え方には日常に活かせる知恵が詰まっているので、ぜひ多くの方が学びを深め、多様な生き方を歩めるような社会になっていけば幸いです。ピアサポートは確実に自分を変えてくれるので、学習会を通してぜひ一緒に学べたらと思います。

# 付　　録

## 当事者主動サービスの
## フィデリティ

FACIT 〜 the Fidelity Assessment Common Ingredients Tool 〜

## サポート付き
## 一般住居プログラム

# 付録①：当事者主動サービスのフィデリティ

## 付録 2　当事者主動サービスのフィデリティ
FACIT〜the Fidelity Assessment Common Ingredients Tool〜

### 1.構造　1.当事者主動　①運営への参加
方針や手続きを決定する運営委員会等のメンバーは、過半数（51%以上）が当事者です。

| | |
|---|---|
| 1 | 運営委員会の当事者は、50%以下です。 |
| 2 | 運営委員会の当事者は51%以上ですが、事務局の当事者は51%以下です。 |
| 3 | 運営委員会の当事者も、事務局の当事者も51%以上です。 |
| 4 | 運営委員会の90%以上が当事者であり、事務局のすべてが当事者です。 |

### 1.構造　1.当事者主動　②当事者スタッフ
一部の例外を除き、当事者主動サービスを運営するスタッフは、雇用された当事者です。

| | |
|---|---|
| 0 | スタッフに、当事者はいません。 |
| 1 | スタッフのうち、当事者は50%以下です。 |
| 2 | スタッフの51%以上、管理職の50%以下が当事者です。 |
| 3 | スタッフの51%以上、管理職の51%以上が当事者です。 |
| 4 | スタッフの80%以上、管理職のすべてが当事者です。 |

### 1.構造　1.当事者主動　③雇用の決定者
当事者が、雇用の決定に責任を負っています。

| | |
|---|---|
| 0 | 当事者は、雇用の決定に関わっていません。 |
| 1 | 当事者が、雇用の決定に多少、関わっています。 |
| 2 | 当事者が、半数以上の雇用の決定に責任を負っています。 |
| 3 | 当事者が、すべての雇用の決定に責任を負っています。 |
| - | |

### 1.構造　1.当事者主動　④予算の管理
当事者が、当事者主動サービスを運営するための予算を管理しています。

| | |
|---|---|
| 0 | 当事者は、予算案の作成や執行に関わっていません。 |
| 1 | 当事者は、予算案の作成や執行に多少、関わっています。 |
| 2 | 当事者は、予算案の作成や執行のほとんどに責任を負っています。 |
| 3 | 当事者は、予算案の作成や執行のすべてに責任を負っています。 |
| - | |

### 1.構造　1.当事者主動　⑤自主的な参加
当事者主動サービスのプログラムのメンバーがボランティアとして、運営委員、リーダー、無給スタッフ、有給スタッフ等に参加する機会があります。

| | |
|---|---|
| 0 | ボランティアとして参加している当事者は、いません。 |
| 1 | ボランティアのうち、当事者は25%以下です。 |
| 2 | ボランティアのうち、当事者は26〜50%です。 |
| 3 | ボランティアのうち、当事者は51〜75%です。 |
| 4 | ボランティアのうち、76%以上が当事者です。 |

### 1.構造　2.参加者の反映　①プログラム
当事者主動サービスのプログラムは、メンバーのニーズや好みに基づいたものとなっています。

| | |
|---|---|
| 0 | メンバーが意見を出せる機会は、ありません。 |
| 1 | メンバーが意見を出す機会は多少ありますが、その反映について掲示はありません。 |
| 2 | メンバーが意見を出す機会は多少ありますが、その反映に関する掲示は最小限です。 |
| 3 | メンバーが意見を出す機会が豊富にあり、その反映について掲示されています。 |
| 4 | メンバーが意見を出す正式な方法があり、その反映について明確に掲示されています。 |

### 1.構造　2.参加者の反映　②苦情の受付
メンバーは、自分の当事者主動サービスのプログラムに対する不満を訴えたり、苦情を言う正式な手段があります。

| | |
|---|---|
| 0 | 公式・非公式を問わず、プログラムについて苦情や不満を表現する機会がありません。 |
| 1 | メンバーがプログラムについて、苦情や不満を表現する何らかの機会があります。 |
| 2 | メンバーがプログラムについて、苦情や不満を表現する何らかの機会がありますが、それに対応すると掲示されていません。 |
| 3 | メンバーがプログラムについて、苦情や不満を表現する何らかの機会がありますが、それへの対応に関する掲示は最小限です。 |
| 4 | 苦情を受け付ける明文化された方針があり、定期的にメンバーの不満を把握し、メンバー同士の会議を開催し、それを反映すると明確に掲示しています。 |

| 1.構造 | 精神保健サービスと密な公式の連携があり、それは相互的です。 |
|---|---|
| 3.他のサポートとの連携 ①精神保健サービス | |
| 0 | 精神保健サービスとの公式の連携は、ありません。 |
| 1 | 精神保健サービスとの公式の連携は、最小限にとどまっています。 |
| 2 | 精神保健サービスとの適度な公式の連携が、あります。 |
| 3 | 精神保健サービスとの密な公式の連携がありますが、相互的ではありません。 |
| 4 | 精神保健サービスとの密な公式の連携があり、それは相互的です。 |

| 1.構造 | 他の当事者主動サービスと密な公式の連携があり、それは相互的です。 |
|---|---|
| 3.他のサポートとの連携 ②他の当事者主動サービス | |
| 0 | 他の当事者主動サービスとの公式の連携は、ありません。 |
| 1 | 他の当事者主動サービスとの公式の連携は、最小限にとどまっています。 |
| 2 | 他の当事者主動サービスと適度な公式の連携が、あります。 |
| 3 | 他の当事者主動サービスと密な公式の連携がありますが、相互的ではありません。 |
| 4 | 他の当事者主動サービスと密な公式の連携があり、それは相互的です。 |

| 1.構造 | 他の支援機関と密な公式の連携があり、それは相互的です。 |
|---|---|
| 3.他のサポートとの連携 ③他の機関 | |
| 0 | 他の支援機関との公式の連携は、ありません。 |
| 1 | 他の支援機関との公式の連携は、最小限にとどまっています。 |
| 2 | 他の支援機関と適度な公式の連携が、あります。 |
| 3 | 他の支援機関との密な公式の連携がありますが、相互的ではありません。 |
| 4 | 他の支援機関と密な公式の連携があり、それは相互的です。 |

| 2.環境 | メンバーは当事者主動サービス事業所まで歩いて来ることができます。あるいはプログラムが、当事者のところへ出向いていきます。 |
|---|---|
| 1.アクセシビリティ ①地理的な近さ | |
| 0 | どの集落からも、離れた場所に位置しています。 |
| 1 | とある集落に近いものの、集落の外に位置しています。 |
| 2 | とある集落の中に位置していますが、改善の余地があります。 |
| 3 | 集落の最適な場所に位置し、改善の余地が思いつきません。 |
| - | |

| 2.環境 | 当事者は、バスまたは当事者主動サービスのプログラムが用意した無料の移動サービスを利用できます。 |
|---|---|
| 1.アクセシビリティ ②アクセス | 下記の1a、1b、2、3について、次のように点数を付けてください。劣る:0、やや劣る:2、普通:4、適切:6、最適:8 |
| 1a:02468 | アクセス手段やルートの近さ・多様さの点からの便利さ(地域の利用者) |
| 1b:02468 | アクセス手段やルートの近さ・多様さの点からの便利さ(遠方の利用者) |
| 2:02468 | 交通渋滞や駐車場の混雑 |
| 3:02468 | アクセスや周辺の安心・安全性 |
| 上記の合計 | 0〜5:1点、6〜10:2点、11〜14:3点、15〜19:4点、20〜24:5点 |

| 2.環境 | 運営時間は、参加者のニーズと合致しています。 |
|---|---|
| 1.アクセシビリティ ③実施の時間 | |
| 0 | 運営時間は短く、固定されています。 |
| 1 | 運営時間は短いです。 |
| 2 | 週40時間以上は運営されていますが、必要とされた時間数の運営ではありません。 |
| 3 | 週40時間以上、運営されており、夜間や土日にも開くことがあります。 |
| 4 | メンバーにより必要とされた時間に応じて、運営されています。 |

| 2.環境 | プログラムの利用料は無料、またはほぼ無料です。当事者主動サービスの利用が、支払い能力に左右されることはありません。 |
|---|---|
| 1.アクセシビリティ ④費用 | |
| 0 | 利用料は支払い能力を勘案されていない、またはサービスが保険や収入に頼っています。 |
| 1 | 利用料はほぼ無料ですが、一人ひとりの支払い能力は勘案されていません。 |
| 2 | 利用料はほぼ無料で、一人ひとりの支払い能力を勘案した仕組みもあります。 |
| 3 | すべてのサービスがほぼ無料で、一人ひとりの支払い能力も勘案しています。 |
| 4 | すべてのサービスが、無料です。 |

| 2.環境 | 精神障害と同様に身体・知的障害がある当事者が、当事者主動サービスのプログラムに参加できるよう配慮されています。 |
|---|---|
| 1.アクセシビリティ ⑤アクセシビリティ | |
| 0 | 身体・知的障害に配慮していません。アクセシビリティにおいて、すでに制限されています。 |
| 1 | 一部の身体・知的障害に配慮していますが、アクセシビリティの壁により参加できない人もいます。 |
| 2 | 多くの人に利用可能ですが、改善の余地があります(入り口とトイレはバリアフリーですが、聴覚障害がある人のための電話機器がない等)。 |
| 3 | 幅広い障害に配慮されており、一人ひとりの違いに配慮すると明示しています。 |

| 2. 環境 2.安心・安全 ①強制のなさ | 強制的ではなく、安心した雰囲気を提供します。精神保健サービスによる場合も含め、過去のトラウマによる恐怖を正当なものだと理解し、軽減します。緊急の自傷他害の恐れがない限り、拘束の恐怖や診断、本人が望まない治療は行われません。 |
|---|---|
| 0 | 登録にあたり、治療を必須としています。 |
| 1 | 治療は必須ではないものの、強く推奨しています。 |
| 2 | ピアサポートプログラムへの参加を、強く推奨しています。 |
| 3 | ピアサポートプログラムへの参加を、推奨しています。 |
| 4 | 参加については、自分で選択することを推奨しています。 |

| 2. 環境 2.安心・安全 ②プログラム規則 | 物理的な安全を確保するためのルールについて、メンバーや当事者スタッフである当事者たちが、自分たちのためにつくっており、すべての参加者はそれに賛同しています。 |
|---|---|
| 0 | 安心のための予防手段が不十分です。参加者は、頻繁に危険や非難される不安を感じます。 |
| 1 | 安心のための予防手段が不十分です。参加者は、ときどき危険や非難される不安を感じます。 |
| 2 | 安心のための予防手段があります。参加者は、身体的な安全を感じますが、参加者によるルールづくりはありません。 |
| 3 | 安心のための予防手段があります。参加者は、身体的な安全を感じ、メンバーがつくったルールがありますが、ルールが破られた場合の適切な手続きは決められていません。 |
| 4 | 安心のための予防手段があります。参加者は、身体的な安全を感じ、メンバーがつくったルールおよび、ルールが破られた場合の適切な手続きが定まっています。 |

| 2. 環境 3.インフォーマル ①物理的環境 | 当事者主動サービスは、安心感、所属感、そしてサポートの感覚を生み出す空間創りにより、快適な環境を提供します。 |
|---|---|
| 0 | 物理的快適さに欠け、一部の参加者は耐えがたい、ないしは極めて不快だと感じています。 |
| 1 | 物理的快適さに欠けているものの、それが耐えがたいと認識されることは、ほとんどありません。 |
| 2 | 参加者の多くが物理的に快適だと感じる環境ですが、明らかに改善の余地があります。 |
| 3 | 物理的快適さに関するニーズを満たし、些細なことでも環境的な快適さを改善しようと努めています。 |

| 2. 環境 3.インフォーマル ②社会的環境 | メンバーとスタッフとの間の方向性は、支援者と患者との間のように固定されていません。一部のプログラムの中身が固定されているとしても、自由や自己表現の雰囲気が維持されています。 |
|---|---|
| 0 | スタッフとメンバーとで空間が異なる等の区別があり、メンバーには明らかに価値が低い扱いを受けています。 |
| 1 | メンバーは職員室に入る場合にノックが必要だが、逆の場合は不要となっている等、小さな区別があります。 |
| 2 | スタッフの態度は冷ややかでよそよそしいものの、スタッフとメンバーとの間に目立った区別はありません。 |
| 3 | メンバーに対してスタッフは、オープン、率直、誠実に接し、スタッフとメンバーとの間に目立った区別はありません。 |
| 4 | スタッフ・メンバー間の関係はオープン、率直、誠実と、ほぼ理想的です。不平等感やスタッフ・メンバー間の区別はありません。 |

| 2. 環境 3.インフォーマル ③コミュニティ感覚 | 当事者主動サービスは仲間である感覚を提供し、その感覚においてお互いをケアし、コミュニティ感覚を育んでいきます。 |
|---|---|
| 1 | メンバー間にフォーマルな関係はあるものの、他者とインフォーマルに関わったり、所属感を高める機会は、ありません。 |
| 2 | メンバー間にフォーマルな関係はあるものの、他者とインフォーマルに関わったり、所属感を高める機会は、ほとんどありません。 |
| 3 | メンバー間にフォーマルにもインフォーマルにも関係性があり、他者とインフォーマルに関わったり、所属感を高める機会が豊富にあります。 |
| 4 | 参加者同士にチャンスが豊富であるという快適さがあり、温かい人間関係、所属感、他の参加者と仲間になる機会がたくさんあります。 |

| 2. 環境 4.合理的配慮 ①期間・時間枠 | 当事者主動サービスに参加すべきプレッシャーや、参加するための時間的制約はありません。スケジュールは柔軟で、一人ひとりのニーズに合わせられています。 |
|---|---|
| 1 | 利用期間が厳密に制限され、個別のニーズにより柔軟に対応することもありません。 |
| 2 | 利用期間が制限されていますが、個別のニーズにより、柔軟です。 |
| 3 | 利用期間に公式な制限はなく、個別のニーズにより、継続利用できることもあります。 |
| 4 | 利用期間に制限はなく、個別のニーズにより、継続利用も可能です。 |

| 3. 考え方 1.ピアの原則 | 経験や価値観が共有され、そこに関係が構築されます。メンバーとスタッフは、それぞれが精神障害のある経験を共有しています。関係は、相互的です。ピアの関係は、お互いを受け入れ、お互いを尊重するという、平等を意味します。 |
|---|---|
| 0 | 自己開示は制限されており、当事者と名乗るスタッフ・リーダーはいません。当事者であるスタッフ・リーダーは、メンバーにそのことを明かしません。 |
| 1 | プログラムのスタッフ・リーダーは自己開示しますが、それは1～2回程度です。 |
| 2 | 自己開示が一般的ですが、サービス内でのスタッフ・リーダーと参加者との間で自己開示が行き渡っているとは言えません。 |
| 3 | 自己開示が行き渡っており、参加者、スタッフ・リーダーらの関係は相互的です。 |

| 3. 考え方 2.ヘルパー原則 | ピアの原則から、自分と他人とは同時に助けられるという結論が導かれます。他人のリカバリーのために動くことは、自分のリカバリーを身近にします。援助やアドバイスは専門家的ではなく、フレンドリーであり、従うことを求めません。当事者主動サービス内のすべてのサポートは、ピア対ピアの関係によります。 |
|---|---|
| 0 | 他人を助けた経験を報告する参加者は、いません。 |
| 1 | ごく一部の参加者は、他人を助けた経験を報告します。 |
| 2 | 一部の参加者が、他人を助けた経験を報告します。 |
| 3 | ほとんどの参加者が、他人を助けた経験を報告します。 |

| 3.考え方 | | 自己決定につながるような、一人ひとりのストレングスや効力感、自分の人生を自分でコントロールするような感覚があります。 |
|---|---|---|
| 3.エンパワメント ①個人のエンパワメント | | |
| 0 | 「当事者主動サービスに関わることで自分の人生がポジティブに変化する」ということに同意するメンバーはいません。 | |
| 1 | 一部のメンバーが「当事者主動サービスに関わることで自分の人生がポジティブに変化する」ということに同意します。 | |
| 2 | 約半数のメンバーが「当事者主動サービスに関わることで自分の人生がポジティブに変化する」ということに同意します。 | |
| 3 | 多くのメンバーが「当事者主動サービスに関わることで自分の人生がポジティブに変化する」ということに同意します。 | |
| 4 | メンバーすべてが「当事者主動サービスに関わることで自分の人生がポジティブに変化する」ということに同意します。 | |

| 3.考え方 | | 当事者は自分の行動に責任をもつよう、強制ではなく期待されます。自分が自分を頼ることを応援されます。 |
|---|---|---|
| 3.エンパワメント ②個人の責任 | | |
| 0 | スタッフ・リーダーは、参加者に「自分でやること」を求めず、スタッフ・リーダーでやってしまいます。 | |
| 1 | スタッフ・リーダーは、参加者に「自分でやること」を求めず、スタッフ・リーダーでやってしまうことが多いです。 | |
| 2 | スタッフ・リーダーは、参加者に「自分でやること」をほとんど求めませんが、その機会を奪うこともほとんどありません。 | |
| 3 | スタッフ・リーダーは、参加者になるべく「自分でやること」を求め、その機会を奪うことはありません。 | |
| 4 | スタッフ・リーダーは、参加者になるべく「自分を信じ、自分で決めること」を応援します。 | |

| 3.考え方 | | 地域から認められた組織に所属することは、メンバーたちのエンパワメントに貢献します。メンバーは当事者主動サービスの運営やプロセスの決定において、積極的な役割をもちます。 |
|---|---|---|
| 3.エンパワメント ③集団のエンパワメント | | |
| 0 | グループまたは当事者主動サービスへの所属感をもっているメンバーはいません。 | |
| 1 | グループ内に仲間の意識ないしは感覚をもっているメンバーがいます。 | |
| 2 | グループ内に仲間の意識ないしは感覚をもっているメンバーはたくさんいます。仲間はメンバーに当事者主動サービスの活動や計画づくりに貢献する機会を提供します。 | |
| 3 | メンバーはグループ内に仲間の意識や感覚を強くもっています。仲間はメンバーに当事者主動サービスの内のみでなく外における活動や計画づくりに貢献する機会を提供します。 | |

| 3.考え方 | | 当事者主動サービスに参加するかどうかは、完全に自主性に任されます。当事者は、自分の経験を定義し、自分に適したサービスを選択することについて、エキスパートだと見なされます。サービスの選択には、何も選択しないことも含まれます。 |
|---|---|---|
| 4.選択 | | |
| 0 | メンバーに選択肢がありません。参加は自主的ではありません。 | |
| 1 | メンバーは参加するかしないかの選択はできます。 | |
| 2 | メンバーは参加するかしないか選択でき、(参加する場合)2つ以上の活動の中から選択できます。 | |
| 3 | メンバーは参加するかしないか選択でき、(参加する場合)2つ以上の活動の中から、さまざまな参加レベル・スタイルとともに選択できます。 | |
| 4 | メンバーは豊富なプログラムから、プログラムづくりを含め、さまざまな参加レベル・スタイルとともに、参加を選択できます。 | |

| 3.考え方 | | リカバリーの過程のおかげでストレングスを知り、幸福感が高まります。リカバリーは希望なくして起こらず、希望は一人ひとりにリカバリーには不可欠の要素、すなわち変わる勇気、試す勇気、信じる勇気を提供します。リカバリーの過程は人それぞれであり、定義が固定されず、他人に強いられることはありません。 |
|---|---|---|
| 5.リカバリー | | |
| 0 | プログラムの運営理念で、希望を大切にしたリカバリー・アプローチの必要性について認識されていません。 | |
| 1 | プログラムの運営理念で、希望を大切にしたリカバリー・アプローチの必要性について、一部認識されています。 | |
| 2 | 当事者主動サービスの運営理念に、希望を大切にしたリカバリー・アプローチについて明記されています。 | |
| 3 | 当事者主動サービスの運営理念に、希望を大切にしたリカバリー・アプローチについて明記され、スタッフとメンバーもそれを明言しています。 | |

| 3.考え方 | | スピリチュアルな信念・実践、主観的・超越的な経験は、それぞれが自分の人生の意味や目的を探す作業として尊重されます。このような信念が病気の症状とラベリングされることはありません。ただし、当事者主動サービスの運営時間中に、特定の宗教が勧誘されてはなりません。 |
|---|---|---|
| 6.スピリチュアルな成長 | | |
| 0 | スピリチュアルな表現、人生の意味や目的を探ることについて、当事者主動サービス内で禁止ないしは否定されています。 | |
| 1 | スピリチュアルな表現、人生の意味や目的を探ることについて、当事者主動サービス内で否定されていませんが、肯定もされていません。 | |
| 2 | スピリチュアルな表現、人生の意味や目的を探ることについてプログラム内で許されており、個々のメンバーの信念を心地よくシェアしているものの、その機会は限られています。 | |
| 3 | スピリチュアルな表現、人生の意味や目的を探ることがプログラム内で尊重され、メンバーたちは自分の信念をシェアする機会があります。 | |

| 4.ピアサポート | | 共通の経験に基づいた相互サポートグループをつくると、ピアはお互いに共感することができ、経験や情報をシェアすることができます。研修を受けたピアは、フォーマルな当事者主動サービスとして、個別サポートや情報を提供します。 |
|---|---|---|
| 1.ピアサポート ①フォーマルなピアサポート | | |
| 0 | メンバーに、フォーマルなピアサポートは提供されていません。 | |
| 1 | メンバーに、フォーマルなピアサポートが提供されることもありますが、それは不定期です。 | |
| 2 | メンバーに、1つ以上のフォーマルなピアサポートが定期的に提供されています。 | |
| 3 | メンバーに、2つ以上のフォーマルなピアサポートが定期的に提供されています。 | |
| 4 | メンバーに、数多くのピアサポートグループやその他ピアサポートサービスが定期的に提供されています。 | |

| 4.ピアサポート | | 適宜、集団の中や個人間の関係の中で、相互サポートが提供されます。 |
|---|---|---|
| 1.ピアサポート ②インフォーマルなピアサポート | | |
| 0 | メンバーに、お互いがインフォーマルにピアサポートする機会は提供されません。 | |
| 1 | メンバーに、お互いがインフォーマルにピアサポートする機会が提供されることがあります。 | |
| 2 | メンバーに、お互いがインフォーマルにピアサポートする機会が提供されています。 | |
| 3 | メンバーに、お互いがインフォーマルにピアサポートする機会が数多く提供され、強い相互的な関係が育まれています。 | |

| 4.ピアサポート 2.私たちの物語を語ること | 一人ひとりの精神疾患の当事者としての体験談をシェアすることが、枠組の幸福感やリカバリーを高める土台になります。ピアサポートグループ、ピア同士の関係、一般のフォーラムや運営委員会等において、自分の体験談を語り、それらに関する議論をオープンにすることが採用されています。経験をシェアすることは、公教育のツールにもなります。 |
|---|---|
| 0 | 物語のシェアは、個人や集団に悪い影響があるものとして否定されています。 |
| 1 | 個人の経験や信念に関する物語をシェアする用意はありますが、極めて限られているか、形式的なものです。 |
| 2 | 物語を語ることは、社会状況に限定されています。 |
| 3 | メンバー間で物語をシェアする定期的な機会が提供されています。 |
| 4 | 物語をシェアすることについて、プログラム内だけでなく地域においても、豊富なフォーマルないしはインフォーマルな機会が提供されています。 |

| 4.ピアサポート 2.私たちの物語を語ること ①芸術的表現 | 芸術的表現は、当事者主動サービスにおいて極めて重要な要素だと見なされます。それは価値のある手段であり、自分の存在意義を模索し、才能を表現して広げ、エンパワメントにつながり、精神疾患に関して他人が学ぶことになります。当事者主動サービスではメンバーに、芸術的探究によって自分を表現するために、時間や場所、具材、援助を用意します。 |
|---|---|
| 0 | 芸術的表現のための用意や手段がありません。 |
| 1 | 芸術的表現のための用意や手段はありますが、限られています。わずかな具材しかありません。 |
| 2 | 十分な具材が用意された、定期的な芸術的表現手段（絵画教室や会報誌の発行等）が1つ以上あります。 |
| 3 | 十分な具材が用意された、定期的な芸術的表現手段が複数あり、芸術的に表現する機会を豊富に提供しています。 |
| 4 | 高度な具材が用意された、定期的な芸術的表現手段が複数あり、さまざまな手段により芸術的に表現する機会が豊富に提供されています。作品が目立つよう展示されています。 |

| 4.ピアサポート 3.意識の喚起 | メンバーは当事者運動の歴史を知り、個人を超えた視点をもち、お互いに手を取り合い、仲間を助け、より大きな当事者のコミュニティに貢献しようとすることについて、応援されます。 |
|---|---|
| 0 | メンバーのほとんどが、特に能力が低く、病気だと自分を見なし、病気を隠し、孤立して、その孤立を恥じています。 |
| 1 | メンバーの一部は、特に能力が低く、病気だと自分を見なし、病気を隠し、孤立して、その孤立を恥じています。 |
| 2 | メンバーのほとんどは、自分は病気で特に能力が低いと見なしていません。地域に心地良くつながっていると感じていますが、地域に貢献している自信はありません。 |
| 3 | メンバーのほとんどは、自分は病気で特に能力が低いと見なしていません。地域に心地良くつながっていると感じており、地域に貢献している自信もあります。 |

| 4.ピアサポート 4.クライシス対策 ①フォーマルなクライシス対策 | メンバーとスタッフは精神的な課題を認識し、それが大きくなる前に対処する方法を学びます。個人個人、あるいはグループのピアサポートにより、症状が減少し、望まない拘束は最小限となります。そして、リカバリーが進みます。 |
|---|---|
| 0 | クライシスに対応するためのフォーマルな対策は、講じられていません。 |
| 1 | フォーマルなクライシス対応策として、ピアによる実践またはプログラムが、1つ以上利用できますが、継続的に利用できません。 |
| 2 | フォーマルなクライシス対応策として、ピアによる実践またはプログラムが、1つ以上、継続的に利用できます。 |
| 3 | フォーマルなクライシス対応策として、ピアによる実践またはプログラムが豊富にあり、継続的に利用できます。また、効果が見られています。 |

| 4.ピアサポート 4.クライシス対策 ②インフォーマルなクライシス予防 | フォーマルな枠組みとは別に、自然で自発的な相互サポートが提供され、クライシス対策の手段になります。 |
|---|---|
| 0 | クライシス対応のためのインフォーマルな対策は、講じられていません。 |
| 1 | インフォーマルなクライシス対応策として、ピアによる実践またはプログラムが、1つ以上利用できますが、継続的に利用できません。 |
| 2 | インフォーマルなクライシス対応策として、ピアによる実践またはプログラムが、1つ以上、継続的に利用できます。 |
| 3 | インフォーマルなクライシス対応策として、ピアによる実践またはプログラムが豊富にあり、継続的に利用できます。また、メンバーに定期的に提供することで効果が見られています。 |

| 4.ピアサポート 5.ピアによる教え合い | ほぼすべてのメンバーが、プログラム内に尊敬できる人が複数いると言い、サービスにおける肩書や立場は関係なく、その人からアドバイスやサポートを得て交流しています。 |
|---|---|
| 0 | プログラム内に尊敬できる人が複数いると言うメンバーは、ほとんどいません。 |
| 1 | 一部のメンバーが、プログラム内に尊敬できる人が複数いると言っています。 |
| 2 | 多くのメンバーが、プログラム内に尊敬できる人が複数いると言っています。 |
| 3 | ほぼすべてのメンバーが、プログラム内に尊敬できる人が複数いると言い、サービスにおける肩書や立場は関係なく、その人からアドバイスやサポートを得て交流しています。 |

| 5.学習 1.自己管理、問題解決の技術 ①構造化された問題解決活動 | 実際に役立つスキルにより、個人的な課題、症状管理、サポートの必要性に関する方針が成り立ちます。大切なのは、日々の人間的安心な配事を実際に解決することです。通常の活動では、スキルの向上と求められた情報の提供が中心であり、一定の様式を使い、特定の目的に沿った活動になります。 |
|---|---|
| 0 | メンバーに対し、自己管理または問題解決を教えるための構造化されたカリキュラムをもった講座は、一切ありません。 |
| 1 | メンバーの24%以下に対しカリキュラムによる臨時講座を提供、講座は開発中で提供されていない、スタッフが問題解決や自己管理の研修中等、これら技術実践の証があります。 |
| 2 | 問題解決と自己管理に関する正式なカリキュラムをもった講座がある証があり、メンバーのうち25〜49%が講座で、これらの技術について一定の様式により学んでいます。 |
| 3 | 問題解決と自己管理に関する正式なカリキュラムをもった講座がある証があり、メンバーのうち50〜74%が講座で、これらの技術について一定の様式により学んでいます。 |
| 4 | 問題解決と自己管理に関する正式なカリキュラムをもった講座がある証があり、メンバーのうち75%以上が講座で、これらの技術について一定の様式により学んでいます。 |

| 5.学習 1.自己管理、問題解決の技術 ②インフォーマルな問題解決サポートの利用 | メンバーの80%以上が、自己管理または問題解決の技術について、インフォーマルなサポートを受けたと言っています。 |
|---|---|
| 0 | 自己管理または問題解決の技術について、インフォーマルなサポートを受けたと言っているメンバーは20%未満です。 |
| 1 | 個人の問題解決能力が向上するよう、構造化されていないものの、ピア同士で個人的な実際の経験を交換するよう推奨されています。 |
| 2 | メンバーの20〜39%が、自己管理や問題解決の技術について、インフォーマルなサポートを受けたと言っています。 |
| 3 | メンバーの40〜59%が、自己管理や問題解決の技術について、インフォーマルなサポートを受けたと言っています。 |
| 4 | メンバーの60〜79%が、自己管理や問題解決の技術について、インフォーマルなサポートを受けたと言っています。 |
| 5 | メンバーの80%以上が、自己管理や問題解決の技術について、インフォーマルなサポートを受けたと言っています。 |

## 5.学習
**1.自己管理、問題解決の技術**
**③インフォーマルな問題解決サポートの提供**

当事者主動サービスのプログラムや独学で学んだスキルを活用して、ピアはお互いに起きた問題を、その都度、解決しようと助け合います。

| | |
|---|---|
| 0 | 自己管理または問題解決についてインフォーマルなサポートを提供したと言っているメンバーは20%未満です。 |
| 1 | 20~39%のメンバーが、自己管理または問題解決についてインフォーマルなサポートを提供したと言っています。 |
| 2 | 40~59%のメンバーが、自己管理または問題解決についてインフォーマルなサポートを提供したと言っています。 |
| 3 | 60~79%のメンバーが、自己管理または問題解決についてインフォーマルなサポートを提供したと言っています。 |
| 4 | 80%以上のメンバーが、自己管理または問題解決についてインフォーマルなサポートを提供したと言っています。 |

## 5.学習
**2.学習、スキル訓練と実践**
**①フォーマルなスキル実践**

ピアはコミュニティに参加するために役立つ、日常生活、職業準備性、コミュニケーションスキル等のスキルを教え合います。また、人間関係やアサーティブのスキル、目標設定も含まれます。メンバーは普通の社会環境の中で、ソーシャルスキルを獲得していきます。これが地域における価値ある役割獲得や地域生活への再統合の最初のステップになることもあります。

| | |
|---|---|
| 0 | プログラムにてフォーマルなスキル訓練や実践を実施している証はありません。 |
| 1 | 就労に焦点を当てたスキル訓練に参加しているメンバーは24%以下です。 |
| 2 | 25~49%のメンバーが、就労に焦点を当てたスキル訓練に参加しています。 |
| 3 | 50~74%のメンバーが、就労に焦点を当てたスキル訓練に参加しています。 |
| 4 | 75%以上のメンバーが、就労に焦点を当てたスキル訓練に参加しています。 |

## 5.学習
**2.学習、スキル訓練と実践**
**②就労準備活動**

直接的な職業スキル(例えば、資料作成)または間接的な職業スキル(人前でのスピーチ)を学ぶ機会がたくさんあります。

| | |
|---|---|
| 0 | サービス内で職業準備活動をしている証はありません。 |
| 1 | 一定のタイプの就労につながり得る職業準備活動に参加しているメンバーは25%未満です。 |
| 2 | 25~49%のメンバーが、一定のタイプの就労につながり得る職業準備活動に参加しています。 |
| 3 | 50~74%のメンバーが、就労に焦点を当てた職業準備活動に参加しています。 |
| 4 | 75%以上のメンバーが、就労に焦点を当てた職業準備活動に参加しています。 |

## 6.アドボカシー
**1.セルフ・アドボカシー**
**①公式のセルフ・アドボカシー**

当事者主動サービスの参加者は、自分特有のニーズを特定し、サービスとギャップがあった場合に自分をアドボケイトすることを学びます。また、自分のサービス計画をつくるにあたり支援機関と良きパートナーとなり、経済的給付機関等をうまく活用する方法を学びます。

| | |
|---|---|
| 0 | 公式のセルフ・アドボカシー講座、またはピアによるセルフ・アドボカシーサポートは、ありません。 |
| 1 | 公式のセルフ・アドボカシー講座、またはピアによるセルフ・アドボカシーサポートに参加しているメンバーは24%未満です。 |
| 2 | メンバーの25~49%が、公式のセルフ・アドボカシー講座、またはピアによるセルフ・アドボカシーサポートに参加しています。 |
| 3 | メンバーの50~74%が、公式のセルフ・アドボカシー講座、またはピアによるセルフ・アドボカシーサポートに参加しています。 |
| 4 | メンバーの75%以上が、公式のセルフ・アドボカシー講座、またはピアによるセルフ・アドボカシーサポートに参加しています。 |

## 6.アドボカシー
**2.ピア・アドボカシー**

当事者主動サービスの参加者は、ピアが地域生活の日常において、例えば支援者、地域の支援機関、家族、近隣住民、大家さん、ピアの仲間などとの間に生じる問題を解決するよう助けます。

| | |
|---|---|
| 0 | ピア・アドボカシーの存在を示すものは、ありません。 |
| 1 | ピア・アドボカシーは、稀なできごと、ないしは単発のものです。 |
| 2 | 他の活動に関連して、ピア・アドボカシーが生じていることを示す証があります。 |
| 3 | プログラムのスタッフが中心になり実施される、公式のピア・アドボカシーを示す証があります。 |
| 4 | ほとんどすべてのメンバーがピア・アドボカシーの提供に関わっています。すべてのメンバーが自らをピア・アドボカシーだと認識しています。 |

## 6.アドボカシー
**2.ピア・アドボカシー**
**①メンバーへ届ける**

当事者主動サービスは、プログラムの内外において、最近の活動や機会についてメンバーに情報提供すべく、努めるものです。

| | |
|---|---|
| 0 | メンバーに情報提供している証が、ありません。 |
| 1 | インターネット、会報誌、チラシ、パンフレット、定期会議の開催により定期的にメンバーに情報提供している証がありますが、稀です。 |
| 2 | インターネット、会報誌、チラシ、パンフレット、定期会議の開催により定期的にメンバーに情報提供している証がいくつか、存在します。 |
| 3 | ほとんどのメンバーに、インターネット、会報誌、チラシ、パンフレット、定期会議等のさまざまな方法により情報提供しています。各々、定期的で、しっかりしたアドボカシーの内容になっています。 |
| 4 | 全メンバーに、インターネット、会報誌、チラシ、パンフレット、定期会議等のさまざまな方法により情報提供しています。各々、定期的で、しっかりしたアドボカシーの内容になっています。 |

## 付録②：サポート付き一般住居プログラム

### サポート付き一般住居プログラムの6原則

**基本的な哲学**
- サポートの必要性にかかわらず、精神障害がある人も、そうでない人と同じ権利と責任を伴い、自分の家で暮らせる。
- 精神障害がある人を地域で支援するとは、自分の家にプライドと責任をもつこと、そして自分に必要なサービスを選択することを支援すること。したがって、サポート付き一般住居プログラムが成功するためには、住人が学ぶこと、自分のケアプランづくりに関与する機会を増やすことが重要。

**6原則とその具体**

原則①：住居が選択できること
- 好みに近い住居に住んだ方がアウトカムがよい。
- 障害の有無により住居が用意されるべきでない。住居は治療施設ではない。
- ひとり暮らし？誰と住むか？場所や近隣は？部屋の広さ。維持管理の手間。交通の便。

原則②：住居とサービスとが機能的に分離していること
- 住人としての権利を尊重し、抑圧的な雰囲気を防止するため、機能を分離する。分離した場合に成功する。
- 分散&住人への助成タイプは問題ない。単一施設の場合は、別のスタッフを配置する等により機能の分離に留意。

原則③：住居が人並みで安全かつ手頃であること
- 国交省相当機関が定める住宅品質基準のクリア。
- 家賃助成等により、家賃&光熱水費の合計は、必要経費控除後の所得の3割以下。入院期間の減少と相関。

原則④：住居が地域に統合されていること
- 住居は普通の地域にあり、地域の活動へ参加。地域のサービスや交流を享受。ナチュラル・サポートの奨励。
- 退去や訪問者等について、一般的な賃貸契約書以外の義務や規制は負わない。

原則⑤：住居の利用が開かれていること
- 家賃の支払い能力等、一般住人に求められる資格以外に、服薬や特定サービスの利用を条件とされたり、「居住の準備性」を問われることはない。

原則⑥：柔軟かつ自発的でリカバリー志向のサービスが提供されること
- 治療や支援を拒否できる（退去は不要）。支援の提供は提案され続ける。
- サービスは「自分で選んだ住宅に住み続けることをサポートするために、何でもやります」という姿勢で。

作成：ピアスタッフネットワーク

### サポート付き一般住居の実現方法

地域の既存の住宅量を把握・分析し、最適な政策を判断（住宅市場評価）

**住宅量と助成先**

| 助成先 | アメリカでの実践事例 |
|---|---|
| **住人への助成**（テナント・ベース）<br>・自治体が住人へ家賃補助券を交付。住人は不動産屋へ「家賃＋家賃補助券」を支払う。不動産屋は自治体へ家賃補助券を提出し、換金する。既存住宅のストックを活用するもの。<br>・住宅を選びやすく、不動産屋が見つかればすぐに始められるが、見つかりづらい。資金の継続が不安定。 | **分散タイプ**<br>・ホームレスへの住宅提供<br>**単一施設**<br>・荒廃した高級ホテルをリノベーションした一般住居を活用した家賃助成 |
| **建物への助成**（プロジェクト・ベース）<br>・住宅に配慮すべき人が一定割合以上、住まうことができる（集合）住宅の建設あるいはリノベーション時にかかる費用を助成。住宅の供給量を増やすもの。<br>・開発に時間と費用がかかるが、長期の利用が可能となりやすい。家主は住人はサポートを必要としていることを前提としている。 | **分散タイプ**<br>・都市郊外に住宅建設。他の住宅補助制度が使えない方に提供<br>**単一施設**<br>・一般成人も利用できるワンルームマンションの建設 |
| **法人への助成**（スポンサー・ベース）<br>・住宅に配慮すべき人に住宅を提供する法人に助成。法人は助成を活用し、任意の住宅を建設またはリノベーションあるいは賃貸し、必要な方に貸す。  | **分散タイプ**<br>・児童施設や矯正施設の退所直後の住宅困難者に貸すアパートを賃貸<br>**単一施設**<br>・住宅地域内にある12室のアパートを建設 |

**分散か単一か**
- 分散タイプは住宅の選択の余地が広く、地域に溶け込みやすいが、良い住宅の確保や訪問サービスの提供が難しく、住人が孤独を感じることがある。
- 単一施設でのプログラム提供は支援しやすいが、地域に溶け込まない場合もあり、当該住居に住むというスティグマが生まれることもある。

作成：ピアスタッフネットワーク

## サポート付き一般住居プログラムの人材育成カリキュラムの概要

### 領域1.サポート付き一般住居の基本哲学（6原則）

### 領域2.アウトリーチと関係づくり
1. 潜在的住人にアウトリーチする （1）潜在的住人の同定（2）潜在的住人にアクセスする
2. 潜在的住人の推薦をうながす 推薦の障壁となるもの
3. 継続する関係づくり （1）効果的コミュニケーション（2）具体的支援の提供（3）趣味への参加（4）信頼を築く（5）物語を聴く（6）関係づくりに時間を割く
4. 自分自身のケア （1）自分を守る（2）燃え尽きを防ぐ

### 領域3.住居探しと獲得の支援
1. 住人の法的権利の弁護 （1）地域で暮らす権利（2）賃貸借権（3）住人の法的権利（4）住居に関する法の下の平等
2. 住居選びの支援 （1）選択を促す（2）一緒に計画する（3）住居の好みの把握（4）選択肢の提示
3. 住居探しの支援 （1）民間物件から探す（2）公的住居機関との協働（3）部屋選び
4. 住居の獲得の支援 （1）応募（2）合理的配慮の要求（3）障害の開示（4）住居金券の獲得（5）賃貸契約（6）水道ガス等の手続（7）引っ越し

### 領域4.社会保障制度やサービスの利用を支援する
1. 社会保障制度の例 経済的給付の利用
2. サービスのカスタマイズ
3. 住人のアドボケイトになる アドボカシーのためのツール整理
4. アドボケイトとしての心得 （1）基礎知識を増やす（2）スキル強化（3）想定されることを知る

### 領域5.住居の継続のための直接的支援
1. 柔軟なサービスの提供 （1）最初の適応期間のコツ（2）適切な程度・頻度の支援の提供
2. 居室への訪問 （1）プライバシーの尊重（2）生産的で安全な訪問（3）訪問を拒否された場合の想定
3. ライフコーチ役になる
4. 日常生活の支援 （1）実践的支援の提供（2）感情の支援（3）生活スキルの支援
5. 個人的なリカバリーの促進 （1）リカバリーを学ぶ（2）生活上の夢（3）有意義な活動（4）地域統合（5）幸福感（6）つながり（7）就労
6. 住居の継続の支援 （1）人間関係の支援（2）住人の意志に基づくリスク管理（3）クライシス時の事前指示（4）クライシス中の住人権支援
7. 住人の参加とエンパワメント （1）住人会の創設（2）委員会の創設（3）関係づくりの機会（4）地域会議の開催（5）住人調査（6）抽出住人（7）チームワーク（8）単一施設での住人による規則制定（9）ピアの雇用、ピアプログラム（10）住人教育（11）住人歓迎マニュアル

### 領域6.特殊なニーズへの対応
1. 薬物等依存患者のリカバリー支援 （1）地域の臨床サービス活用（2）地域とのつながり強化（3）リカバリー支援と再発防止（4）プログラムの構造化
2. HIV患者のニーズへの対応 （1）ピアサポートの利用（2）継続的アセスメント（3）入院時等の想定（4）身体ケア（5）カウンセリングの利用（6）衰弱と死
3. 家族のニーズへの対応 （1）家族対応プランづくり（2）子どものニーズ（3）若者の発達支援（4）家庭内暴力
4. 青年期の支援 青年支援の環境づくり
5. トラウマに配慮したサービス提供
6. 犯歴ある方への住居と支援の提供 （1）刑務所から出た患者へのニーズに合わせる（2）住居の利用の障壁を乗り超える
7. 退役軍人への住居と支援の提供

作成：ピアスタッフネットワーク

## サポート付き一般住居プログラムのフィデリティ概要

| | | |
|---|---|---|
| 1.住居の選択 | 1.1住居の選択肢 | a. 住居のタイプに選択肢がある(4点)⇔選択肢はない(1点)<br>b. 住居の広さに選択肢がある(4点)⇔選択肢はない(1点)<br>c. 好みと異なる部屋に入居した場合は、待機者リストから外されない(4点)⇔与えられた部屋を受け入れないとプログラムから外される(1点) |
| | 1.2生活スタイルの選択 | 同居人を選べ、かつ寝室は個室(4点)⇔同居人は決められ、かつ寝室は共用(1点) |
| 2.住居と支援との分離 | 2.1機能的な分離 | a. 住居関係の支援者は、個別相談員の役割を負っていない(4点)⇔同じスタッフ(1点)<br>b. 個別相談員は、住居関係の支援者の役割を負っていない(4点)⇔個別相談員が家賃の回収、賃貸借契約書、退去命令を担当している(1点)<br>c. ソーシャルワークや臨床サービスは住居内にないが、訪問サービスが十分あり、住人が求めれば届けられる(4点)⇔これらサービスが24時間365日住居内にある、または住人のプライベートがないような場所に位置している(1点) |
| 3.人並み、安心、手頃な住居 | 3.1住居の手頃さ | 家賃が収入の30%以下(4点)⇔50%以上(1点) |
| | 3.2人並みの質と安全 | すべての部屋が国の住居品質基準をクリア(4点)⇔住居が基準を満たしていない(1点) |
| 4.住居の地域統合 | 4.1住居の地域統合 | 障害者用に割り当てられた部屋は住居の25%以下、かつそれ以外の部屋はホームレス用等の特別なものでない(4点)⇔76%以上が障害者用(1点) |
| 5.住人の権利 | 5.1住人の権利 | a. 住人は法律に基づく不動産賃貸借権がある(4点)⇔一部、欠けている(1点)<br>b. プログラムや治療遵守状況（禁酒、服薬等）と住居継続がリンクしない(4点)⇔する(1点) |
| 6.住居の利用 | 6.1住居の利用 | a. 準備性を問わず利用可(4点)⇔禁酒、服薬やプログラム規則の遵守意志が資格(1点)<br>b. プログラムは居住が不安定な人が対象(4点)⇔安定性や禁酒等を満たす人優先(1点) |
| | 6.2プライバシー | スタッフは住人の招待なしに部屋に入れない(4点)⇔事前に許可なく入れる(1点) |
| 7.柔軟、自発的、リカバリー志向 | 7.1住人の支援の好み | a. 住人がケアプランを主動(4点)⇔主動権がない(1点)<br>b. 住人がサービス修正でき、その定期的な機会がある(4点)⇔機会なし(1点) |
| | 7.2支援の選択肢 | a. サービスの多様な選択肢あり(サービス不要を含む)(4点)⇔標準パックしかない(1点)<br>b. サービスの組合せは柔軟で、タイプ、場所、程度や頻度は住人のニーズと好みに基づく(4点)⇔基づかない(1点) |
| | 7.3利用者中心の支援 | 全サービスが利用者中心(4点)⇔プログラムは利用者が変えられずスタッフが管理(1点) |
| | 7.4支援の充分さ | a. スタッフ1名あたり担当人数は15人以下(4点)⇔36人以上(1点)<br>b. 精神保健サービスはチームで提供(ACTが好例)(4点)⇔1名により提供(1点)<br>c. サービスは24時間365日利用可(4点)⇔8～17時、月～金曜日のみ利用可(1点) |

※ 7項目は同じ比重（各項目は4点満点に換算し直し、全体で4点×7項目＝28点満点）

作成：ピアスタッフネットワーク

## あとがき

　本書は、「すでにうまくいっているピアサポート」の特徴を抽出して当事者主動サービスと名付け、ピアサポートのプロセスを分解して、その考え方から具体的な方法や例を紹介しているテキストです。私たちが2015年度に一年間かけて、総参加者数にして延べ300人以上の方々とともに学び合った際に使用したテキストを日本の制度に適した表現に置き換えるとともに、誤字脱字等を修正したものを出版するものです。

　ピアサポートって何だろうと議論されたりすることでいろいろなことに気付かされるため、このような作業は貴重です。私たちも毎月、ピアガーデンという、ピアスタッフなどが語り合う場を設けているところです。その一方で、このようにピアサポートの定義を議論すると答えが出ないため、本書ではそのようなアプローチを取らずに、当事者主動サービスと別名を付けることで、先の議論に巻き込まれないよう工夫しているといえます。

　サービスの評価にあたってはプロセスや仕事量（アウトプット）ではなく、その成果（アウトカム）で確認すべきだという考え方が指摘される一方で、それを重視することにより就職率や要介護認定率といったアウトカムを形式的に整えることを促しかねません。また、アウトカムを計測することは難しいものです。したがって、アウトカムに結びつくプロセスを明確にして、そのプロセスで評価することが適切だと提案されています。

　ピアサポートのグループを運営していると、参加者が自然とお菓子を差入れるようになる現象に遭遇するものです。こうしてピアサポートにおいて自然とたすけあいが起きるのですが、これはアウトカムであり、プロセスともいえそうです。この様子は当事者主動サービスのフィデリティとして整理されています。ピアサポートなる取り組みが、当事者主動サービスのスタイルを満たしているかどうかを確認することで、利用者の幸福感というアウトカムに貢献するものかどうかを判別することができます。

　このように本書は、プロセスの視点から「ピアサポートって何だろう」という疑問に答えるものとなります。このことは、やや属人的で職人芸になりがちな、あるいは偶発的に成立するしかなかった各種のピアサポートプログラムや自助会、家族会等の運営、さらには各種のたすけあい活動を、安定的なものにすることに大きく貢献するだろうと見込み、出版することとしました。

また、領域6では住居の問題をテーマにアドボカシーを学ぶ構成になっていますが、私たちも現在、住居の問題を学んでおり、サポート付き一般住居プログラムについて少し紹介しました（p.230参照）。

　本書の出版は、2015年度にピアスタッフネットワークで実施した学習会における活発な議論の成果でもあります。また、この学習会を継続し、本書の魅力や必要性を再確認する機会を提供してくださったことにより、出版に至ることができました。さらに、こうして一冊にまとめるにあたり、応援してくださった方たちのおかげでもあります。みなさまに感謝しつつ、あとがきを終えます。

　　　2019年1月　那覇空港にて

　　　　　　　　　　　　　　　　　　　　　　　　ピアスタッフネットワークを代表して
　　　　　　　　　　　　　　　　　　　　　　　　　　　　　　　　　飯野雄治

ピアスタッフネットワーク

左から飯野雄治、佐藤由美子、川込あゆみ、西村聡彦

## PROFILE

**飯野　雄治　｜いいの・ゆうじ｜**
ピアスタッフネットワーク事務局長のほか、リカバリーの学校や減薬サポート情報会議、カスタマイズ就業サポートセンターを運営。
開成学園社会科研究部、筑波大学生物資源学類（生物応用化学）、北海道大学文学部（哲学・倫理学）、稲城市障害福祉課や子ども家庭支援センター等を経て、2016年度から厚労省老健局で計画作成や施策評価等を担当。2019年4月から稲城市高齢福祉課。
主な著書に『働くこととリカバリー』（クリエイツかもがわ、編著）、『リカバリーの学校の教科書』（EDITEX、編著）、『Ｑ＆Ａで理解するIPS』（EDITEX、編著）、『ポジティブ心理学再考』（ナカニシヤ出版、分担執筆）、『Ｑ＆Ａでわかるこころの病の疑問100』（中央法規、分担執筆）、『ピアとして働くヒント』（星和書店、近刊、分担執筆）など。

**ピアスタッフネットワーク**
自分の精神疾患とリカバリーの経験を活用し、今、精神症状と格闘している人をサポートするピアスタッフ同士が、お互いの経験を持ち寄りながら学ぶネットワーク。
facebook：https://www.facebook.com/peersatffnetwork/
連絡先：E-mail　peerstaff.network@gmail.com

---

## 当事者主動サービスで学ぶピアサポート

2019年6月10日　初版発行

訳・編●Ⓒ飯野　雄治
　　　　　ピアスタッフネットワーク

発行者●田島英二　info@creates-k.co.jp
発行所●株式会社クリエイツかもがわ
　　　　〒601-8382　京都市南区吉祥院石原上川原町21
　　　　電話 075(661)5741　FAX 075(693)6605
　　　　http://www.creates-k.co.jp　info@creates-k.co.jp
　　　　郵便振替 00990-7-150584

装丁・デザイン●菅田　亮
印刷所●モリモト印刷株式会社
ISBN978-4-86342-249-0　C0036　printed in japan

本書の内容の一部あるいは全部を無断で複写（コピー）・複製することは、特定の場合を除き、著作者・出版社の権利の侵害になります。

### 好評既刊本

本体価格表示

### 認知症を乗り越えて生きる　"断絶処方"と闘い日常生活を取り戻そう
ケイト・スワファー／著　寺田真理子／訳

●49歳で若年認知症と診断された私が、認知症のすべてを書いた本！
医療者や社会からの"断絶処方"でなく、診療後すぐのリハビリと積極的な障害支援で今まで通りの日常生活を送れるように！　不治の病とあきらめることなく闘い続け、前向きに生きることが、認知症の進行を遅らせ、知的能力、機能を維持できる！　　　　　　　　　　　　　　　　　　　2200円

### 私の記憶が確かなうちに　「私は誰？」「私は私」から続く旅
クリスティーン・ブライデン／著　水野裕／監訳　中川経子／訳

●46歳で若年認知症と診断された私が、どう人生を、生き抜いてきたか
22年たった今も発信し続けられる秘密が明らかに！　世界のトップランナーとして、認知症医療やケアを変革してきたクリスティーン。認知症に闘いを挑むこと、認知症とともに元気で、明るく、幸せに生き抜くことを語り続ける…。　　　　　　　　　　　　　　　　　　　　　　　　　　　　　2000円

### 私は私になっていく　認知症とダンスを〈改訂新版〉
クリスティーン・ブライデン／著　馬籠久美子・桧垣陽子／訳

3刷

●改訂新版にあたり、翻訳を全面的に見直し！
ロングセラー『私は誰になっていくの？』を書いてから、クリスティーンは自分がなくなることへの恐怖と取り組み、自己を発見しようとする旅をしてきた。認知や感情がはがされていっても、彼女は本当の自分になっていく。　　　　　　　　　　　　　　　　　　　　　　　　　　　　　　　　2000円

### 私は誰になっていくの？　アルツハイマー病者から見た世界
クリスティーン・ボーデン／著　桧垣陽子／訳

22刷

●認知症の人が書いた本―新鮮な驚きと貴重な発見！
認知症という絶望の淵から再び希望に向かって歩み出す感動の物語！
世界でも数少ない認知症の人が書いた感情的、身体的、精神的な旅―認知症の人から見た世界が具体的かつ鮮明にわかる。　　　　　　　　　　　　　　　　　　　　　　　　　　　　　　　　2000円

### 認知症のパーソンセンタードケア　新しいケアの文化へ
トム・キットウッド／著　高橋誠一／訳

●「パーソンセンタードケア」の提唱者 トム・キッドウッドのバイブル復刊！　認知症の見方を徹底的に再検討し、「その人らしさ」を尊重するケア実践を理論的に明らかにし、世界の認知症ケアを変革！実践的であると同時に、認知症の人を全人的に見ることに基づき、質が高く可能な援助方法を示し、ケアの新しいビジョンを提示。　　　　　　　　　　　　　　　　　　　　　　　　　　　　　2600円

### 認知症と共に生きる人たちのための
### パーソン・センタードなケアプランニング
ヘイゼル・メイ、ポール・エドワーズ、ドーン・ブルッカー／著　水野裕／監訳　中川経子／訳

認知症の人、一人ひとりの独自性に適した、質の高いパーソン・センタードなケアを提供するために、支援スタッフの支えとなるトレーニング・プログラムとケアプラン作成法！［付録CD］生活歴のシートなど、すぐに役立つ、使える「ケアプラン書式」　　　　　　　　　　　　　　　　　　　　　　　2600円

### 認知症の人の医療選択と意思決定支援
本人の希望をかなえる「医療同意」を考える
ジ成本迅・「認知症高齢者の医療選択をサポートするシステムの開発」プロジェクト／編

2刷

医療者にさえ難しい医療選択。家族や周りの支援者は、どのように手助けしたらよいのか。もし、あなたが自分の意向を伝えられなくなったときに備えて、どんなことができるだろう。　　　　　2200円

### 認知機能障害がある人の支援ハンドブック
当事者の自我を支える対応法
ジェーン・キャッシュ＆ベアタ・テルシス／編著　訓覇法子／訳

●認知機能障害・低下がある人の理解と支援のあり方を「自我心理学」の理論に裏づけられた対応法！
認知症のみならず高次脳機能障害、自閉症スペクトラム、知的障害などは、自立した日常生活を困難にする認知機能障害を招き、注目、注意力、記憶、場所の見当識や言語障害の低下への対応法。　2200円

http://www.creates-k.co.jp/

## 好評既刊本

本体価格表示

**あたし研究** 自閉症スペクトラム〜小道モコの場合 1800円
**あたし研究2** 自閉症スペクトラム〜小道モコの場合 2000円
小道モコ／著・絵

自閉症スペクトラムの当事者が「ありのままにその人らしく生きられる」社会を願って語りだす──知れば知るほど私の世界はおもしろいし、理解と工夫ヒトツでのびのびと自分らしく歩いていける！

15刷　6刷

### 発達障害者の就労支援ハンドブック
ゲイル・ホーキンズ／著　森由美子／訳

付録：DVD

長年の就労支援を通じて92％の成功を収めている経験と実績の支援マニュアル！　就労支援関係者の必読、必携ハンドブック！「指導のための4つの柱」にもとづき、「就労の道具箱10」で学び、大きなイメージ評価と具体的な方法で就労に結びつける！
3200円

### 生活困窮者自立支援も「静岡方式」で行こう!! 2
相互扶助の社会をつくる
津富宏、NPO法人青少年就労支援ネットワーク静岡／編著

●「困りごと」がつくり出すまちおこし
「若者就労支援」から進化した「静岡方式」とは、すべての人が脆弱性を抱える社会を生き抜くために、地域を編み直し、創り直すことで、地域が解決者になるための運動だった！
2000円

### 行動障害が穏やかになる「心のケア」
障害の重い人、関わりの難しい人への実践
藤本真二／著

2刷

●「心のケア」のノウハウと実践例！
感覚過敏や強度のこだわり、感情のコントロール困難など、さまざまな生きづらさをかかえる方たちでも心を支えれば乗り越えて普通の生活ができる──
2000円

### 何度でもやりなおせる
ひきこもり支援の実践と研究の今
漆葉成彦・青木道忠・藤本文朗／編著

いちばん悩んでいる当事者・家族・関係者を励ます本。ひきこもりの人の数は100〜300万人と言われ、まさに日本の社会問題。ひきこもり経験のある青年、家族、そして「ともに歩む」気持ちで精神科医療、教育、福祉等の視点から支援施策と問題点、改善と充実をめざす課題を提起。
2000円

### 発達障害のバリアを超えて
新たなとらえ方への挑戦
漆葉成彦・近藤真理子・藤本文朗／編著

「できる・できない」で評価するバリアに立ち向かう思いを明らかにし、ライフステージを支えあい、だれもが人として尊重される社会へ──本人と親、教育、就労支援、医療、研究者と多角的な立場の視点で課題の内実を問う。
2000円

### 学校に作業療法を
「届けたい教育」でつなぐ学校・家庭・地域
こども相談支援センターゆいまわる、仲間知穂／編著

障害という言葉のない学校をつくりたい。「子どもに届けたい教育」を話し合い、協働することで、子どもたちが元気になり、教室、学校が変わる！　先生が自信をもって教育ができれば、障害の有無にかかわらず、子どもたちは必ず元気に育つ。
2200円

### 乳幼児期の感覚統合遊び
保育士と作業療法士のコラボレーション
加藤寿宏／監修　高畑脩平・田中佳子・大久保めぐみ／編著

6刷

子どもの発達を促す感覚遊びに納得感覚統合の発達をわかりやすく解説。「ボール遊び・木登り禁止」などの環境の変化で、身体を使った遊びの機会が少なくなったなかで、子どもたちに育んでほしい力をつける。0〜5歳の遊び29例。
1600円

http://www.creates-k.co.jp/